Os Direitos de Informação e de Defesa
NA INVESTIGAÇÃO CRIMINAL

L864d Lopes, Fábio Motta
Os direitos de informação e de defesa na investigação criminal/ Fábio Motta Lopes. – Porto Alegre: Livraria do Advogado Editora, 2009.
175 p.; 23 cm.
ISBN 978-85-7348-602-5

1. Investigação criminal. 2. Investigação criminal: Direito à informação. 3. Investigação criminal: Direito de defesa. I. Título.

CDU – 343.131

Índices para catálogo sistemático:

Investigação criminal	343.131
Investigação criminal: Direito à informação	343.131
Investigação criminal: Direito de defesa	343.131

(Bibliotecária responsável: Marta Roberto, CRB-10/652)

Fábio Motta Lopes

Os Direitos de Informação e de Defesa
NA INVESTIGAÇÃO CRIMINAL

Porto Alegre, 2009

Capa, projeto gráfico e diagramação
Livraria do Advogado Editora

Revisão
Rosane Marques Borba

Livraria do Advogado Editora Ltda.
Rua Riachuelo, 1338
90010-273 Porto Alegre RS
Fone/fax: 0800-51-7522
editora@livrariadoadvogado.com.br
www.doadvogado.com.br

Impresso no Brasil / Printed in Brazil

Dedico este livro à Andréia,
grande amor da minha vida,
e meus filhos, Fernanda, Bernardo e Eduardo,
pela compreensão e pelas horas de convívio
e de brincadeiras sonegadas.

Abreviaturas

ADI	Ação Direta de Inconstitucionalidade
ADEPOL	Associação dos Delegados de Polícia
AJURIS	Associação dos Juízes do Rio Grande do Sul
Art.	Artigo
CEDH	Convenção Européia dos Direitos Humanos
CF	Constituição Federal brasileira
CP	Código Penal brasileiro
CPP	Código de Processo Penal brasileiro
CTB	Código de Trânsito Brasileiro
Des.	Desembargador
DOU	Diário Oficial da União
DJU	Diário de Justiça da União
HC	*Habeas corpus*
IBCCRIM	Instituto Brasileiro de Ciências Criminais
LCP	Lei das Contravenções Penais
MP	Ministério Público
Min.	Ministro
MS	Mandado de segurança
OAB	Ordem dos Advogados do Brasil
PL	Projeto de lei ordinária
REsp	Recurso Especial
RHC	Recurso em Habeas Corpus
RMS	Recurso em Mandado de Segurança
RSE	Recurso em Sentido Estrito
RT	Revista dos Tribunais
RTJ	Revista Trimestral de Jurisprudência
STC	Sentença do Tribunal Constitucional Espanhol
STJ	Superior Tribunal de Justiça
STF	Supremo Tribunal Federal
TACRIMRJ	Tribunal de Alçada Criminal do Rio de Janeiro
TACRIMSP	Tribunal de Alçada Criminal de São Paulo

TCU	Tribunal de Contas da União
TJRS	Tribunal de Justiça do Estado do Rio Grande do Sul
TJSC	Tribunal de Justiça do Estado de Santa Catarina
TJSP	Tribunal de Justiça do Estado de São Paulo
TRF	Tribunal Regional Federal
ULBRA	Universidade Luterana do Brasil

Prefácio

Apresentar o trabalho do professor Fábio Motta Lopes é motivo de honra e satisfação, pois, como o leitor poderá ver, trata-se de uma dissertação bem escrita e com sólida fundamentação.

O tema proposto pelo autor atualmente é o que mais encontra ressonância nos tribunais e na mídia, discutindo-se amplamente o problema dos limites da investigação criminal conforme a Constituição Federal. Diariamente o Poder Judiciário manifesta-se a respeito do assunto, tendo em vista que há um flagrante desrespeito aos direitos e garantias individuais insculpidos na Carta Magna.

Apesar de a Constituição Federal estar completando 20 anos, ainda há uma resistência em relação a determinados direitos que são inerentes aos cidadãos, mormente quando se trata da liberdade e do constrangimento de uma investigação criminal. Apenas para citar um exemplo, a Carta Política sempre assegurou a mais ampla defesa, o que significa que o interrogatório judicial deveria ser acompanhado por advogado, porém, os tribunais relutaram em aplicar esta regra e, somente após a promulgação de uma lei, passaram a anular os processos onde não havia defensor acompanhando o acusado.

A questão acima ilustra o que estamos vivenciando, uma sobreposição das leis em relação à Constituição Federal, fato este que deve ser afastado não só pelos tribunais, mas, pela nossa doutrina, aliás, principalmente pela nossa doutrina que tem se tornado refém das decisões dos tribunais, sem qualquer espírito crítico.

O momento é de reflexão e apesar da *avalanche* de publicações, ou melhor, de trabalhos que meramente repetem decisões das cortes, ainda há esperança em livros como este, que demonstram a possibilidade de construção de uma investigação de acordo com os direitos que nos foram assegurados na Constituição Federal.

A presente obra demonstra que é possível que se faça uma leitura constitucional da investigação criminal sem que isto prejudique o inquérito, embora muitos ainda pensem que não, aferrados ao velho pensamento que o inquérito é inquisitivo, portanto, não há direitos do investigado e, tampouco, do defensor que o acompanha. Aliás, este fato é matéria de debate quotidiano quando se verificam os embates travados entre a defesa e os órgãos de investigação no sentido de que o investigado possa ter assegurado o direito de saber sobre o que está sendo investigado.

As políticas criminais expansivas, que promovem a idéia de insegurança, reforçam o recrudescimento da legislação penal e processual penal, implicando a tentativa de supressão de garantias que nos foram caras para conquistar. Porém, tal recrudescimento é uma falsa publicidade de melhora e um retrocesso nos avanços de um Estado de Direito. É possível uma boa investigação assegurando-se todos os direitos ao investigado e este fato não compromete a segurança quotidiana como muitos preconizam.

O livro do professor Fábio demonstra o estado da arte da investigação criminal conforme a Constituição Federal, perpassando pelo sistema de investigação de alguns países em termos de direito comparado, para demonstrar a importância desta fase como preparatória da persecução penal.

Como não poderia ser de outra forma, o autor analisa a problemática questão dos princípios do contraditório e da ampla defesa no inquérito policial, sua dimensão e aplicação nesta fase, equacionando o problema de acordo com uma leitura constitucional onde se preservam as garantias individuais, ressalvadas algumas exceções inerentes à investigação.

A análise escorreita do autor segue pelo tormentoso problema de vista aos autos e o sigilo do inquérito policial frente ao investigado e a terceiros, onde conjuntamente são estudadas as prerrogativas do advogado e os direitos fundamentais do investigado, culminando com a correta conclusão de que o advogado deve ter acesso aos autos no curso da investigação, com exceção das medidas que possam esvaziar o bojo da investigação (v.g. escuta telefônica em curso).

Dentro da seqüência lógica e ordenada, a obra culmina com o direito de defesa e o inquérito policial, isto implica o estudo da participação ativa do advogado e de seu defensor dentro desta fase, demonstrando o autor novamente que a leitura e os procedimentos da investigação criminal devem estar de acordo com a Constituição Federal.

Às vezes voltamos a acreditar que ainda é possível que se escrevam trabalhos sérios, com a profundidade e serenidade necessária à análise do tema proposto, esquecendo-se da tradição de reescrever manuais repletos e repetitivos de decisões dos tribunais, onde não se diz nada e se repete tudo, como se a jurisprudência fosse o norte da doutrina.

Felizmente, na presente obra, o autor vai além do já publicado em matéria de investigação criminal e consegue trilhar o caminho de poucos, isto é, escrever de acordo com a Constituição Federal, demonstrando que é possível sair dos velhos e tradicionais "manuais" que dizem tudo e não dizem nada.

Finalmente, mas não necessariamente nesta ordem de importância, apresentar a obra do professor Fábio Motta Lopes também me alegra muito porque nada melhor do que um delegado de polícia para escrever sobre o tema, aliás, delegado que sabe a importância do seu mister, mas também sabe que não é menos importante realizar um trabalho de excelência dentro das regras de um Estado Democrático de Direito.

Além disso, o professor Fábio já se destacava quando discutíamos no curso de pós-graduação os temas de Direito Penal e Processual Penal e, como não poderia ser de outra forma, acabou integrando os quadros de nossa universidade em concurso realizado para o cargo de professor de Direito Penal.

Portanto, tenho certeza de que o estudioso do Direito desfrutará de uma excelente obra. Boa leitura.

Prof. Dr. André Luís Callegari

Coordenador Executivo do Curso de Direito da Unisinos e
Professor do Curso de Pós-Graduação em Direito da Unisinos

Sumário

Introdução

Entre as discussões doutrinárias que visam a introduzir melhorias no âmbito do Direito Processual Penal, certamente existe uma que diz respeito à fase pré-processual, assunto que será analisado neste livro.

Nos debates sobre mudanças positivas na investigação criminal, surgem como soluções possíveis, invariavelmente, duas teses que são antagônicas: de um lado, a simplificação na fase preliminar e, de outro, a inserção de novas garantias aos investigados.

No Brasil, ainda não se está preparado para uma simplificação na etapa pré-processual, fator que aumentaria o risco de se submeter um inocente, desnecessariamente, a um processo penal, que se apresenta como sancionatório. Além disso, as polícias judiciárias brasileiras, em linhas gerais, não dispõem de equipamentos tecnológicos que permitam, por exemplo, a substituição dos termos de declarações de testemunhas, vítimas ou investigados por gravações.

Nem se pode cogitar, também, em trocar os termos de declarações por relatórios de investigações, circunstância que poderia aumentar, ao menos em tese, o arbítrio por parte de alguns policiais. Hoje, em algumas situações concretas, já são colocados em dúvida determinados depoimentos formalizados em um inquérito policial, ainda que contenham a assinatura do investigado, de duas testemunhas de leitura e, até mesmo, do advogado. Portanto, não seria prudente a simplificação da investigação criminal com a substituição dos termos de declarações, v.g., por relatórios firmados apenas por investigadores.

Além do mais, um enxugamento na etapa pré-processual faria com que os milhares de inquéritos policiais que tramitam nas delegacias de polícia fossem enviados, a curto prazo, ao Poder Judiciário, que não possui, atualmente, estrutura para analisar, além da demanda que já possui, os procedimentos policiais referidos. O mesmo raciocínio vale para o Ministério Público. Assim, o problema não seria resolvido e os procedimentos de investigação hoje existentes, com a simplificação, em vez de prescreverem na polícia, prescreveriam na fase judicial.

O outro caminho possível – a inclusão de maiores garantias aos investigados – também pode trazer prejuízos. A inserção de maiores garantias aos suspeitos no âmbito do inquérito policial, caso não haja investimentos consideráveis na fase da persecução penal, acarretará uma maior demora na conclusão das investigações criminais. Dessa maneira, aumentar-se-ia o risco de os procedimentos policiais prescreverem nos balcões das delegacias de polícia e, em conseqüência disso, de casos insolúveis.

Todavia, apesar desse inconveniente, é a linha que se vislumbra como a mais adequada e que possibilitará a implantação de algumas melhorias no âmbito do inquérito policial. Em vez da simplificação, então, optou-se pelo aperfeiçoamento da investigação criminal, afastando-se, ao máximo, o caráter inquisitorial do inquérito policial, com a inserção de garantias constitucionais já na fase pré-processual.

Não se debaterá ao longo do texto quem deve presidir a investigação criminal, pois limitar a discussão nesse enfoque não soluciona os problemas existentes na etapa preliminar, tampouco humaniza o processo. Deve-se, isso sim, tornar a investigação o menos inquisitorial possível. Em razão disso é que não será a questão analisada pelo prisma de quem deve dirigir a investigação (juiz instrutor, promotor de justiça ou delegado de polícia).

No presente estudo, então, apresentar-se-ão sugestões para a atualização do inquérito policial de acordo com os parâmetros constitucionais, com a inserção de maiores garantias aos indivíduos que são submetidos a investigações criminais.

Também não se desconhece que, atualmente, um dos maiores problemas referentes à criminalidade, no Brasil, é a sensação (ou, em alguns casos, a certeza) de impunidade, nem que a infração penal, principalmente quando praticada com violência ou com grave ameaça, atinge gravemente a vítima e, em muitos casos, toda a sua família.

Entretanto, podem co-existir no âmbito do direito processual penal, perfeitamente, os interesses sociais destinados à prevenção e ao controle dos crimes (defesa social ou segurança pública) e a dignidade dos investigados. Assegurar-se o direito de defesa em um dado momento da investigação criminal, como se verá, não é um fator que gera ou aumenta o risco de impunidade. O que contribui, consideravelmente, para esse problema é falta de prevenção e de investimentos nas polícias judiciárias.

Na atual pesquisa, pretende-se demonstrar que, à luz da Constituição Federal e em prol de um tratamento digno aos investigados, podem (e devem) ser aplicados na etapa preliminar, a partir de um dado momento, ainda que de uma maneira mitigada, os princípios da ampla defesa e do contraditório, reforçando-se a tese de que as pessoas submetidas a investigações não são apenas objetos, mas sujeitos de direitos.

Não se almeja, porém, tornar a fase de investigação criminal em verdadeiro processo, por ser praticamente impossível a ampla participação da acusação e da defesa nessa etapa, mas de assegurar um mínimo de garantias aos investigados, com o intuito de melhor fiscalizar e limitar o poder estatal de privar a liberdade de locomoção de investigados.

Ainda que mudanças ao CPP e à legislação infraconstitucional sejam pertinentes – como, por exemplo, a necessidade de se disciplinar o momento para o indiciamento, quais as conseqüências jurídicas desse ato, a forma que deve ter e os direitos que surgem para o investigado a partir desse instante –, uma leitura constitucional da fase preliminar leva à conclusão de que os princípios referidos se aplicam, nos moldes em que se definirá, na etapa investigativa.

Em linhas gerais, o que será exposto poderá ser aplicável, de acordo com cada uma das peculiaridades, às atividades de uma Comissão Parlamentar de Inquérito (CPI) ou investigativas de outros órgãos, como as apurações realizadas, por exemplo, em inquéritos policiais militares e no âmbito do Poder Judiciário, nos termos do art. 102, inciso I, alíneas *b* e *c* (STF), do art. 105, inciso I, alínea *a* (STJ) e do art. 108, inciso I, alínea *a* (TRF), todos da Constituição Federal.

No entanto, centrar-se-á no estudo do inquérito policial, procedimento investigativo tradicional do direito pátrio, demonstrando-se que, à luz da CF, se pode afastar ao máximo o seu caráter não contraditório com a adoção, na forma em que se abordará, dos princípios referidos.

Cabe referir, ademais, que não serão analisadas as formas exógenas de defesa durante o inquérito policial – como, por exemplo, o *habeas corpus*, o mandado de segurança e requerimentos que poderão ser feitos ao Ministério Público ou ao Poder Judiciário –, mas as modalidades endógenas, ou seja, de que maneira se poderá exercer os direitos do contraditório e da defesa dentro do procedimento de investigação criminal.

Estabelecidas essas premissas, cabe referir agora, ainda que sucintamente, o que será exposto em cada um dos capítulos.

No primeiro, analisar-se-á se a investigação preliminar, realmente, é necessária, bem como qual é a sua finalidade e quais são as características principais do inquérito policial.

No exame do inquérito policial, especificamente, não se almeja fazer uma análise histórica, tampouco um estudo sobre a *notitia criminis*, as formas de instauração do expediente, as condições de procedibilidade e os prazos para a conclusão das diligências policiais. Em suma, não se fará um estudo pormenorizado dos atos de início, de desenvolvimento e de conclusão do inquérito policial, mas da sua finalidade, da sua natureza jurídica e da sua importância, aspectos relevantes para se chegar à conclusão que se pretende.

No mesmo capítulo, serão apresentadas, outrossim, algumas particularidades das fases investigativas em outros países, levando-se em consideração, principalmente, se os princípios do contraditório e da defesa são aplicáveis no estrangeiro na etapa preliminar. Ainda que sejam feitos breves comentários com relação às fases intermediárias – mecanismo utilizado por outros países – e judiciais, não se tem a pretensão de analisar à miúde essas etapas, em virtude do objeto principal da pesquisa, que é demonstrar se os princípios mencionados incidem na etapa pré-processual.

Posteriormente, no segundo capítulo, centra-se o estudo no significado dos princípios constitucionais do contraditório e da ampla defesa, instante em que se fará uma breve exposição acerca da teoria dos princípios.

No capítulo seguinte, abordar-se-á se o princípio do contraditório incide na fase do inquérito policial e, em caso positivo, a partir de qual momento e se existe a possibilidade de ser aplicável em sua plenitude.

Já no quarto e último tópico será analisado se a defesa é, a partir de um dado instante, obrigatória ou facultativa na etapa de investigação criminal, bem como as implicações e os limites disso durante o inquérito policial.

Saliente-se, igualmente, que as expressões *etapa* (ou *fase*) *preliminar* ou *pré-processual* serão usadas no decorrer do livro como sinônimas, servindo para designarem a investigação criminal.

Registre-se, por fim, que este livro teve origem em nossa dissertação de mestrado, que foi atualizada com novos temas relacionados à investigação criminal e que recebeu uma "roupagem" editorial.

1. A investigação criminal conforme a Constituição Federal

No Brasil, ocorrendo uma situação típica, deve o Estado, através das polícias judiciárias,[1] apurar a situação com o intuito de comprovar a existência do fato e de demonstrar quem são os seus prováveis autores, podendo a etapa preliminar servir de base para um juízo acusatório.

Em razão disso, torna-se imperioso que a investigação criminal assuma um papel constitucional e garantista importante: evitar acusações injustas e infundadas contra alguém sem que o fato com aparência de infração penal esteja comprovado e sem que haja indícios suficientes de autoria,[2] pois a simples instauração de um processo penal já gera efeitos indesejáveis aos acusados da prática de crimes, mesmo que sejam, ao final, absolvidos.

Dessa forma, cabe estabelecer, preliminarmente, qual o sentido que se dará ao termo *garantismo*, para se esclarecer o que significa dizer que a investigação criminal deve ser um instrumento constitucional e garantista.

A teoria garantista, como ensina Ferrajoli, possui três significados. Por primeiro, significa um "*modelo normativo de* direito", que serve para limitar a "função punitiva do Estado" e para assegurar a legalidade estrita do direito penal. Por segundo, "designa uma *teoria jurídica* da 'validade' e da 'efetividade' como categorias distintas", ou seja, "exprime uma aproximação teórica que mantém separados o 'ser' e o 'dever ser' *no* direito". Sintetizando, é uma teoria que evidencia a divergência entre normatividade e práticas operacionais (realidade, efetividade). Por fim, o garantismo indica uma "*filoso-*

[1] Polícia Federal e Polícias Civis estaduais.

[2] De acordo com GARCIA, Roberto Soares. "Identificação e qualificação criminal – Lembrando do mestre Sérgio Marcos de Moraes Pitombo". *Revista Brasileira de Ciências Criminais*, São Paulo, nº 49, jul.-ago. 2004, p. 365-6, a persecução penal "há de ser garantista por excelência".

fia política que requer do direito e do Estado o ônus da justificação externa com base nos bens e nos interesses dos quais a tutela ou a garantia constituem a finalidade", pressupondo a "separação entre direito e moral, entre validade e justiça".[3]

De acordo com Carvalho, o modelo garantista busca a racionalidade do sistema jurídico, baseado "no máximo grau de tutela dos direitos e na fiabilidade do juízo e da legislação, com intuito de limitar o poder punitivo e garantindo a(s) pessoa(s) contra qualquer tipo de violência arbitrária, pública ou privada".[4]

No decorrer do texto, quando se falar em *garantismo*, estar-se-á afirmando que se deve assegurar a todos os indivíduos, principalmente àqueles que sejam acusados da prática de uma infração penal, os direitos fundamentais previstos na Constituição Federal, levando-se em conta, sempre, a proteção da dignidade da pessoa humana, princípio fundamental da República Federativa do Brasil, segundo se verifica no art. 1º, inciso III, do texto constitucional, e que o poder estatal deve ser limitado.

Hodiernamente, a investigação criminal também deve alcançar esse papel de proporcionar o respeito à dignidade da pessoa humana, ou seja, de assumir uma função constitucional e garantista, considerando que os direitos fundamentais também incidem na etapa pré-processual, devendo o Código de Processo Penal ser adaptado à CF (e não o contrário).[5]

Como bem registra Dias Neto, os fins do processo penal podem ser simbolizados por "um pêndulo que se move entre duas posições fundamentais: o interesse de investigação (*eficientismo*) e o de proteção da personalidade do acusado (*garantismo*)".[6] Impostos limites aos princípios constitucionais que serão abordados, para que não haja prejuízo à elucidação de uma situação típica e, em decorrência disso, impunidade,[7] a polícia judiciária pode agir, perfeitamen-

[3] FERRAJOLI, Luigi. *Direito e razão: teoria do garantismo penal.* São Paulo: RT, 2002, p. 684-5. Conforme o autor, o sistema garantista (SG) se expressa em dez axiomas, que são os seguintes princípios: (A1) da retributividade; (A2) da legalidade; (A3) da necessidade ou da economia do direito penal; (A4) da lesividade ou da ofensividade do evento; (A5) da materialidade ou da exterioridade da ação; (A6) da culpabilidade ou da responsabilidade penal; (A7) da jurisdicionalidade; (A8) acusatório ou da separação entre juiz e acusação; (A9) do ônus da prova ou da verificação; (A10) do contraditório ou da defesa (idem, p. 74-5).

[4] CARVALHO, Salo de. *Pena e Garantias.* 2.ed. Rio de Janeiro: Lumen Juris, 2003, p. 84.

[5] Esse aspecto será detalhado no capítulo seguinte, quando se analisar a supremacia da CF.

[6] DIAS NETO, Theodomiro. "O Direito ao Silêncio: Tratamento nos Direitos Alemão e Norte-americano". *Revista Brasileira de Ciências Criminais,* São Paulo, nº 19, jul.-set. 1997, p. 182.

[7] Como lembra LOPES JÚNIOR, Aury Celso Lima. *Sistemas de Investigação Preliminar no Processo Penal.* 4.ed. Rio de Janeiro: Lumen Juris, 2006, p. 354, o direito de defesa, sem qualquer limite, pode ser um risco para a investigação criminal.

te, respeitando a dignidade dos investigados e aplicando os direitos fundamentais previstos no texto constitucional.

1.1. A necessidade da investigação preliminar

O simples início de um processo penal, por si só, já gera ao réu uma sensação de desconforto, restando atingido seu estado de dignidade. Representa uma espécie de pena ou punição[8] e coloca em risco a liberdade das pessoas acusadas do cometimento de uma infração penal. Independentemente do resultado final, o réu sofre os efeitos sociais do processo criminal, que emerge sancionatório.[9]

O processo criminal produz efeitos indeléveis em quem o sofre, ainda que venha o réu a ser absolvido. Conforme adverte Jardim, o mero fato de ser instaurado um processo penal, em virtude do *streptus fori*, "causa dano social irreparável ao réu".[10]

A respeito do assunto, já lembrava Carnelutti que o processo nunca acaba, principalmente nas hipóteses em que o réu seja absolvido por insuficiência de provas. Para o autor, o denunciado continua a ser acusado por toda a vida, recebendo da sociedade o estigma de criminoso.[11]

Além disso, também são cargas do processo a angústia causada no réu, os gastos, a perda de tempo e de trabalho, bem como a humilhação e o descrédito a que são submetidos os acusados.[12]

Qualquer processo penal, conforme registra Tovo, "traz consigo uma carga de dor e sofrimento" que não mais será apagada pela

[8] MORAIS FILHO, Antônio Evaristo de. "O Ministério Público e o Inquérito Policial". *Revista Brasileira de Ciências Criminais*, São Paulo, nº 19, jul.-set. 1997, p. 107; LOPES JÚNIOR, op. cit., p. 25; PASTOR, Daniel. "Acerca del derecho fundamental al plazo razonable de duración del proceso penal". *Revista Brasileira de Ciências Criminais*, São Paulo, nº 52, jan.-fev. 2005, p. 231, usa a expressão "pena de proceso"; SOUZA, José Barcelos de. "Notas sobre o projeto referente ao inquérito policial". *Revista Brasileira de Ciências Criminais*, São Paulo, nº 38, abr.-jun. 2002, p. 263.

[9] PITOMBO, Sérgio Marcos de Moraes. "Inquérito Policial: Exercício do Direito de Defesa". *Boletim do IBCCrim*, São Paulo, nº 83, ed. especial, p. 14, out. 1999; PASTOR, op. cit., p. 206.

[10] JARDIM, Afranio Silva. *Direito Processual Penal*. 6.ed. Rio de Janeiro: Forense, 1997, p. 45. No mesmo sentido: SAAD, Marta. *O Direito de Defesa no Inquérito Policial*. São Paulo: RT, 2004, p. 21-2.

[11] CARNELUTTI, Francesco. *As Misérias do Processo Penal*. Traduzido por José Antonio Cardinalli. Campinas: CONAM, 1995, p. 61.

[12] PASTOR, op. cit., p. 232.

sentença, razão pela qual o inocente não deverá sofrer com "uma acusação manifestamente injusta".[13]

Dessa forma, a persecução penal em juízo deverá ser precedida de uma fase preparatória, destinada a comprovar a existência de um fato que se apresenta como infração penal e a identificar a sua autoria.[14]

Levando em consideração esse aspecto, pode-se afirmar que a investigação criminal assume um caráter garantista, pois busca a restaurar um fato típico, "evitando que acusações levianas arrastem inocentes às barras dos tribunais".[15]

É uma garantia contra juízos "apressados e errôneos",[16] servindo como um instrumento de garantia para evitar acusações injustas contra os investigados e agindo como um filtro processual.[17]

Então, para a abertura de um processo criminal contra alguém, faz-se necessário um juízo de probabilidade da autoria e da materialidade.[18] Surge, pois, a essencialidade de uma fase pré-processual, em que sejam levados ao órgão acusador, após uma investigação preliminar, elementos necessários para a dedução da pretensão punitiva em juízo,[19] evitando-se que alguém seja submetido ao processo penal sem prova da existência da infração penal e sem indícios suficientes de autoria.

Em outras palavras, deve haver um suporte probatório mínimo para que seja instaurado um processo criminal contra alguém, com o objetivo de evitar acusações infundadas em juízo e gastos desnecessários.[20] Isso pouparia eventual suspeito "das agruras de um

---

[13] TOVO, Paulo Cláudio. "Introdução à principiologia do Processo Penal Brasileiro". In: TOVO, Paulo Cláudio (org.) et al. *Estudos de Direito Processual Penal*. Porto Alegre: Livraria do Advogado, 1995, v. I, p. 22.

[14] MORAIS FILHO, op. cit., p. 106; STASIAK, Vladimir. "Admissibilidade e limites das investigações preliminares ao inquérito policial". *Revista Brasileira de Ciências Criminais*, São Paulo, nº 31, jul.-set. 2000, p. 261.

[15] FERREIRA, Orlando Miranda. "Inquérito Policial e o Ato Normativo 314-PGJ/CPJ". *Revista Brasileira de Ciências Criminais*, São Paulo, nº 45, out.-dez. 2003, p. 259.

[16] MORAES, Bismael B. "O Inquérito Policial é o Vilão no Direito Brasileiro?". *Revista Brasileira de Ciências Criminais*, São Paulo, nº 28, out.-dez. 1999, p. 257.

[17] LOPES JÚNIOR, op. cit., p. 57; LIMA, Marcellus Polastri. *Curso de Processo Penal*. 2.ed. Rio de Janeiro: Lumen Juris, 2006, v. I, p. 77.

[18] LOPES JÚNIOR, op. cit., p. 54.

[19] MARQUES, José Frederico. *Elementos de Direito Processual Penal*. Campinas: Bookseller, 1998, v. 1, p. 139. Para o autor, o objeto da investigação "é a obtenção de dados informativos para que o órgão da acusação verifique se deve ou não propor a ação penal" (idem, ibidem).

[20] Conforme LOPES JÚNIOR, op. cit., p. 59, o mais grave de uma acusação infundada não é o gasto puramente financeiro, mas os custos social e psicológico, haja vista que o investigado fica rotulado como criminoso e é submetido a uma situação estressante (estado de ânsia pro-

processo açodadamente instaurado sem um mínimo de elementos a justificarem a persecução penal em juízo".[21]

Pitombo, ao analisar a necessidade de prévia apuração de fato que se apresenta como "ilícito e típico, bem como de sua autoria, co-autoria e participação", afirma ser a persecução penal preliminar meio que reduz os riscos de "acusações formais, infundadas, temerárias e até caluniosas".[22] Dessa forma, atende a investigação preliminar, ao evitar acusações e processos infundados, a um claro interesse garantista.[23]

Com relação ao assunto, assim se manifesta Nucci:

> O simples ajuizamento da ação penal contra alguém provoca um fardo à pessoa de bem, não podendo, pois, ser ato leviano, desprovido de provas e sem um exame pré-constituído de legalidade. Esse mecanismo auxilia a Justiça Criminal a preservar inocentes de acusações injustas e temerárias, garantindo um juízo inaugural de delibação, inclusive para verificar se se trata de fato definido como crime.[24]

Levene, referindo-se ao sistema argentino, também adverte que o sumário, expediente de investigação do país vizinho, possui *funciones asegurativas*, permitindo que não sejam submetidas a um processo longo e inútil pessoas inocentes. Com isso, o sumário visa a reunir elementos necessários para acusar em plenário a pessoa apontada como possível autora de um fato delituoso.[25]

Cabe lembrar, entretanto, que é desnecessária para a abertura de um processo criminal a reunião de provas cabais, estremes de dúvidas, no sentido de que o acusado, indiscutivelmente, praticou o delito. Como observa Tourinho Filho, torna-se dispensável a existência de provas que levem a "um juízo de certeza da veracidade da imputação" para oferecimento de denúncia.[26]

---

longado). Assim, deve a investigação preliminar servir como um "filtro processual", evitando denúncias injustas contra alguém (idem, p. 57).

[21] CABETTE, Eduardo Luiz Santos. "O papel do Inquérito Policial no sistema acusatório – o modelo brasileiro". *Revista Brasileira de Ciências Criminais*, São Paulo, nº 35, jul.-set. 2001, p. 196. Em sentido semelhante: ZACCARIOTTO, José Pedro. "Portaria DGP 18/98 e Polícia Judiciária Democrática". *Revista dos Tribunais*, São Paulo, nº 769, nov. 1999, p. 479.

[22] PITOMBO, op. cit., p. 14.

[23] LOPES JÚNIOR, op. cit., p. 49. Também na linha de que o inquérito policial assume um papel garantista: CABETTE, op. cit., p. 187.

[24] NUCCI, Guilherme de Souza. *Código de Processo Penal Comentado*. 3.ed. São Paulo: RT, 2004, p. 67-8. No mesmo sentido: RANGEL, Paulo. *Direito Processual Penal*. 8.ed. Rio de Janeiro: Lumen Juris, 2004, p. 69.

[25] LEVENE (h.), Ricardo. *Manual de Derecho Procesal Penal*. 3.ed. Buenos Aires: Editorial Plus Ultra, 1975, p. 292.

[26] TOURINHO FILHO, Fernando da Costa. *Processo Penal*. 25.ed. São Paulo: Saraiva, 2003, v. 1, p. 200.

Não obstante, é incompreensível o começo de um processo penal sem que a peça acusatória esteja amparada, ao menos, em dados capazes de tornar a acusação verossímil, coletados através de uma instrução preliminar. Devem existir, em suma, indícios[27] de que o acusado é o provável autor do delito e prova de que ocorreu a infração penal. Essa é, pois, a lição de Lopes Júnior:

> A investigação preliminar serve – essencialmente – para averiguar e comprovar os fatos constantes na *notitia criminis*, isto é, a autoria e a materialidade. Neste sentido, o poder do Estado de averiguar as condutas que revistam a aparência de um delito *é uma atividade que prepara o exercício da pretensão acusatória que será posteriormente exercida no processo penal.*[28]

Uma dúvida que pode surgir neste instante é se o melhor é ser suspeito da prática de uma infração penal durante a investigação criminal (investigado ou indiciado) ou acusado em um processo penal (réu).

Não se nega, desde já, que o fato de alguém figurar, no curso de um inquérito policial, como investigado também gera a essa pessoa intranqüilidade e efeitos indesejáveis. De acordo com os antecedentes criminais e com as peculiaridades do fato que se investiga, o investigado poderá, por exemplo, ser preso a qualquer momento. Além do mais, já pode ser rotulado como criminoso no meio social em que vive.[29]

Em síntese, a investigação criminal já atenta contra o "*status dignitatis* do investigado", traduzindo-se em uma "invasão do Estado na liberdade individual".[30]

Reconhecendo que a simples instauração de procedimento investigatório atinge o investigado nos valores mais íntimos, sustenta Stasiak que, nas hipóteses de *delatio criminis* prestadas anonimamente, haja uma investigação preliminar ao inquérito policial, com o objetivo de verificar a procedência das informações, em respeito à dignidade do cidadão.[31] Tal sugestão, a propósito, não é descabida, pois existe autorização para adoção dessa medida no CPP, especifi-

---

[27] De acordo com o artigo 239 do CPP, indício é "a circunstância conhecida e provada, que, tendo relação com o fato, autorize, por indução, concluir-se a existência de outra ou outras circunstâncias".

[28] LOPES JÚNIOR, op. cit., p. 105.

[29] Nessa linha: PINTO, Martins Felipe. "A Processualização do Inquérito Policial". *Boletim do IBCCrim*, São Paulo, nº 110, jan. 2002, p. 4.

[30] CHOUKR, Fauzi Hassan. *Garantias Constitucionais na Investigação Criminal*. 2.ed. Rio de Janeiro: Lumen Juris, 2001, p. 7.

[31] STASIAK, op. cit., p. 259-82. Solução idêntica é apresentada por IENNACO, Rodrigo. "Da Validade do Procedimento de Persecução Criminal Deflagrado por Denúncia Anônima no Estado Democrático de Direito". *Revista Brasileira de Ciências Criminais*, São Paulo, nº 62, out.

camente no art. 5°, § 3°. Havendo controle sobre tais investigações preliminares, não se vê óbice para que, na hipótese apontada e em respeito à dignidade da pessoa humana, seja utilizado esse expediente.

Pelo que se viu até aqui, a investigação criminal também traz conseqüências nada agradáveis para os investigados. No entanto, ainda que no processo penal sejam assegurados, na íntegra, o contraditório e a ampla defesa, não restam dúvidas de que é preferível ser somente investigado a figurar como réu em uma relação processual, pois o início do processo penal "significa um grande passo no sentido da diminuição do *status libertatis* do sujeito passivo".[32] Como sintetizava Almeida, em obra anterior à atual CF, o indiciado tem maior interesse em não ser denunciado.[33]

Mesmo que o investigado seja indiciado ao final das investigações, restando arquivado o inquérito policial por se entender que o fato não aconteceu ou é atípico, ou porque existe uma causa excludente da antijuridicidade ou da culpabilidade, não haverá mais o risco de ser atingido o seu *status libertatis*.[34] Quanto mais transcorrer o tempo, no entanto, maior será a angústia e a instabilidade daqueles que sejam apontados como prováveis autores de uma infração penal.

Destarte, a existência de provas mínimas acerca do envolvimento de alguém na prática de crime comprovado, que deverão ser colhidas em uma etapa preliminar ao processo, é condição para a *persecutio criminis in judicio*. Ausentes tais elementos, faltará justa causa para a propositura da ação penal em juízo.[35]

2006, p. 220-63. Na jurisprudência: STJ, HC 74.581/CE, 6ª Turma, rel. Min. Hamilton Carvalhido, j. 06.12.2007, DJe 10.03.2008.

[32] LOPES JÚNIOR, op. cit., p. 182.

[33] ALMEIDA, Joaquim Canuto Mendes de. *Princípios Fundamentais do Processo Penal*. São Paulo: RT, 1973, p. 214.

[34] Conforme PITOMBO, Sérgio Marcos de Moraes. *Inquérito Policial: Novas Tendências*. Belém: CEJUP, 1986, p. 24-7, o ato judicial que determina o arquivamento é decisório e, nas hipóteses mencionadas, examina o mérito da causa penal, consistindo em sentença definitiva. Em razão disso, não pode haver desarquivamento do inquérito policial, pois tal decisão faz coisa julgada formal e material. Entretanto, afora essas situações citadas no texto, pode ocorrer o desarquivamento do procedimento se aparecerem novas provas. Se houver arquivamento porque não se descobriu a autoria da infração penal, por exemplo, a investigação criminal poderá ser reaberta se surgirem outras informações que possibilitem a identificação dos autores. Aqui, como refere o autor, o ato decisório corresponde a uma sentença terminativa, que faz operar apenas coisa julgada formal.

[35] Nesse sentido: JARDIM, op. cit., p. 45.

1.2. O inquérito policial

A expressão *inquérito policial* apareceu no direito brasileiro, pela primeira vez, no Decreto 4.824, de 22 de novembro de 1871, que regulamentava a Lei 2.033/1871.[36] Já a sua função no âmbito processual penal surge no Código de Processo Penal de 1832, embora não haja referência expressa ao termo *inquérito policial*.[37]

Desde então, no Brasil, o expediente destinado à realização da investigação criminal é o inquérito policial, feito que está a cargo das polícias judiciárias e em que são materializados os elementos que deram forma ao crime, mediante atividades investigativas e de instrução inicial.[38]

Entretanto, antes de se verificar as finalidades do inquérito policial, deve-se ver, ainda que de forma sucinta, qual o significado da expressão *busca da verdade*, que vem sendo usada com freqüência pela doutrina, pressuposto para uma correta compreensão de qual é o real escopo da investigação criminal.

No âmbito do processo penal, parte da doutrina sustenta que, com o objetivo de colher as provas que correspondam à realidade fática, o juiz criminal deve pesquisar e buscar, independentemente da manifestação das partes, os fatos que são verídicos.[39] Cabe ao magistrado, em síntese, apanhar todos os elementos de prova que visem a reproduzir, com precisão, a *verdade real*, ou seja, todas as circunstâncias que envolveram a prática de uma infração penal. Portanto, para quem segue essa linha, a verdade a ser buscada no processo penal é a material ou plena.[40]

---

[36] SILVEIRA, José Néri. "Aspectos do Inquérito Policial na Jurisprudência do Supremo Tribunal Federal". *Revista da Associação dos Delegados de Polícia do Estado de São Paulo*, São Paulo, nº 21, set. 1996, p. 11; TOVO, Paulo Cláudio. "Democratização do Inquérito Policial". In: TOVO, Paulo Cláudio [org.] *et al. Estudos de Direito Processual Penal*. Porto Alegre: Livraria do Advogado, 1999, v. II, p. 200; PINTO, Adilson José Vieira. "O Inquérito Policial à luz dos Direitos e Garantias Individuais da Constituição Federal de 1988". *Revista Brasileira de Ciências Criminais*, São Paulo, nº 27, jul.-set. 1999, p. 253; MORAES, artigo citado, p. 256; ROVEGNO, André. *O Inquérito Policial e os Princípios Constitucionais do Contraditório e da Ampla Defesa*. Campinas: Bookseller, 2005, p. 82; NOGUEIRA, Carlos Frederico Coelho. *Comentários ao Código de Processo Penal*. São Paulo: Edipro, 2002, v. 1, p. 117.

[37] COSTA, Paula Bajer Fernandes Martins da. "Sobre a Posição da Polícia Judiciária na Estrutura do Direito Processual Penal Brasileiro na Atualidade". *Revista Brasileira de Ciências Criminais*, São Paulo, nº 26, abr.-jun. 1999, p. 171-4.

[38] MORAES, artigo citado, p. 257.

[39] GRINOVER, Ada Pellegrini; FERNANDES, Antonio Scarance; GOMES FILHO, Antonio Magalhães. *As Nulidades no Processo Penal*. 8.ed. São Paulo: RT, 2004, p. 155; TOURINHO FILHO, op. cit., p. 36-7; SAAD, op. cit., p. 345.

[40] MENDRONI, Marcelo Batloni. "O Sigilo da Fase Pré-Processual". *Boletim do IBCCRIM*, São Paulo, nº 83, out. 1999, p. 10; SAAD, op. cit., p. 142; PEDROSO, Fernando de Almeida. *Processo*

No entanto, outros doutrinadores entendem que a verdade que se busca na esfera criminal é a *processual* ou *formal*. Sustentam que a *verdade real* seria algo inatingível, por não se conseguir reproduzir com exatidão, no âmbito do processo penal, todos os dados do passado.[41] Além disso, seria um mito para justificar uma atuação ilimitada por parte do juiz criminal, que possuiria amplos poderes para a busca da verdade.[42]

Em razão disso, ponderam Grinover, Fernandes e Gomes Filho que é preciso estabelecer o sentido correto da *verdade real*, que deve corresponder à "verdade subtraída à influência que as partes, por seu comportamento processual, queiram exercer sobre ela", e a verdade processualmente válida, em respeito aos direitos fundamentais dos investigados.[43]

Para Ferrajoli, a verdade material é carente de limites legais e inalcançável, enquanto a formal ou processual respeita regras precisas. De acordo com ele, a verdade, que é formal, caracteriza-se por ser

> relativa ao estado dos conhecimentos e experiências levados a cabo na ordem das coisas de que se fala, de modo que, sempre, quando se afirma a 'verdade' de uma ou de várias proposições, a única coisa que se diz é que estas são (plausivelmente) verdadeiras *pelo que sabemos* sobre elas, ou seja, em relação ao conjunto dos conhecimentos confirmados que delas possuímos.[44]

Dentro da análise de que a verdade no processo criminal é *formal* ou *processual*, alerta Rangel que a apuração documentada nos autos pode não corresponder à "verdade do mundo dos homens".[45]

Para Queijo, a verdade material é uma situação hipotética, motivo pelo qual sustenta que, no processo, deve o juiz procurar "a

Penal, o Direito de Defesa: Repercussão, Amplitude e limites. Rio de Janeiro: Forense, 1986, p. 15; ROVEGNO, op. cit., p. 90.

[41] Nesse sentido: FERRAJOLI, op. cit., p. 38-51; COUTINHO, Jacinto Nelson de Miranda. "Introdução aos Princípios Gerais do Direito Processual Penal Brasileiro". *Revista de Estudos Criminais*, ITEC, Porto Alegre, nº 1, 2001, p. 45-9; DUCLERC, Elmir. *Curso Básico de Direito Processual Penal*. Rio de Janeiro: Lumen Juris, 2006, v. II, p. 235-9; LOPES JÚNIOR, Aury Celso Lima. *Introdução Crítica ao Processo Penal (Fundamentos da Instrumentalidade Garantista)*. 2.ed. Rio de Janeiro: Lumen Juris, 2005, p. 262; PRADO, Geraldo. *Sistema Acusatório. A Conformidade Constitucional das Leis Processuais Penais*. 3.ed. Rio de Janeiro: Lumen Juris, 2005, p. 131; OLIVEIRA, Eugênio Pacelli de. *Curso de Processo Penal*. 4.ed. Belo Horizonte: Del Rey, 2005, p. 9; MORAES, Maurício Zanoide de; MOURA, Maria Thereza Rocha de Assis. "Direito ao Silêncio no Interrogatório". *Revista Brasileira de Ciências Criminais*, São Paulo, nº 6, abr.-jun. 1994, p. 140.

[42] GRINOVER, FERNANDES e GOMES FILHO, op. cit., p. 155.

[43] Idem, p. 156.

[44] FERRAJOLI, op. cit., p. 38 e p. 42.

[45] RANGEL, op. cit., p. 5.

verdade processual, com maior grau de probabilidade que possa ser atingido, independentemente do interesse das partes".[46]

Conclui Prado que a verdade, no processo penal, é a "relação possível ou adequada entre a imagem que o juiz constrói acerca do fato e a forma real como este fato supostamente ocorreu".[47]

De acordo com Dias Neto, não se pode afirmar que o objetivo do processo penal seja a "averiguação da verdade material, mas a obtenção formalizada da verdade".[48]

Existe, ainda, quem questiona se o processo penal busca, efetivamente, uma verdade. Coutinho, por exemplo, afirma que a verdade real, em razão de o processo ser a reconstrução de um fato que já aconteceu, é uma circunstância inalcançável e que a chamada verdade formal, em última análise, não é a verdade. Assim, sustenta o autor que o processo penal deve buscar "um juízo de certeza, pautado nos princípios e regras que asseguram o Estado Democrático de Direito".[49]

Em sentido similar, enfatiza Lopes Júnior que o processo penal pode alcançar, no máximo, um elevado "grau de aparência, de plausibilidade, de que o fato tenha ocorrido (no passado, sempre um fato histórico) conforme o processo conseguiu apurar". Para tal autor, portanto, o que se busca em uma investigação é a reconstrução do "delito enquanto fato histórico".[50]

Semelhante é o pensamento de Cafferata Nores, para quem a investigação criminal busca a verdade histórica, pois trata de "reconstruir conceptualmente hoy, algo que ocurrió presuntamente antes, un acontecimiento del pasado".[51]

Prado, partindo da premissa de que a verdade é inalcançável pelo homem, registra que o "conhecimento da realidade é, pelas limitações humanas, algo parcial e, nesse sentido, não pode ser considerado 'verdade'". Dessa forma, o correto para a autora seria falar-se, no processo penal, em certeza (e não em verdade, seja mate-

---

[46] QUEIJO, Maria Elizabeth. *O direito de não produzir prova contra si mesmo: o princípio nemo tenetur se detegere e suas decorrências no processo penal*. São Paulo: Saraiva, 2003, p. 38.

[47] PRADO, Geraldo, op. cit., p. 120.

[48] DIAS NETO, op. cit., p. 181.

[49] COUTINHO, artigo citado, p. 49.

[50] LOPES JÚNIOR, *Introdução Crítica ao Processo Penal...*, p. 267. Do mesmo autor, a respeito do mesmo assunto: "Direito de Defesa e Acesso do Advogado aos Autos do Inquérito Policial: uma (des)construção jurisprudencial". *Revista Brasileira de Ciências Criminais*, São Paulo, nº 43, abr.-jun. 2003, p. 391; e *Sistemas de Investigação Preliminar ...*, p. 24 e p. 209-23.

[51] CAFFERATA NORES, José I. "La Eficacia de la Investigación Penal en el Estado de Derecho". *Revista Brasileira de Ciências Criminais*, São Paulo, nº 35, jul.-set. 2001, p. 30.

rial ou formal).[52] De acordo com essa linha, o grande problema esteja em se usar o termo "verdade" para se designar um dos objetivos do processo penal e, igualmente, da investigação criminal, por não ser alcançável em seu aspecto material e, quiçá, no sentido formal.

À luz do exposto, não resta dúvida de que a verdade real é algo inatingível, por não se conseguir reproduzir, com toda a precisão de detalhes, aquilo que aconteceu no passado. No entanto, é através da investigação criminal e do processo penal[53] que se busca, com a maior exatidão possível de ser alcançada, a reconstrução histórica de um fato que se apresenta como criminoso. Portanto, a *busca da verdade* significa a tentativa de se elucidar uma infração penal mediante a reconstituição do fato pretérito de forma mais próxima da realidade, com maior grau de probabilidade do que possa ter ocorrido, respeitando-se o devido processo legal.

1.2.1. As finalidades do inquérito policial

No tópico anterior, viu-se que a investigação criminal funciona como um filtro processual, evitando juízos apressados e que pessoas sejam submetidas a um processo penal sem um mínimo de indícios de autoria a respeito de uma infração penal demonstrada. Mas, afinal, a investigação criminal possui apenas essa motivação? Ou a investigação criminal possui, sim, outros propósitos?

Ainda que a investigação criminal sirva para atender a um interesse garantista, evitando que inocentes sejam submetidos a um processo, a fase preliminar também possui outras finalidades.

Saad, com razão, registra que as definições do inquérito policial sofrem variações na doutrina de acordo com a ênfase que se dê a uma ou outra característica do procedimento (apuração do fato ilícito e típico, preparação da ação penal, cautelaridade etc.).[54]

Antes de se chegar a uma definição do que realmente seja o inquérito policial, devem ser verificadas as suas principais características e os seus objetivos.

Registre-se, no entanto, que, quando se falar nas finalidades do inquérito policial, também se estará fazendo alusão aos objetivos da investigação criminal. Na realidade, o inquérito policial nada mais

---

[52] PRADO, Fabiana Lemes Zamalloa de. *A Ponderação de Interesses em Matéria de Prova no Processo Penal*. São Paulo: IBCCRIM, 2006, p. 140-1.

[53] A elucidação da verdade, como consigna DIAS NETO, op. cit., p. 180, não seria uma finalidade a ser buscada apenas na investigação criminal, sendo também uma função essencial do processo penal.

[54] SAAD, op. cit., p. 138-43.

é, como já dito, do que o instrumento usual em que serão formalizadas, no Brasil, as investigações criminais, motivo pelo qual as finalidades são as mesmas.

A primeira finalidade do inquérito policial, portanto, é a *apuração de um fato típico.*[55] Cabe à polícia judiciária investigar uma situação típica que chegar ao seu conhecimento, comprovando a existência do fato e quem são os seus prováveis autores, ou seja, "verificar todas as circunstâncias de conduta humana que se revista da aparência de ilícito penal".[56] Tal escopo é ressaltado, inclusive, no artigo 144, §§ 1° e 4°, da CF, que salienta que cabe às polícias judiciárias a apuração das infrações penais.

De acordo com Cabette, a finalidade do expediente é a coleta de informações acerca de um fato que pode ser criminoso, "seja no sentido de comprovar a infração penal e sua autoria, seja para constatar a não ocorrência de um delito ou a não autoria por parte de um indivíduo inicialmente suspeito".[57]

Diferentemente não pensa Silva, para quem a finalidade da investigação "não é a ação penal, mas a apuração da autoria do delito, de suas causas, de suas circunstâncias".[58]

Espínola Filho já mencionava, em obra anterior à atual CF, que a finalidade do inquérito policial era "apurar a existência de uma infração punível e descobrir os responsáveis por ela", sem visar à condenação dos apontados como culpados.[59]

Carvalho, igualmente, afirma que o inquérito policial é "um procedimento administrativo, de caráter inquisitivo e sigiloso, que visa à apuração de uma infração penal e de sua autoria".[60]

Também se destaca na doutrina que outro fim do inquérito policial é a *preparação da ação penal com a coleta de provas*. Enfatizando-se esse aspecto, o procedimento de investigação visaria a levar ao ór-

---

[55] Nesse sentido: DESGUALDO, Marco Antonio. "A Lógica na Investigação Criminal". *Revista Brasileira de Ciências Criminais*, São Paulo, nº 27, jul.-set. 1999, p. 288. Para LOPES JÚNIOR, *Sistemas de Investigação Preliminar ...*, p. 51-4, uma das finalidades da fase pré-processual seria, exatamente, o esclarecimento do fato oculto.

[56] ROVEGNO, op. cit., p. 62.

[57] CABETTE, op. cit., p. 192 e p. 196.

[58] SILVA, José Afonso da. "Em face da Constituição Federal de 1988, o Ministério Público pode realizar e/ou presidir investigação criminal, diretamente?". *Revista Brasileira de Ciências Criminais*, São Paulo, nº 49, jul.-ago. 2004, p. 376.

[59] ESPÍNOLA FILHO, Eduardo. *Código de Processo Penal Brasileiro Anotado*. 6.ed. Rio de Janeiro: Editora Rio, 1980, p. 303. Afirmava o autor que o inquérito policial é "uma investigação destinada ao descobrimento da verdade" (idem, p. 304).

[60] CARVALHO, Luis Gustavo Grandinetti Castanho de. *O Processo Penal em face da Constituição*. Rio de Janeiro: Forense, 1992, p. 65.

gão de acusação elementos mínimos necessários para o oferecimento da denúncia em juízo.

Para Marques, o inquérito policial é um procedimento administrativo de persecução penal que se destina "a preparar a ação penal", levando subsídios para que o Ministério Público, nas ações penais públicas, ou a parte, nas ações privadas, acusem o acusado em juízo.[61]

Levando em conta esses dois enfoques referidos, alguns doutrinadores conjugam tais fatores para afirmar que as finalidades do inquérito policial seriam, exatamente, a apuração de um fato típico e a preparação da ação penal.

Segundo Nucci, o inquérito policial é um procedimento de natureza administrativa que prepara a ação criminal, "voltado à colheita preliminar de provas para apurar a prática de uma infração penal e sua autoria".[62]

Para Nogueira, o inquérito policial é "procedimento administrativo, realizado pela polícia judiciária, de caráter preparatório, informativo e investigativo, destinado à apuração das infrações penais".[63]

Em conformidade com Tornaghi, a primeira finalidade do inquérito policial é a apuração de uma infração penal e de sua autoria. Além disso, a investigação criminal igualmente se destinaria a fornecer elementos para que o titular da ação penal acuse em juízo o autor do delito.[64]

Greco Filho, por sua vez, expõe que os escopos do inquérito policial são a investigação de um fato criminoso e da autoria e a colheita de elementos aos órgãos de acusação (MP ou querelante, conforme o caso) para a formação da *opinio delicti*.[65]

---

[61] MARQUES, op. cit., p. 148.

[62] NUCCI, op. cit., p. 71. No mesmo sentido: NOGUEIRA, Paulo Lúcio. *Curso Completo de Processo Penal*. 10.ed. São Paulo: Saraiva, 1996, p. 38; SALLES JÚNIOR, Romeu de Almeida. *Inquérito Policial e Ação Penal*. 7.ed. São Paulo: Saraiva, 1998, p. 3.

[63] NOGUEIRA, Carlos Frederico Coelho. *Comentários ao Código de Processo Penal*. São Paulo: Edipro, 2002, v. 1, p. 118.

[64] TORNAGHI, Hélio. *Instituições de Processo Penal*. 2.ed. São Paulo: Saraiva, 1977, v. II, p. 235 e p. 249.

[65] GRECO FILHO, Vicente. *Manual de Processo Penal*. 4.ed. São Paulo: Saraiva, 1997, p. 91-2. Em sentido idêntico: SOUZA, Carlos Laet de. "Da Investigação Policial e da Instrução Criminal Provisória". *Revista Brasileira de Ciências Criminais*, São Paulo, nº 21, jan.-mar. 1998, p. 159. Para este autor, a atividade de polícia judiciária consiste na instrução criminal provisória, destinada à coleta de provas, e na investigação policial, em que se busca elucidar a prática da infração penal, com a revelação da autoria, da materialidade e todas as circunstâncias (idem, ib.).

Veja-se que Greco Filho afirma, diferentemente dos demais doutrinadores citados, que uma das finalidades é levar elementos para que o órgão de acusação forme a *opinio delicti*. Embora a diferença entre "formar a *opinio delicti*" e "acusar" possa parecer sutil, é correta essa distinção.

A circunstância de se aceitar como certa a tese de que a investigação criminal teria como propósito apenas a acusação afastaria, de plano, a incidência dos direitos de informação e de defesa na etapa preliminar investigação criminal. Se o intuito da investigação fosse o de somente levar elementos para que o Ministério Público acusasse alguém em juízo, a polícia judiciária, então, estaria impedida de colher subsídios que pudessem interessar ao investigado.

Na realidade, o órgão de acusação, ao receber um expediente de investigação, pode oferecer a denúncia (*opinio delicti* positiva) ou pedir o seu arquivamento (*opinio delicti* negativa). Como salienta Souza, a investigação não serve apenas para fornecer elementos para a denúncia, mas a fundamentar, igualmente, "uma *opinio delicti* negativa", que corresponderia a uma resolução de arquivamento.[66]

Isso é bastante comum de acontecer quando se instaura inquérito policial para apurar um episódio que poderia, em princípio, ser criminoso e, ao final da investigação, se verifica que o fato, na realidade, é atípico.[67] Nessas situações, por conseguinte, o inquérito policial não leva à instauração da ação penal e, mesmo assim, atinge o seu objetivo.[68]

Destarte, não se pode afirmar que o inquérito policial visa tão-só a preparar a acusação, pois a investigação, muitas vezes, "não se volta à instalação da ação" penal.[69] Como destaca Lopes Júnior, a investigação preliminar serve para "justificar o exercício da ação pe-

---

[66] SOUZA, José Barcelos de. "Notas sobre o projeto referente ao inquérito policial", p. 263.

[67] Como exemplos, podem ser citadas as hipóteses em que há incêndio em uma residência ou o encontro de um cadáver em via pública. Tais situações impõem a instauração de inquérito para que sejam verificadas as circunstâncias desses fatos, haja vista que, *a priori*, existe a possibilidade de serem criminosos. Contudo, se a polícia constata ao cabo das investigações que o incêndio não foi criminoso ou que a morte da pessoa foi natural, nem por isso o inquérito – que não forneceu, em decorrência da atipicidade, elementos para uma denúncia –, deixou de atingir a sua finalidade.

[68] Nesse sentido: ROVEGNO, op. cit., p. 139-40. Segundo NOGUEIRA, Carlos Frederico Coelho, op. cit., p. 119, o inquérito policial também serve para apurar fatos que podem não constituir infrações penais, citando como exemplo os casos de morte.

[69] PINTO, Adilson José Vieira. "O Inquérito Policial à luz dos Direitos ...", p. 253. Refere o autor que o inquérito policial visa a confirmar a existência ou não de uma determinada infração penal, suas circunstâncias e o estabelecimento da correspondente autoria (id., ib.). Na mesma esteira: SOUZA, Carlos Laet de. "Da Investigação Policial ...", p. 159.

nal ou o arquivamento das peças de informação".[70] Em suma, pouco importa que a "verdade se construa em favor da acusação ou da defesa".[71]

É em virtude disso que Pitombo, ao analisar a busca e a apreensão no processo penal, registra que a polícia judiciária não deve procurar apenas elementos de convicção para a acusação, mas também aqueles que interessem à defesa.[72]

Mas o inquérito policial não possui apenas os objetivos de apurar um fato típico e de apresentar informações ao órgão de acusação para a formação da *opinio delicti*. Possui a serventia, também, para levar *elementos de convencimento ao juiz*, basicamente, em dois momentos.

Primeiramente, o inquérito policial serve de base para que o magistrado exerça um *juízo de admissibilidade da acusação* formalizada contra alguém. Em regra, é com base no que restou apurado pela polícia judiciária que o julgador verificará se dará início ao processo penal.[73]

É em razão disso que Tovo afirma que a finalidade última do inquérito policial, na realidade, "é servir de base ao primeiro pronunciamento jurisdicional e que versa sobre a viabilidade da acusação formalizada".[74]

Na prática, porém, a decisão sobre o recebimento ou não da denúncia (ou da queixa), ato de extrema relevância e que define se alguém será submetido a um processo penal, tem sido relegada a um segundo plano. Em muitos casos, os juízes não explicam o porquê do recebimento de uma acusação, circunstância que pode fazer com que alguém responda a um processo criminal injustamente.[75]

---

[70] LOPES JÚNIOR, *Introdução Crítica ao Processo Penal* ..., p. 240. No mesmo sentido: SAAD, op. cit., p. 142-3; ROVEGNO, op. cit., p. 86 e p. 90-1. De acordo, ainda, com OLIVEIRA, op. cit., p. 27, a fase pré-processual busca o "cabal e completo esclarecimento do caso penal", sendo procedimento destinado à formação da *opinio delicti*, convencimento por parte do responsável por eventual acusação em juízo. Dessa maneira, em decorrência do que restou apontado nos documentos elaborados pela polícia judiciária, poderá o órgão ministerial oferecer a denúncia ou pedir o arquivamento das peças de investigação.

[71] ROVEGNO, op. cit., p. 141.

[72] PITOMBO, Cleunice A. Valentim Bastos. *Da Busca e da Apreensão no Processo Penal*. São Paulo: RT, 1999, p. 105.

[73] Nesse sentido: SAAD, op. cit., p. 151-2; ROVEGNO, op. cit., p. 137-8, PITOMBO, Sérgio Marcos de Moraes. *Inquérito Policial: Novas Tendências*, cit., p. 19; GOMES FILHO, Antonio Magalhães. *Direito à Prova no Processo Penal*. São Paulo: RT, 1997, p. 144.

[74] TOVO, "Introdução à principiologia do Processo Penal Brasileiro", p. 19-20.

[75] A respeito do assunto, cf. LOPES JÚNIOR, *Sistemas de Investigação Preliminar* ..., p. 182-4.

Saliente-se, por oportuno, que a Lei 11.719/08, que alterou o CPP, apesar de trazer alguns avanços, como a possibilidade de o juiz absolver sumariamente o acusado nas hipóteses arroladas no art. 397 do CPP,[76] poderia ter ido além e exigido, na fase do juízo de admissibilidade da acusação, a motivação por parte do juiz para recebimento da denúncia ou da queixa. Contudo, a nova legislação silenciou a esse respeito.

Mas o inquérito policial, por outro lado, também serve de *apoio para a decretação de medidas cautelares*.[77] Em geral, é com amparo nas investigações criminais e nos documentos elaborados pela polícia judiciária que o juiz decidirá se restringe ou não algum direito fundamental do investigado.

Seguindo-se o magistério de Fernandes, as medidas cautelares são providências que deverão ser adotadas com urgência sempre que estiver presente o "risco de sucederem eventos que comprometam a atuação jurisdicional ou afetem profundamente a eficácia e utilidade do julgado".[78]

Classificam-se tais medidas em *pessoais*, que são aquelas relacionadas com o suspeito ou acusado, como as prisões provisórias (preventiva ou temporária); *reais*, que se vinculam à reparação do dano, como o seqüestro de bens e o arresto; e *relativas à prova*, como a busca e apreensão e as interceptações telefônicas.[79]

Dessa forma, pois, o inquérito não deve ser elaborado com o intuito "exclusivo de convencer o acusador, senão também o de for-

---

[76] Isso ocorrerá quando o magistrado verificar a existência manifesta de causa excludente da ilicitude do fato ou da culpabilidade do agente (salvo a inimputabilidade), que o fato narrado evidentemente não constitui crime ou constatar que está extinta a punibilidade do agente.

[77] TOVO, Paulo Cláudio. "O inquérito policial em sua verdadeira dimensão". In: TOVO, Paulo Cláudio (org.) et al. *Estudos de Direito Processual Penal*. Porto Alegre: Livraria do Advogado, 1995, v. I, p. 149. Do mesmo autor: "Democratização do Inquérito Policial", p. 200-1. Também na esteira de que uma das finalidades do inquérito policial é servir de base para a decretação de medidas cautelares: SAAD, op. cit., p. 153; MARQUES, op. cit., p. 153; ROVEGNO, op. cit., p. 137-8; PITOMBO, Sérgio Marcos de Moraes. *Inquérito Policial: Novas Tendências*, p. 19; GOMES FILHO, *Direito à Prova no Processo Penal*, p. 144.

[78] FERNANDES, Antonio Scarance. *Processo Penal Constitucional*. 3.ed. São Paulo: RT, 2002, p. 297. Na mesma linha: TOURINHO FILHO, Fernando da Costa. *Processo Penal*. 23.ed. São Paulo: Saraiva, 2001, v. 3, p. 28; LIMA, Marcellus Polastri, op. cit., p. 205. Interessantes as observações deste autor com relação às características específicas das medidas assecuratórias. Para ele (idem, p. 211-3), as cautelares possuem os traços da *acessoriedade* (subordinação ao processo principal, o que não impede o procedimento cautelar sem o futuro processo), *preventividade* (inibição a futuros danos), *instrumentalidade hipotética* (probabilidade da pretensão do autor), *provisoriedade* (adoção durante uma situação de emergência), *revogabilidade*, *não definitividade* (não faz coisa julgada material), *referibilidade* (relação entre a situação de perigo e a proteção jurídica) e a *jurisdicionalidade* (controle judicial sobre a medida).

[79] Nesse sentido: FERNANDES, op. cit., p. 297-9; LIMA, Marcellus Polastri, op. cit., p. 205-6; SAAD, op. cit., p. 153; MARQUES, op. cit., p. 153; ROVEGNO, op. cit., p. 137-8.

necer elementos para convencer o juiz".[80] Afinal de contas, segundo registra Saad, o inquérito policial não é dirigido apenas ao Ministério Público, mas um "instrumento de justiça, que serve ao juiz e também ao acusado".[81]

Mas não são somente esses os objetivos do inquérito policial. O procedimento de investigação criminal também possui uma finalidade *cautelar*. Essa natureza do inquérito policial reside nos aspectos de evitar os riscos da imediatidade de um eventual processo e de permitir a coleta de vestígios que podem desaparecer com o passar do tempo.[82]

Ensina Pitombo que o inquérito policial também é cautelar "porquanto instrumento de captação e preservação dos meios de prova da ocorrência e da autoria, a serviço de eventual ação judiciária penal de conhecimento".[83]

Para Marques, a investigação seria o poder cautelar exercido pelo Estado, por intermédio da polícia, para colher dados informativos e impedir que desapareçam as provas do crime e os elementos de convicção sobre o delito.[84]

Como os vestígios de um crime tendem a sumir com o tempo, surge a necessidade de se criar mecanismos que acautelem os meios de prova e que preservem eventuais elementos que servirão ao debate da causa em juízo.[85]

Lopes Júnior ainda salienta que a investigação criminal também atende a uma função simbólica, consubstanciada na perspectiva de que os órgãos estatais apurarão os crimes ocorridos. Para o autor, isso significa que, simbolicamente, a investigação criminal "contribui para amenizar o mal-estar causado pelo crime", gerando a "sensação de que os órgãos estatais atuarão, evitando a impunidade".[86]

---

[80] SOUZA, José Barcelos de. "Notas sobre o projeto referente ao inquérito policial", p. 263. Para o autor, não se pode proibir que a sentença se fundamente em elementos do inquérito, questionando ele o seguinte: "Por que privar o juiz de levar em consideração um depoimento policial favorável ao réu, impossível de ser obtido em juízo por motivo de falecimento da testemunha?" (idem, ib.).

[81] SAAD, op. cit., p. 151-2.

[82] Idem, p. 147 e p. 149.

[83] PITOMBO, Sérgio Marcos de Moraes. *Inquérito Policial: Novas Tendências*, p. 16.

[84] MARQUES, op. cit., p. 145-6.

[85] SAAD, op. cit., p. 24-5 e p. 147. Como exemplos de provas que podem perecer ou sofrer deturpação, NUCCI, op. cit., p. 68, cita os exames em cadáveres e em locais de crime. CHOUKR, op. cit., p. 6, por sua vez, menciona os exames periciais.

[86] LOPES JÚNIOR, *Sistemas de Investigação Preliminar ...*, p. 55.

Diante do exposto, define-se o inquérito policial, então, como sendo o procedimento administrativo de investigação criminal, elaborado pela polícia judiciária, que visa a esclarecer todas as circunstâncias de um fato que pode ser criminoso, com a apuração da provável autoria, com a demonstração da ocorrência (ou não) do episódio e com a coleta, inclusive, de provas definitivas, servindo de base para que o órgão de acusação forme a *opinio delicti* e para que o magistrado se convença se existe razão para iniciar um processo penal, bem como se há elementos suficientes para a decretação de medidas cautelares.

1.2.2. A natureza jurídica

Preliminarmente, cabe registrar que o inquérito policial não é processo. Conforme Dinamarco, no inquérito, em que contraditório não existe, as investigações criminais acabam com o relatório da autoridade policial, que será apenas um dos fatores para que o órgão de acusação forme a *opinio delicti*. Assim, por não se endereçar o expediente de investigação a algum provimento, não pode ser processo.[87]

Descartada a natureza de processo, pode o inquérito policial, então, ser enquadrado como *procedimento*? É o que se passa a ver.

De acordo com Fernandes, o inquérito policial é um conjunto de atos realizados por autoridade administrativa que não possui a natureza de procedimento. Segundo o autor, apenas se pode falar em *procedimento* quando os atos praticados obedecem "a uma seqüência predeterminada pela lei, em que, após a prática de um ato, passa-se à do seguinte até o último da série, uma ordem a ser necessariamente observada", o que não acontece em sede de inquérito policial.[88]

A mesma posição é adotada por Rovegno, para quem *procedimento* é a "sucessão necessária de atos encadeados entre si que antecede e prepara um ato final". Dessa forma, sustenta que o inquérito policial não é procedimento, tendo em vista que não se encadeia em uma sucessão necessária e porque não prepara um ato final.[89]

---

[87] DINAMARCO, Cândido Rangel. *A Instrumentalidade do Processo.* 9.ed. São Paulo: Malheiros, 2001, p. 133. Para o autor, o inquérito policial assume a natureza de procedimento. Define ele *procedimento* como "um sistema de atos interligados numa relação de dependência sucessiva e unificados pela finalidade comum de preparar o ato final de consumação do exercício do poder" (idem, p. 131).

[88] FERNANDES, op. cit., p. 64.

[89] ROVEGNO, op. cit., p. 182.

Apesar das considerações dos doutrinadores que negam que o inquérito policial seja um *procedimento*, o expediente de investigação realizado pela polícia judiciária não perde tal natureza. Efetivamente, o inquérito policial é um procedimento pré-processual de índole administrativa.[90] Ainda que a autoridade policial possua, no comando das investigações, poderes discricionários para investigar, existe um rito mínimo previsto no CPP para a realização do inquérito policial e de determinados atos formais, como, por exemplo, o auto de prisão em flagrante (artigo 301 e seguintes) e os autos de reconhecimento de pessoas e de objetos (artigo 6°, inciso VI, e artigos 226, 227 e 228).

É verdade que não existem ritos estabelecidos em lei para a execução de todas as diligências policiais, mormente em razão das variantes que podem surgir em cada situação a ser investigada. Entretanto, ainda que a autoridade policial possa agir, em linhas gerais, com discricionariedade, existe no CPP,[91] principalmente no art. 6°, um regramento mínimo dos atos que deverão ser realizados pela polícia judiciária. Com isso, não perde o inquérito policial as características de *procedimento*.[92]

Na lição de Saad, ainda que o inquérito não obedeça a uma ordem rigorosa, nem por isso deixa de ser procedimento, "visto que o procedimento pode seguir esquema rígido ou flexível".[93]

É um procedimento *pré-processual* porque antecede um eventual processo penal, em que se verificará se o provável autor de uma situação típica e antijurídica é, realmente, culpado ou inocente.

---

[90] Nesse sentido: RANGEL, op. cit., p. 71; LIMA, Marcellus Polastri, op. cit., p. 75-6; SILVEIRA, artigo citado, p. 11; COUTINHO, Jacinto Nelson de Miranda. "O Sigilo do Inquérito Policial e os Advogados". *Revista Brasileira de Ciências Criminais*, São Paulo, nº 18, abr.-jun. 1997, p. 132; NORONHA, E. Magalhães. *Curso de Direito Processual Penal*. 24.ed. São Paulo: Saraiva, 1996. Atualizada por Adalberto José Q. T. de Camargo Aranha, p. 18; SAAD, op. cit., p. 161; QUEIJO, Maria Elizabeth. "Principais Instituições do Processo Penal Brasileiro e Elaboração Legislativa de Novo Código de Processo Penal: Inquérito Policial". *Revista dos Tribunais*, São Paulo, n. 697, nov. 1993, p. 271; PINTO, Adilson José Vieira. "O Inquérito Policial à luz dos Direitos ...", p. 253; PITOMBO, Sérgio Marcos de Moraes. *Inquérito Policial: Novas Tendências*, p. 15-6. Na jurisprudência: STF, HC 73.271/SP, 1ª Turma, rel. Min. Celso de Mello, j. 19.03.1996, DJU de 04.10.96, p. 37.100; STF, RHC 58.849/SC, 2ª Turma, rel. Min. Moreira Alves, j. 12.05.1981, DJU de 22.06.81, p. 6.064.

[91] Cf. do art. 4° ao art. 23 do CPP.

[92] SAAD, op. cit., p. 246-7; MORAES, "O Inquérito Policial é o Vilão no Direito Brasileiro?", cit., p. 259. O segundo autor, ao analisar a natureza jurídica, afirma que o inquérito policial pode ser apresentado de duas formas: "a) como um procedimento híbrido, composto de atos de ordem administrativa e atos de valor processual definitivo ou b) como um procedimento extrajudicial, de natureza processual, de vez que inserido no Código de Processo Penal e realizado pela Polícia Judiciária" (idem, p. 260).

[93] SAAD, op. cit., p. 247.

Ainda, trata-se de um procedimento *administrativo* por ser realizado por um órgão estatal integrante do Poder Executivo, ou seja, um expediente elaborado pelas polícias judiciárias (Polícia Federal ou Polícia Civil), instituições vinculadas à Administração Pública direta.

Conforme Lopes Júnior, o procedimento de investigação será administrativo sempre que for elaborado por um órgão que não pertença ao Poder Judiciário. Assim, o inquérito policial, realizado pela polícia judiciária, instituição vinculada ao Poder Executivo, possui a natureza administrativa.[94] É, pois, um procedimento produzido "em forma e atuação em âmbito administrativo".[95]

1.2.3. *A importância do inquérito policial*

Exposta a natureza jurídica do expediente de investigação, resta analisar se o inquérito policial é simples peça informativa. Se o for, não haverá, em razão disso, necessidade da participação da defesa na etapa preliminar. Do contrário, se for um procedimento repleto de significados, deve-se assegurar o direito de defesa e um mínimo de informação em tal fase.

Apesar de o inquérito policial estar carregado de provas que são definitivas,[96] ainda existe entendimento, tanto na doutrina,[97] quanto na jurisprudência,[98] de que o procedimento não passa de *mera* peça informativa. Não obstante, trata-se de "crença infundada",[99] conforme se passa a mostrar.

---

[94] LOPES JÚNIOR, *Sistemas de Investigação Preliminar* ..., p. 41.

[95] SAAD, op. cit., p. 161.

[96] TOVO, "Democratização do Inquérito Policial", p. 200.

[97] TOURINHO FILHO, Fernando da Costa. *Prática de Processo Penal*. 18.ed. Saraiva: São Paulo, 1996, p. 3; TOURINHO FILHO, *Processo Penal*, p. 199.

[98] STF, HC 68.041/RJ, 1ª Turma, rel. Min. Sydney Sanches, j. 05.02.1991, DJU de 22.02.91, p. 1.260; STF, HC 73.037/RJ, 2ª Turma, rel. Min. Carlos Velloso, j. 30.04.1996, DJU de 21.06.1996, p. 22.292; STF, HC 77.770/SC, 2ª Turma, rel. Min. Néri da Silveira, j. 07.12.1998, DJU de 03.03.2000, p. 62; STF, RE 136239/SP, 1ª Turma, rel. Min. Celso de Mello, j. 07.04.1992, DJU de 14.08.1992, p. 12.227; STJ, HC 60.702/SP, 5ª Turma, rel. Min. Gilson Dipp, j. 07.11.2006, DJU de 18.12.2006, p. 431; STJ, HC 64.616/PR, 5ª Turma, rel. Min. Laurita Vaz, j. 14.11.2006, DJU de 11.12.2006, p. 406; STJ, HC 55.500/PR, 5ª Turma, rel. Min. Felix Fischer, j. 03.08.2006, DJU de 20.11.2006, p. 346; STJ, HC 50.692/RJ, 6ª Turma, rel. Min. Hamilton Carvalhido, 04.04.2006, DJU de 04.09.2006, p. 331; TJRS, Apelação Crime 70003190857, 2ª Câmara Criminal, rel. Des. José Antônio Cidade Pitrez, j. 20.06.2002.

[99] Expressão usada por SAAD, Marta. "Exercício do Direito de Defesa no Inquérito Policial". *Boletim do IBCCRIM*, São Paulo, nº 166, set. 2006, p. 6. A respeito do assunto, a própria autora (SAAD, *O Direito de Defesa no Inquérito Policial*, cit., p. 164) afirma que não existem apenas atos de investigação no inquérito policial, "mas também atos de instrução, visto que servem ao convencimento do juiz".

Efetivamente, existe no inquérito policial instrução criminal, provisória ou definitiva. Do contrário, como questiona Pitombo, não haveria como justificar o recebimento ou a rejeição da denúncia ou da queixa, as buscas e apreensões, as perícias (exames, vistorias, avaliações) e os atos decisórios de arquivamento do inquérito policial.[100]

Sabidamente, as provas colhidas na fase preliminar, se não confirmadas na etapa judicial, não devem servir de base a um juízo condenatório. A unilateralidade das investigações realizadas pela polícia judiciária não permite uma decisão condenatória com base, exclusivamente, em prova constante no inquérito policial que não seja reproduzida em juízo.[101]

Na prática, contudo, os atos praticados no inquérito policial podem possuir relevância na futura relação processual, principalmente porque, em muitos casos, influenciam, subjetivamente, o magistrado que irá decidir se condena ou absolve o réu.

A propósito do assunto, adverte Gomes Filho que "não se tem notícia de decisão excluindo peremptoriamente a possibilidade de utilização dos elementos do inquérito como prova, mesmo no plenário do Júri".[102]

Coutinho, aliás, vai além e afirma que, diariamente, um número infinito de réus é condenado no Brasil "a partir de juízos formados com base na prova do *inquérito policial*".[103] Ou, como explica Lopes Júnior, ainda está muito em voga "condenar com base na prova judicial cotejada com a do inquérito policial".[104]

Para exemplificar, veja-se o magistério de Noronha:

---

[100] PITOMBO, Sérgio Marcos de Moraes. "A Polícia Judiciária e as Regras Orientadoras do Processo Penal". In: MORAES, Bismael B. (coord.). *A Polícia à luz do Direito*. São Paulo: RT, 1991, p. 39. Do mesmo autor, na mesma esteira e afirmando que seria "simplificar, ao excesso, a realidade sensível" dizer-se que o inquérito policial é "mera" peça de informação: *Inquérito Policial: Novas Tendências*, p. 16 e p. 21.

[101] Nesse sentido, na jurisprudência: STF, HC 67.917/RJ, 1ª Turma, rel. Min. Sepúlveda Pertence, j. 17.04.1990, DJU 05.03.1993, p. 2.897; STF, RE 69.904/SP, 1ª Turma, rel. Min. Barros Monteiro, j. 19.10.1971, RTJ nº 59, p. 789; TJRJ, Apelação Criminal 436/98, 3ª Câmara Criminal, rel. Des. Álvaro Mayrink da Costa, 29.09.1998. In: *Boletim do IBCCRIM*, São Paulo, nº 79, jun. 1999, Jurisprudência, p. 361. Na doutrina: SILVEIRA, artigo citado, p. 13; RANGEL, op. cit., p. 74; MARQUES, op. cit., p. 154-5.

[102] GOMES FILHO, *Direito à Prova no Processo Penal*, p. 144-5, nota 34.

[103] COUTINHO, "O Sigilo do Inquérito Policial e os Advogados", p. 131.

[104] LOPES JÚNIOR, *Sistemas de Investigação Preliminar ...*, p. 234. No mesmo sentido, fazendo referência aos autos de prisão em flagrante que são levados para dentro do processo: HADDAD, Carlos Henrique Borlido. "Lei nº 11.449/07: O Papel da Defensoria Pública na Prisão em Flagrante". *Boletim do IBCCRIM*, São Paulo, nº 172, mar. 2007, p. 19. Em razão disso, sustenta este autor que se torna "indispensável assegurar ao preso as mesmas garantias de que dispõe quando formalmente acusado em juízo" (idem, ibidem).

> [...] quando há maiores garantias para o acusado, com a publicidade dos atos, a assistência de advogado etc., força é convir que o inquérito contém peças de valor probatório, quando regularmente realizadas, tais quais o auto de prisão em flagrante, os exames de corpo de delito etc. Mas mesmo para outros atos, não há negar que eles concorrem para o conjunto probatório sobre o qual se firmará a livre convicção do juiz.[105]

Linha de raciocínio parecida é adotada por Couceiro, para quem eventual declaração feita pelo acusado na fase policial, sob crivo do contraditório e assistência de advogado, pode ser valorada pelo magistrado se o réu, em juízo, silenciar.[106]

Ainda, no caso específico do Tribunal do Júri, competente para o julgamento dos crimes dolosos contra a vida, os jurados decidem com base em qualquer elemento que esteja inserido nos autos, tanto do processo, quanto do inquérito policial, inclusive.[107]

É em razão dessas circunstâncias que Gomes Filho apregoa a impossibilidade da utilização dos dados colhidos na fase preliminar como prova ou, ao menos, a fixação de requisitos mínimos para que possam ser admitidos para a formação do convencimento do juiz.[108]

Traçando-se um paralelo com o direito argentino, veja-se a lição de Edwards:

> El sumario de prevención[109] es de capital importancia para la suerte procesal del imputado, ya que allí se compilan la mayoría de los elementos de convicción, que servirán de fundamento a la acusación, con un control judicial mínimo y con una escasa participación de la defensa; [...]. [110]

É sabido que a maioria das provas que servem para lastrear a acusação em juízo é colhida durante o inquérito policial.[111] Assim, o inquérito policial acaba delimitando o que será discutido em juízo, não se avançando durante a instrução criminal, em linhas gerais, além daquilo que restou colhido durante a investigação criminal.

---

[105] NORONHA, op. cit., p. 23.

[106] COUCEIRO, João Cláudio. *A Garantia Constitucional do Direito ao Silêncio*. São Paulo: RT, 2004, p. 217.

[107] LOPES JÚNIOR, *Sistemas de Investigação Preliminar ...*, p. 235.

[108] Nesse sentido: GOMES FILHO, *Direito à Prova no Processo Penal*, p. 145-6. Em linha semelhante, na defesa da exclusão física do inquérito policial dos autos do processo penal: TOVO, "O inquérito policial em sua verdadeira dimensão", p. 150; LOPES JÚNIOR, *Sistemas de Investigação Preliminar ...*, p. 234-7.

[109] Procedimento de investigação criminal do país vizinho.

[110] EDWARDS, Carlos Enrique. *El defensor técnico en la prevención policial*. Buenos Aires: ASTREA, 1992, p. 138.

[111] FURTADO, Renato de Oliveira. "Direito à Assistência de Advogado no Inquérito Policial. Breves Considerações ao art. 5°, nº 63 da CF". *Revista dos Tribunais*, São Paulo, v. 695, set. 1993, p. 297; CABETTE, op. cit., p. 191.

Portanto, grande parte das provas usadas na fase jurisdicional nasce na etapa preliminar, circunstância que, por si só, já demonstra a importância da investigação criminal.[112]

Além do mais, como adverte Haddad, uma pessoa investigada pode ser atingida em seus direitos (pessoais e reais) logo que a polícia judiciária instaura um inquérito policial.[113] A investigação criminal "representa, por si só, uma espécie de poder capaz de afetar gravemente o patrimônio de direitos da pessoa investigada".[114]

É em virtude disso que também deve incidir na fase preliminar o sistema de controle das atividades processuais (freios e contrapesos), a ser exercido por advogados (na defesa dos direitos fundamentais dos investigados), pelo Poder Judiciário (no controle da legalidade dos atos de polícia judiciária e na autorização de medidas cautelares) e pelo Ministério Público (no exercício do controle externo da atividade policial).

Dessa forma, em respeito ao *status dignitatis* dos investigados e às garantias mínimas que devem ser estendidas aos que são submetidos a uma investigação criminal, deve-se afastar a idéia de que o inquérito policial não passa de um "mero ato administrativo".[115] Afinal, respeitar a dignidade dos seres humanos não gera óbice a um trabalho de investigação criminal eficiente.[116]

Na realidade, trata-se de procedimento investigatório carregado de significação, especialmente quanto às provas produzidas em caráter cautelar e em definitivo, como, v. g., os exames de corpo de delitos, que atrelam o "julgamento do *meritum causae*".[117] Além das perícias, as apreensões e as vistorias também são exemplos de atos

---

[112] ROVEGNO, op. cit., p. 59; BALDAN, Édson Luís; AZEVEDO, André Boiani. "A preservação do devido processo legal pela investigação defensiva (ou do direito de defender-se provando)". *Boletim do IBCCrim*, São Paulo, nº 137, p. 6-8, abr. 2004.

[113] HADDAD, Carlos Henrique Borlido. "O Novo Interrogatório". *Revista da AJURIS*, Porto Alegre, nº 99, set. 2005, p. 51.

[114] PRADO, Geraldo, op. cit., p. 132.

[115] Na linha de que o inquérito policial não é apenas um "mero" procedimento administrativo, mas um procedimento com alta importância: LOPES, Fábio Motta. "O Inquérito Policial é mera peça informativa?". *Boletim do IBCCRIM*, São Paulo, nº 181, dez. 2007, p. 10-1; SILVEIRA, artigo citado, p. 10-1; COSTA, artigo citado, p. 171; TORNAGHI, op. cit., p. 235; KOERNER, Andrei; MELHEM, Célia Soibelman; SCHILLING, Flávia. "A Garantia dos Direitos Fundamentais no Processo Penal: A implementação do controle do inquérito policial pelo Ministério Público do Estado de São Paulo". *Revista Brasileira de Ciências Criminais*, São Paulo, nº 28, out.-dez. 1999, p. 266; PÊCEGO, Antônio José F. de S. "Polícia Judiciária: Persecução Penal, Defesa e Sigilo". *Boletim do IBCCRIM*, São Paulo, nº 88, mar. 2000, p. 9.

[116] PINTO, Adilson José Vieira. "O Inquérito Policial à luz dos Direitos ...", p. 253.

[117] TUCCI, Rogério Lauria. "A Polícia Civil e o Projeto de Código de Processo Penal". In: MORAES, Bismael B. (Coord.). *A Polícia à Luz do Direito*. São Paulo: RT, 1991, p. 107.

de instrução não provisórios, ainda que realizados na fase preliminar.[118]

Traz-se à colação a lição de Jardim, por bem destacar a importância do expediente de investigação criminal:

> O inquérito policial, além de fornecer justa causa à acusação penal, destina-se à apuração das infrações penais com todas as suas circunstâncias e desempenha em nosso sistema processual uma função da maior relevância, pois permite ao titular da ação fazer uma imputação individualizada e certa, evitando-se processos prematuros e absolutamente infundados.[119]

Na mesma linha o magistério de Nogueira, para quem o inquérito policial possui provas com valor real, como o auto de prisão em flagrante, os exames locais e as perícias.[120]

Semelhante é a posição de Gomes Filho, que afirma que o inquérito policial não serve somente para propiciar ao MP a propositura da ação penal. Na prática, possui o procedimento finalidade determinante para o juízo de admissibilidade da acusação, para a adoção de medidas cautelares e pode servir de subsídio para a condenação, desde que haja confirmação das provas indiciárias na instrução judicial, ou para a absolvição do acusado.[121]

Ainda, é importante dizer que a quase totalidade das denúncias oferecidas pelo MP é baseada em inquéritos policiais. Em virtude disso, afirma Guimarães Júnior que, "no fim das contas, é a Polícia Judiciária, e não o Ministério Público, quem mais influencia as causas que chegam às Varas Criminais e aos Tribunais".[122]

Com isso, por ser o inquérito policial um procedimento significante, devem ser refutadas as provas que sejam viciadas e que, em razão disso, maculam a ação penal. Como lembra Lima, as provas obtidas por meios ilícitos devem ser consideradas nulas, independentemente da fase em que são produzidas.[123]

---

[118] QUEIJO, "Principais Instituições do Processo Penal ...", p. 271. Aponta SAAD, *O Direito de Defesa no Inquérito Policial*, p. 148 e p. 178-9, ainda, as avaliações, a juntada de documentos, as buscas, os reconhecimentos (pessoal e por fotografia), o arresto, o seqüestro de bens e eventuais provas testemunhais que venham a se tornar irrepetíveis.

[119] JARDIM, op. cit., p. 45.

[120] NOGUEIRA, Paulo Lúcio, op. cit., p. 48.

[121] GOMES FILHO, *Direito à Prova no Processo Penal*, p. 144.

[122] GUIMARÃES JÚNIOR, João Lopes. *"Dominus Litis?". Boletim do IBCCRIM*, São Paulo, nº 65, abr. 1998, p. 11.

[123] LIMA, Arnaldo Siqueira de. "Vícios do Inquérito Maculam a Ação Penal". *Boletim do IBCCRIM*, São Paulo, nº 82, set. 1999, p. 10. Na mesma linha: LOPES JÚNIOR, *Sistemas de Investigação Preliminar ...*, p. 240. Já decidiu nesse sentido o STF: HC 73.271/SP, 1ª Turma, rel. Min. Celso de Mello, j. 19.03.1996, DJU de 04.10.1996, p. 37.100. Conforme COUCEIRO, op. cit., p. 303, o juízo sobre a ilegalidade de declaração do imputado durante o inquérito policial poderá

Não obstante, é importante frisar que ainda predomina a tese, com a qual não se concorda, de que eventual irregularidade na fase de investigação não contamina o processo, por se entender que o inquérito policial é mera peça de informação.[124]

1.3. A investigação criminal em alguns países

Analisadas as características do inquérito policial, pretende-se demonstrar se essas peculiaridades da investigação criminal também existem em outros países.

Importante lembrar, desde já, que é sempre arriscado o estudo do direito estrangeiro.[125] Como expõe Choukr, "existem inúmeras variáveis que podem comprometer" o caráter científico do estudo do direito alienígena, "sejam elas de ordem filosófica, moral, social, econômica ou política".[126] Em razão disso é que será apresentado apenas um panorama geral – e não detalhado – das investigações preliminares dos ordenamentos jurídicos selecionados, com a finalidade de se buscar parâmetros em outras culturas e legislações.

1.3.1. Alemanha

A investigação pré-processual na Alemanha, após a reforma de 1974, vem sendo realizada pelo Ministério Público, atuando a polícia como instituição auxiliar.[127] Isso significa que a fase investigativa está a cargo do *parquet*, órgão que coordena e dirige o procedimento de investigação alemão (*ermittlungsverfahren* e *vorverfahren*), que cor-

---

determinar, até mesmo, "o arquivamento do procedimento administrativo, em face da falta de indícios validamente produzidos".

[124] Vejam-se, a título de exemplo, as seguintes decisões: STF, HC 77.357/PA, 2ª Turma, rel. Min. Carlos Velloso, j. 27.10.1998, DJU de 04.12.1998, p. 12, e *Informativo nº 134 do STF*; STF, HC 76.065/RJ, 1ª Turma, rel. Min. Moreira Alves, 10.03.1998, DJU de 04.12.1998, p. 11, e *Informativo nº 134 do STF*. Na doutrina, NOGUEIRA, Carlos Frederico Coelho, op. cit., p. 139, afirma que, no geral, as irregularidades na fase da investigação criminal não atingem o processo, exceto com relação às provas irrepetíveis, que deverão ser consideradas, em juízo, nulas.

[125] Nesse sentido, LOPES JÚNIOR, *Sistemas de Investigação Preliminar ...*, p. 243.

[126] CHOUKR, op. cit., p. 46.

[127] BOSS, Hans. *Alemania*. In: MACIÁ GÓMEZ, Ramón. *Sistemas de Proceso Penal en Europa*. Barcelona: CEDECS, 1998, p. 23; CHOUKR, op. cit., p. 57; LOPES JÚNIOR, *Sistemas de Investigação Preliminar ...*, p. 270; RODRIGUES, Anabela Miranda. "A Fase Preparatória do Processo Penal – Tendências na Europa. O Caso Português". *Revista Brasileira de Ciências Criminais*, São Paulo, nº 39, jul.-set. 2002, p. 13; GIACOMOLLI, Nereu José. *Legalidade, Oportunidade e Consenso no Processo Penal na Perspectiva das Garantias Constitucionais*. Porto Alegre: Livraria do Advogado, 2006, p. 120; ROVEGNO, op. cit., p. 123.

responde ao nosso inquérito policial.[128] Assim, o sistema de investigação adotado é o do promotor investigador.

Em terras germânicas, não existe a figura do juiz investigador. O magistrado, no entanto, possui a atribuição específica de apreciar pedidos do órgão ministerial que impliquem sacrifício a certos direitos individuais. Dessa maneira, cabe ao juiz a aplicação de medidas de coação (*zwangsmaβnahmen*).[129] Nesses casos, o juiz não irá verificar a conveniência da diligência. Fará, sim, uma análise jurídica sobre os requerimentos ministeriais, levando em consideração apenas o aspecto legal.[130]

O órgão acusador, ao realizar a investigação preliminar, deverá colher as provas de cargo (circunstâncias que incriminam o investigado), bem como os elementos que sirvam para demonstrar a inocência do sujeito passivo (situações exculpatórias).[131]

Como regra, o MP é obrigado a investigar as situações que podem caracterizar uma infração penal. Todavia, nos delitos leves, o MP não está obrigado a investigar quando não houver "necessidade e conveniência do castigo criminal no caso concreto".[132]

O Procurador-Geral do MP é designado pelo Presidente da Federação Alemã, por proposta do Ministro da Justiça,[133] e possui o poder de emitir ordens de serviços que devem ser acatadas pelos promotores, em virtude da dependência funcional existente (subordinação hierárquica). Em razão disso, como salienta Giacomolli, ocorre na atuação do órgão ministerial "uma inevitável dependência externa, pelo menos em termos de política criminal, pois é o superior quem delimita as linhas gerais a serem seguidas".[134]

---

[128] CHOUKR, op. cit., p. 57.

[129] RODRIGUES, op. cit., p. 13; ROVEGNO, op. cit., p. 125; GIACOMOLLI, op. cit., p. 120; BASTOS, Marcelo Lessa. *A Investigação nos Crimes de Ação Penal de Iniciativa Pública. Papel do Ministério Público. Uma Abordagem à Luz do Sistema Acusatório e do Garantismo.* Rio de Janeiro: Lumen Juris, 2004, p. 52. Como exemplo de pedidos que devem ser analisados, exclusivamente, por juízes, BOOS, op. cit., p. 26, arrola os seguintes: "solicitud de prisión preventiva, registros domiciliares, reconocimientos corporales, embargos". Na mesma linha, LOPES JÚNIOR, *Sistemas de Investigação Preliminar ...*, p. 273, cita a prisão preventiva, as buscas domiciliares e as intervenções corporais.

[130] GIACOMOLLI, op. cit., p. 120; DELMAS-MARTY, Mireille (org.). *Processos Penais da Europa.* Rio de Janeiro: Lumen Juris, 2005, p. 19.

[131] LOPES JÚNIOR, *Sistemas de Investigação Preliminar ...*, p. 270; GIACOMOLLI, op. cit., p. 121. De acordo com BOOS, op. cit., p. 28, o investigado poderá solicitar a incorporação de provas para seu descargo. No entanto, o órgão ministerial decidirá sobre a realização das diligências de maneira discricionária.

[132] GIACOMOLLI, op. cit., p. 120 e p. 128.

[133] LOPES JÚNIOR, *Sistemas de Investigação Preliminar ...*, p. 271; BOSS, op. cit., p. 27.

[134] GIACOMOLLI, op. cit., p. 120.

Além do mais, os promotores não fazem parte do Poder Judiciário e nem possuem a garantia da inamovibilidade.[135]

Na prática, entretanto, é a polícia quem realiza a investigação criminal na maioria dos casos, sendo dirigida e controlada pelo MP. A polícia está obrigada a apurar qualquer denúncia referente ao cometimento de um fato típico que chegue ao seu conhecimento, inclusive anonimamente, devendo adotar as providências necessárias para elucidar os fatos e para a obtenção das provas por escrito.[136] Na seqüência, após a adoção das medidas urgentes, cabe à polícia a remessa do expediente investigativo para apreciação do Ministério Público, que realizará novas diligências reputadas pertinentes, diretamente ou com a ajuda policial.[137]

Enquanto em juízo incide como regra o princípio da oralidade, o procedimento de instrução preliminar alemão é escrito.[138]

Além disso, as diligências prévias são secretas, sendo que *el acusado y su abogado defensor no tienen derecho de asistencia en las investigaciones de la Fiscalía, salvo excepciones.* Os direitos do investigado estão fortemente limitados na Alemanha. Como registra Boss, o acusado e seu advogado não têm o direito de examinarem o caderno investigativo antes do término da instrução, sendo assegurado ao defensor, somente, o direito de vista a atas de determinadas diligências,[139] como as do interrogatório e dos informes periciais.[140] Não vigora o princípio da defesa técnica durante a fase preliminar.

Contudo, adverte Lopes Júnior que o sujeito passivo, ao ser submetido ao primeiro interrogatório, tomará ciência das acusações

---

[135] Nessa linha, cf. LOPES JÚNIOR, *Sistemas de Investigação Preliminar ...*, p. 272. Em razão dessas características, o autor classifica a investigação germânica como "procedimento administrativo pré-processual".

[136] Nesse sentido: BOSS, op. cit., p. 24-5; ROVEGNO, op. cit., p. 124; LOPES JÚNIOR, *Sistemas de Investigação Preliminar ...*, p. 272. Refere o último autor, outrossim, que o MP alemão possui um grande poder discricionário na fase preliminar, podendo "decidir sobre a necessidade ou não" de uma investigação, assim como da ação penal (idem, p. 273-4).

[137] BOSS, op. cit., p. 25; GIACOMOLLI, op. cit., p. 119.

[138] BOSS, op. cit., p. 24; GIACOMOLLI, op. cit., p. 121.

[139] BOSS, op. cit., p. 23 e p. 28. No mesmo sentido: GIACOMOLLI, op. cit., p. 121; MENDRONI, Marcelo Batlouni. "O Sigilo da Fase Pré-Processual". *Revista dos Tribunais*, São Paulo, nº 773, mar. 2000, p. 490. Como exceção, cita o último autor a possibilidade de o inculpado e seu defensor estarem presentes no depoimento de uma testemunha (idem, ib.). BOSS, op. cit., p. 28, por sua vez, magistrado na Alemanha, ao analisar a participação do acusado na investigação, menciona o seguinte: "[...] el inculpado deberá ser interrogado antes de finalizar las investigaciones. En ese momento se le comunica que delitos se le imputan, se le informa que puede rehusar a contestar y que puede consultar con un abogado defensor antes del interrogatorio. A un acusado sin medios no se le asignará abogado de oficio, execpciones a parte, ya que aquí no es válido el principio de la defensa necesaria".

[140] Exemplos trazidos por LOPES JÚNIOR, *Sistemas de Investigação Preliminar ...*, cit., p. 346.

que lhe são imputadas. Além disso, possuirá o direito de permanecer calado e de se entrevistar previamente com o seu defensor.[141]

De acordo com Dias Neto, o dever de informação ao investigado acerca do direito ao silêncio não implica uma explicação detalhada dos fatos, mas cientificar o inquirido, de maneira suficiente, sobre "a acusação que lhe é formulada".[142]

Com relação à restrição da liberdade de locomoção, prevê a legislação alemã três hipóteses em que a polícia poderá deter o investigado sem a autorização prévia de um magistrado: a detenção em flagrante, a detenção para verificação de identidade e a detenção para garantia da prisão.[143] Nesses casos, os órgãos policiais apresentarão o detido, imediatamente ou no dia seguinte, ao juiz, autoridade que decidirá sobre a manutenção ou não da restrição da liberdade de locomoção.[144]

Quanto à delimitação temporal da etapa preliminar, as leis germânicas não estabelecem, expressamente, um prazo para o término das investigações. No entanto, isso não significa que a Alemanha não se preocupe com o tema, haja vista que é signatária da CEDH, que estabelece que as atividades de persecução criminal devem ocorrer dentro de um prazo razoável.[145]

Concluídas as investigações, o Ministério Público poderá, basicamente, oferecer acusação em juízo ou arquivar as peças de investigação. A decisão sobre o arquivamento do caderno investigativo está a cargo do órgão ministerial, ou seja, não existe um controle judicial sobre esse ato, que será exercido diretamente pelo MP.[146]

Por outro lado, havendo a apresentação de provas de cargo contra o acusado pelo MP, abre-se na Alemanha uma fase intermediária entre o término das investigações e o recebimento da acusação em juízo. Os tribunais alemães, assim, deverão fixar um prazo para que o inculpado apresente objeções contra a abertura do processo penal ou requeira novas diligências probatórias. Ao cabo do prazo

---

[141] LOPES JÚNIOR, *Sistemas de Investigação Preliminar ...*, p. 345. No mesmo sentido, DIAS NETO, op. cit., p. 188-9.

[142] DIAS NETO, op. cit., p. 189.

[143] Tal detenção será cabível quando houver fuga do inculpado ou indícios de que venha a fugir.

[144] BOOS, op. cit., p. 25-6. Como refere LOPES JÚNIOR, *Sistemas de Investigação Preliminar ...*, p. 271, a legislação alemã permite que o promotor pratique, em caso de urgência, determinados atos sem a prévia autorização judicial, "condicionando sua eficácia probatória à posterior ratificação judicial".

[145] CHOUKR, op. cit., p. 150.

[146] Cf., nesse sentido, CHOUKR, op. cit., p. 58, e BOSS, op. cit., p. 26-7.

estabelecido, o magistrado realiza um juízo de pré-admissibilidade da acusação, decidindo sobre o recebimento ou não da acusação na fase judicial.[147] Trata-se de uma etapa em que o acusado tenta evitar a abertura de um processo criminal. Nos dizeres de Giacomolli, é uma fase escrita e contraditória em que o magistrado verificará se a suspeita contra o investigado é consistente para o início do processo penal.[148]

Importante referir, ainda, que a polícia judiciária alemã possui uma robusta dotação orçamentária, circunstância que lhe assegura uma "considerável autonomia material"[149] para a realização das investigações.

1.3.2. *Itália*

Na Itália, até 1988, era adotado pelo Código *Rocco*, de 1930, o juizado de instrução, em que o sistema processual era inquisitivo e autorizava o uso de provas obtidas na fase investigativa para condenação, sem a observância do contraditório.[150]

Com o advento do novo Código de Processo Penal, conhecido como Código *Vassalli*,[151] a condução da *indagini preliminari*[152] passou para o MP, órgão que executa as diligências diretamente[153] ou por intermédio da polícia judiciária (*polizia giudiziaria*), a qual atua sob sua direção e coordenação.[154] Como refere Spataro, o MP, ao receber a notícia do delito, pode delegar para a polícia a execução das investigações, ditando as diretrizes para o cumprimento das diligências.[155]

O *parquet* italiano integra o Poder Judiciário, possuindo os seus membros independência. No entanto, não dispõem de poderes ju-

---

[147] BOOS, op. cit., p. 30-1; CHOUKR, op. cit., p. 59-60; LOPES JÚNIOR, *Sistemas de Investigação Preliminar ...*, p. 272; ROVEGNO, op. cit., p. 123.

[148] GIACOMOLLI, op. cit., p. 123.

[149] CHOUKR, op. cit., p. 96.

[150] BASTOS, op. cit., p. 55.

[151] Homenagem a Giuliano Vassali, Ministro da Justiça da época. Entrou em vigor em 24.10.1989 (RODRIGUES, op. cit., p. 13).

[152] Nome dado ao procedimento preliminar italiano, caracterizado pela liberdade de forma (LOPES JÚNIOR, *Sistemas de Investigação Preliminar ...*, p. 269) e semelhante, embora conduzido por promotor, ao inquérito policial (CHOUKR, op. cit., p. 62; CABETTE, op. cit., p. 190).

[153] SILVA, op. cit., p. 375, porém, afirma que o MP italiano não possui esse poder de investigar autonomamente, em razão do fato de a polícia judiciária não depender integralmente do *parquet*, mas do Poder Judiciário.

[154] BASTOS, op. cit., p. 57; CABETTE, op. cit., p. 190; CHOUKR, op. cit., p. 63; LOPES JÚNIOR, *Sistemas de Investigação Preliminar ...*, p. 267; GIACOMOLLI, op. cit., p. 254.

[155] SPATARO, Armando. *Italia*. In: MACIÁ GÓMEZ, Ramón. *Sistemas de Proceso Penal en Europa*. Barcelona: CEDECS, 1998, p. 244.

risdicionais.[156] Assim, os atos formalizados pelo órgão de acusação na etapa preliminar não integram os autos do processo. São atos de investigação e não de prova, que servirão apenas para a decisão final do fiscal (arquivamento do procedimento ou promoção da ação penal). Para um juízo condenatório, as provas devem ser produzidas em juízo, com controle e participação da acusação e da defesa.[157]

No sistema italiano, o órgão ministerial, além de buscar os elementos que sirvam de base para uma acusação em juízo, também tem o dever de colher as provas que interessem à defesa.[158] Sem embargo, menciona Spataro que o defensor está autorizado a colher elementos de prova que possam favorecer o investigado, entrevistando-se, inclusive, com pessoas que lhe fornecer informações, oralmente ou por escrito. Contudo, não poderá repassar tais documentos de forma direta ao juiz, mas solicitar ao fiscal para que assim o faça. De acordo com a Corte Suprema de Justiça, o MP é a instituição credenciada para recolher os dados positivos ou negativos.[159]

O juiz das investigações preliminares, conhecido por *giudice per le indagini preliminari*, não possui poderes para investigar de forma autônoma, ou seja, por iniciativa própria. Na realidade, o magistrado italiano exerce o controle da legalidade das investigações e assegura os direitos fundamentais ao investigado. Na fase preliminar, sua missão é controlar a atividade das instituições que investigam as infrações penais.[160]

Com relação ao sigilo, o sistema investigativo italiano está caracterizado pelo segredo externo, por força do art. 111 da Constituição.[161] Assim, o terceiro que não está vinculado com a infração penal nenhum acesso terá ao expediente investigativo.

---

[156] BASTOS, op. cit., p. 60; GIACOMOLLI, op. cit., p. 254; SPATARO, op. cit., p. 243; ROVEGNO, op. cit., p. 109; LOPES JÚNIOR, *Sistemas de Investigação Preliminar ...*, p. 263.

[157] LOPES JÚNIOR, *Sistemas de Investigação Preliminar ...*, p. 242; SPATARO, op. cit., p. 235.

[158] LOPES JÚNIOR, *Sistemas de Investigação Preliminar ...*, p. 262-3; SPATARO, op. cit., p. 244; SOUZA, José Barcelos de. "Notas sobre o projeto referente ao inquérito policial". *Revista Brasileira de Ciências Criminais*, São Paulo, nº 38, abr.-jun. 2002, p. 263; ROVEGNO, op. cit., p. 109.

[159] SPATARO, op. cit., p. 246.

[160] LOPES JÚNIOR, *Sistemas de Investigação Preliminar ...*, p. 265; RODRIGUES, op. cit., p. 13. Entre outras funções que cabem ao juiz de instrução, SPATARO, op. cit., p. 241, arrola as seguintes: convalidação do "*arresto en flagrancia y de la detención de sospechosos*", a decretação de medidas cautelares pessoais, o interrogatório do imputado submetido à custódia cautelar e o controle dos prazos das investigações. Além disso, as interceptações das comunicações (telefônicas ou de dados) também dependem de autorizações judiciais (ROVEGNO, op. cit., p. 111).

[161] TONINI, Paolo. *A Prova no Processo Penal Italiano*. São Paulo: RT, 2002, p. 25; MENDRONI, "O Sigilo da Fase Pré-Processual", p. 490-1; ROVEGNO, op. cit., p. 112; SPATARO, op. cit., p. 238.

Por outro lado, a publicidade para as pessoas investigadas, como regra, ocorrerá após o encerramento das investigações por parte do *Pubblico Ministero*. Entretanto, o órgão investigativo deve prestar a chamada informação de garantia, que consiste, basicamente, em comunicar o investigado, por escrito, acerca das leis que violou e da data e do local em que foi cometida a infração penal, bem como da sua faculdade de nomear um defensor. Além disso, o defensor designado pode assistir a alguns atos[162] realizados pelo fiscal ou, por delegação, pela polícia judiciária.

Para Tonini, deve haver um equilíbrio entre a investigação criminal e os interesses da defesa. Dessa forma, defende que a ciência ao investigado sobre procedimentos instaurados contra ele somente ocorra quando não mais houver prejuízo para a eficácia da investigação criminal, razão pela qual explica que, nos casos de buscas ou interceptações telefônicas, por exemplo, deve predominar o sigilo interno.[163]

Compete à polícia judiciária, ao tomar conhecimento de um crime, informar ao fiscal, imediatamente, os elementos essenciais do fato e os recolhidos até o momento, assim como continuar desenvolvendo as investigações. Após a intervenção do MP, cabe ao órgão policial cumprir as determinações recebidas e registrar os atos executados.[164]

A fase pré-processual italiana não é contraditória e as diligências devem ser formalizadas, mesmo que de forma resumida, por escrito.[165]

Quanto à restrição da liberdade de locomoção, o sistema italiano admite, além das hipóteses de prisão em flagrante, que a polícia e o MP detenham o investigado em situações excepcionais.[166] Nos casos de detenção, deve a polícia comunicar o fato, imediatamente, ao MP, ao advogado do detido e ao familiar indicado. Dentro de 48 horas, o MP pede ao juiz de instrução a ratificação da prisão. O

---

[162] Como exemplo, SPATARO, op. cit., p. 234, cita as averiguações técnicas que não se repetem em juízo, o interrogatório do cliente e as inspeções que requerem a presença do investigado.

[163] TONINI, op. cit., p. 24-5.

[164] SPATARO, op. cit., p. 237.

[165] GIACOMOLLI, op. cit., p. 254; SPATARO, op. cit., p. 237 e p. 244.

[166] Registra SPATARO, op. cit., p. 239-40, que a detenção será possível quando houver grave suspeita de que o investigado é o autor de um crime cuja pena seja de prisão perpétua ou entre 2 e 6 anos; quando existir fundada suspeita de fuga; e, nos casos de urgência, quando a polícia não pode esperar a manifestação do MP.

magistrado, por sua vez, deverá confirmar (ou não) a detenção, no prazo de 48 horas, após interrogar o detido e ouvir seu defensor.[167]

As investigações acabam com uma audiência preliminar, denominada de *udienza preliminare*, elo entre as diligências destinadas à apuração de uma infração penal e a etapa processual.[168] Nesse momento, o MP apresenta ao juiz de instrução os resultados da investigação e formula a acusação, com a justificativa da necessidade do julgamento. Se o juiz entender que não existem elementos para submeter o investigado a julgamento, as partes (MP e defesa) poderão apresentar provas. Surge, nesse instante, o contraditório. Ao fim da *udienza preliminare*, o juiz arquivará o inquérito ou encaminhará o investigado a julgamento.[169]

Refira-se, outrossim, que o Código de Processo Penal italiano estabelece prazos para a conclusão das investigações.[170] Ordinariamente, o prazo para o término da fase preliminar é de seis meses. Para os delitos mais graves, como o terrorismo, aqueles praticados pela máfia e o homicídio, a duração poderá chegar até um ano. Ambos os prazos são prorrogáveis pelo juiz de instrução. No entanto, o prazo nunca poderá ultrapassar dezoito meses ou, no caso dos crimes mais graves, dois anos.[171]

1.3.3. Espanha

Estruturalmente, o processo penal espanhol se divide em três etapas: uma fase de instrução formal, com o intuito de investigar a prática de um delito e suas circunstâncias, que se encontra a cargo, em regra, de um juiz de instrução; uma etapa intermediária, conduzida pelo mesmo juiz que instruiu e com a finalidade de controlar a acusação;[172] e, por fim, a fase judicial, levada a cabo por um magistrado ou tribunal distinto do juiz instrutor.[173]

No campo da apuração de uma infração penal, atualmente, a Espanha adota um sistema híbrido. Como regra, segue o modelo do

---

[167] SPATARO, op. cit., p. 240.

[168] GIACOMOLLI, op. cit., p. 254.

[169] Nesse sentido, GIACOMOLLI, op. cit., p. 254-5.

[170] Praticados os atos de investigação após a expiração do prazo fixado, não terão nenhuma validade, estabelecendo-se o que se chama na Itália de *pena de inutilizzabilità* (LOPES JÚNIOR, *Sistemas de Investigação Preliminar ...*, p. 298).

[171] SPATARO, op. cit., p. 244-5.

[172] Como registra PRADA SOLAESA, op. cit., p. 112, encerrada a investigação, deve o tribunal da fase intermediária se pronunciar a respeito da abertura ou não do juízo oral, exercendo um controle da acusação.

[173] PRADA SOLAESA, op. cit., p. 98; ROVEGNO, op. cit., p. 96.

juiz instrutor, padrão de investigação que predomina desde 1882.[174] Em outras situações, porém, admite o sistema do promotor investigador.

Conforme o caso, as investigações pré-processuais espanholas são realizadas através do *sumario*, das *diligencias previas* ou das *diligencias complementarias*.

O *sumario* (*instrucción sumarial* ou *instrucción preliminar*), destinado à apuração dos delitos com pena privativa de liberdade superior a nove anos, está a cargo, exclusivamente, do *juez de instrucción*, que atua como verdadeiro investigador e possui a garantia da inamovibilidade.[175] Durante a elucidação de um episódio que se apresenta como criminoso, o juiz instrutor age com total autonomia na busca de elementos de investigação de cargo e de descargo[176] e não está obrigado a atender eventuais requerimentos de diligências feitos pelo MP ou pela defesa.[177] Aliás, como lembra Lopes Júnior, poderá investigar e adotar medidas cautelares (pessoais ou reais) até contra a vontade do órgão acusador. Mesmo na fase investigativa o juiz instrutor exerce uma função jurisdicional, motivo pelo qual poderá restringir, diretamente, direitos fundamentais dos investigados.[178]

No *sumario* – procedimento iniciado por uma decisão chamada de *auto de incoación del sumario* e em que predomina a forma escrita –, vigora o segredo externo.[179]

Por outro lado, o segredo interno somente pode ser imposto por expressa manifestação judicial, por motivos de ordem pública e quando existir necessidade de proteção a direitos.[180] Na lição de

---

[174] DOÑATE, Antonio. "*Función de investigación: ¿de los Jueces o de los Fiscales*". *Boletim da Associação Juízes para a Democracia*, São Paulo, nº 33, jan. 2005, p. 7.

[175] LOPES JÚNIOR, *Sistemas de Investigação Preliminar ...*, p. 246; RODRIGUES, op. cit., p. 13; PRADA SOLAESA, op. cit., p. 101.

[176] Idem, p. 108. Embora a lei estabeleça que o magistrado também deve colher as provas que possam beneficiar o investigado, adverte GIACOMOLLI, op. cit., p. 157, que a atuação imparcial do juiz é duvidosa, haja vista que "intervém na preparação do material acusatório".

[177] PRADA SOLAESA, op. cit., p. 99; LOPES JÚNIOR, *Sistemas de Investigação Preliminar ...*, p. 248; CHOUKR, op. cit., p. 118-9.

[178] LOPES JÚNIOR, *Sistemas de Investigação Preliminar ...*, p. 249. Na mesma linha: PRADA SOLAESA, op. cit., p. 108. Lembra o magistrado espanhol, todavia, que o juiz investigador não poderá impor de ofício uma medida cautelar de caráter pessoal. Nesse caso, deve existir pedido formal de prisão por parte do órgão de acusação. Decretada uma prisão preventiva, a duração máxima de segregação será de dois anos, prazo que poderá ser prorrogado por igual período (idem, p. 111).

[179] GIACOMOLLI, op. cit., p. 157 e p. 159.

[180] Cf., a respeito, PRADA SOLAESA, op. cit., p. 100; GIACOMOLLI, op. cit., p. 159; e LOPES JÚNIOR, *Sistemas de Investigação Preliminar ...*, p. 250. A Constituição Espanhola, no *artículo 24*, assegura a defesa como um direito fundamental: "[...] todos tienen derecho al juez ordinario predeterminado por la ley, a la defensa y a la asistencia de letrado, a ser informados de la

Prada Solaesa, os investigados poderão conhecer os atos praticados pelo juiz instrutor e intervir nas diligências realizadas na fase preliminar. Além de o advogado ter acesso ao *sumario*, asseguram-se nessa etapa, ainda, as defesas técnica e pessoal. Entretanto, se decretado o sigilo interno, tal limitação não se estenderá ao MP e não poderá, em regra, durar mais do que trinta dias e deve encerrar antes de dez dias do término da instrução preliminar, que cessa com *auto de conclusión del sumario*.[181]

Já nas *diligencias previas*, procedimento destinado aos delitos cuja pena não exceda nove anos e instituído pela Lei Orgânica 7/88,[182] existe um sistema misto. Em regra, as investigações são conduzidas por um juiz instrutor, que apura um fato criminoso diretamente ou através da polícia, existindo uma participação mais efetiva do MP. Excepcionalmente, poderá o promotor de justiça realizar investigações, quando a notícia-crime for apresentada diretamente ao órgão acusador.[183]

Caso existam investigações paralelas, a judicial deverá prevalecer sobre a ministerial, ou seja, a *instrucción fiscal* cessará assim que o promotor tomar conhecimento do andamento de um procedimento presidido por um juiz instrutor.[184]

As *diligencias complementarias*, por sua vez, criadas pela Lei Orgânica 5/95, funcionam nos moldes das *diligencias previas* e se destinam às apurações dos casos que serão julgados pelo Tribunal do Júri (*jurado popular*).[185]

---

acusación formulada contra ellos, a un proceso público sin dilaciones indebidas y con todas las garantías, a utilizar los medios de prueba pertinentes para su defensa, a no declarar contra sí mismos, a no confesarse culpables y a la presunción de inocencia [...]". Disponível em: <http://www.tribunalconstitucional.es> Acesso em: 28 mar. 2006.

[181] PRADA SOLAESA, op. cit., p. 100. No mesmo sentido: LOPES JÚNIOR, *Sistemas de Investigação Preliminar ...*, p. 250; GIACOMOLLI, op. cit., p. 159-60. Como demonstra LOPES JÚNIOR, na obra citada, p. 250, o Tribunal Constitucional espanhol tem aceitado, excepcionalmente, a prorrogação do prazo de trinta dias, desde que haja justificativa e que se leve em conta as exigências da investigação (STC 176/1988).

[182] Tal lei espanhola separou as funções de instruir e julgar, uma das características dos sistemas acusatórios, estabelecendo que o juiz instrutor não poderá atuar na fase processual (LOPES JÚNIOR, *Sistemas de Investigação Preliminar ...*, p. 244).

[183] Idem, p. 252-3.

[184] DOÑATE, op. cit., p. 7; LOPES JÚNIOR, *Sistemas de Investigação Preliminar ...*, p. 253. Lembra o segundo autor, ainda, que o juiz poderá, a qualquer momento, assumir o comando de uma investigação iniciada pelo MP (idem, ib.).

[185] LOPES JÚNIOR, *Sistemas de Investigação Preliminar ...*, p. 245. Acerca desse procedimento, que possui algumas peculiaridades, como, por exemplo, a fase prévia de valoração por parte do juiz instrutor da verossimilhança da imputação do delito a uma pessoa, cf. PRADA SOLAESA, op. cit., p. 109-11.

O *Ministerio Fiscal*, nome dado ao órgão de acusação espanhol, é o titular da ação penal nos delitos públicos,[186] está vinculado ao Poder Executivo e seus membros não possuem independência funcional.[187] O *Fiscal General del Estado* é indicado pelo Governo e atua como *longa manus* do Executivo, motivo pelo qual consigna Giacomolli que, em razão do "enfoque político-partidário" para a nomeação do Procurador-Geral e por estar o MP subordinado ao Ministério da Justiça, é questionada a independência funcional da instituição na Espanha.[188]

Significante registrar, também, que os atos praticados pelo MP na fase preliminar não poderão embasar uma condenação, pois o sistema espanhol separa os atos de investigação dos atos de prova.[189] Entretanto, o Tribunal Constitucional, excepcionalmente, outorga eficácia a algumas provas pré-constituídas, obtidas nas diligências sumárias de investigação.[190]

Já a polícia judiciária está subordinada, funcionalmente, ao titular da instrução preliminar – juiz instrutor, no exercício do *sumario*, ou promotor, na realização das *diligencias previas*. É órgão auxiliar do juiz instrutor.[191] No plano da dependência orgânica, contudo, integra o Poder Executivo (Ministério do Interior), possuindo os seus membros inamovibilidade.[192]

---

[186] Cabe consignar que, na Espanha, vigora o sistema da ação popular, em que pode figurar no pólo ativo da relação processual, ao lado do acusador, qualquer pessoa, vítima ou não (LOPES JÚNIOR, *Sistemas de Investigação Preliminar ...*, p. 244).

[187] BASTOS, op. cit., p. 66-70; ROVEGNO, op. cit., p. 97; LOPES JÚNIOR, *Sistemas de Investigação Preliminar ...*, p. 98-9 e p. 245. O Ministério Público não possui funções jurisdicionais e não está integrado ao Poder Judiciário (PRADA SOLAESA, op. cit., p. 102).

[188] GIACOMOLLI, op. cit., p. 158. Cf., ainda, LOPES JÚNIOR, *Sistemas de Investigação Preliminar ...*, p. 245. Dispõe a Constituição Espanhola, no item 4 do *artículo 124*, que trata do *Ministerio Fiscal*, o que segue: "El Fiscal General del Estado será nombrado por el Rey, a propuesta del Gobierno, oído el Consejo General del poder judicial". Disponível em: <http://www.tribunalconstitucional.es> Acesso em: 28 mar. 2006.

[189] LOPES JÚNIOR, *Sistemas de Investigação Preliminar ...*, p. 255. No *sumario*, o *Ministerio Fiscal* fiscaliza as investigações realizadas pelo juiz instrutor (idem, p. 249).

[190] Como consigna PICÓ i JUNOY, Joan. *Las Garantías Constitucionales del Proceso*. Barcelona: José Maria Bosch Editor, 1997, p. 158-9, faz-se necessária a concorrência de quatro requisitos: a) a impossibilidade de reprodução da diligência na fase do juízo oral; b) a realização do ato na presença de um juiz instrutor; c) a possibilidade de o inculpado e seu advogado intervirem, contraditoriamente, durante a atuação sumarial; e d) a leitura dos documentos em juízo oral.

[191] GIACOMOLLI, op. cit., p. 158; BASTOS, op. cit., p. 71; CHOUKR, op. cit., p. 99. Dispõe o artigo 126 da Constituição Espanhola o seguinte: "La policía judicial depende de los Jueces, de los Tribunales y del Ministerio Fiscal en sus funciones de averiguación del delito y descubrimiento y aseguramiento del delincuente, en los términos que la ley establezca". Disponível em: <http://www.tribunalconstitucional.es> Acesso em: 28 mar. 2006.

[192] LOPES JÚNIOR, *Sistemas de Investigação Preliminar ...*, p. 258; PRADA SOLAESA, op. cit., p. 104. Lembra CHOUKR, op. cit., p. 99, que, excepcionalmente, a remoção policial somente será possível mediante autorização judicial ou ministerial.

Na prática, cabe à polícia judiciária espanhola a condução dos trabalhos que preparam o exercício da ação penal por parte do órgão acusatório, normalmente.[193] Nos dizeres de Silva, "a função de averiguação dos delitos" cabe, de fato, à polícia judiciária, que dependerá do juiz ou do MP, conforme o caso, no exercício dessa atividade.[194] De acordo com Giacomolli, a polícia, ao tomar conhecimento de um fato criminoso, em geral, começa uma investigação independente, apenas judicializando as diligências ao término da apuração ou quando se fizer necessária alguma restrição de direito fundamental.[195]

Diferentemente do que ocorre no direito brasileiro, o sistema espanhol estabelece o instante em que o investigado é apontado como possível autor de uma infração penal. Após adquirir a qualidade de *imputado*, passa o investigado a ter os direitos de defesa[196] e de ser comunicado sobre a imputação que pesa contra si.[197]

Do mesmo modo, assumindo o investigado a condição de imputado, não poderá haver acusação sem interrogatório. Deverá ser ouvido antes do término das investigações. Além disso, não poderá o sujeito passivo ser ouvido na condição de testemunha quando já existir imputação contra ele.[198]

Em linhas gerais, a fase preliminar espanhola é inquisitória, com certas implantações acusatórias.[199]

Conforme Armenta Deu, é uma imposição do sistema acusatório impedir que o juiz aja *ex officio* durante a persecução criminal, devendo essa possibilidade ser classificada como resíduo inquisitivo. Para a autora, a atuação do juiz, na fase pré-processual espanhola,

---

[193] CHOUKR, op. cit., p. 53; PRADA SOLAESA, op. cit., p. 103-4; MORAES, Bismael B. "Inquérito Policial e Falta de Prevenção". *Boletim do IBCCrim*, São Paulo, nº 88, mar. 2000, p. 5; CABETTE, op. cit., p. 188. RODRIGUES, op. cit., p. 14, ao referir que o ideal seria a existência de um juiz *da* instrução (juiz garantidor das liberdades) – e não de um juiz *de* instrução –, afirma que o magistrado espanhol, assim como acontece na França (item 2.4), apenas faz uma síntese das operações da polícia, sem efetuar "ele próprio as investigações".

[194] SILVA, op. cit., p. 375.

[195] GIACOMOLLI, op. cit., p. 158.

[196] Com isso, o sujeito passivo da investigação possui o direito de ser acompanhado por um advogado, mormente quando estiver detido (PRADA SOLAESA, op. cit., p. 102-3). No caso de detenção, não cabe renúncia ao direito de o imputado ser acompanhado por um letrado (idem, p. 106).

[197] LOPES JÚNIOR, *Sistemas de Investigação Preliminar ...*, p. 336-7.

[198] GIACOMOLLI, op. cit., p. 160; LOPES JÚNIOR, *Sistemas de Investigação Preliminar ...*, p. 338. A propósito, ensina o segundo autor que a condição de imputado se adquire com a imposição de medida cautelar, com a comunicação de um procedimento em que se imputa um delito ao investigado e quando o juiz instrutor chega a uma suspeita fundada contra pessoa determinada (idem, ib.). Na mesma esteira, PRADA SOLAESA, op. cit., p. 108.

[199] PRADA SOLAESA, op. cit., p. 98. Também no sentido de que o sistema de investigação é inquisitorial: LOPES JÚNIOR, *Sistemas de Investigação Preliminar ...*, p. 243.

deveria ocorrer apenas nas hipóteses de adoção de medidas cautelares e coercitivas.[200]

O modelo espanhol também fixa uma fase intermediária (*fase intermedia*) entre a conclusão das investigações e a etapa definitiva (*juicio oral*), com a finalidade, nas palavras de Giacomolli, de que

> o órgão jurisdicional e as partes examinem se o material colhido é suficiente ou necessita de outras diligências complementares, com vista a decretar a abertura da fase seguinte – *apertura del juicio oral* –, ou decidir sobre o arquivamento, denominado de *sobreseimiento*.[201]

1.3.4. França

Berço do modelo do juizado de instrução, ainda é forte a figura do *jude d'instruction* na França. No entanto, desde a década de 90, algumas investigações estão a cargo do MP,[202] existindo, hoje, um sistema híbrido naquele país.

Como explica Lopes Júnior, existem na França a *instruction préparatoire*, presidida por um juiz instrutor e destinada à apuração dos delitos mais graves, e a *enquête préliminaire*, a cargo do *parquet* e adotada para elucidação dos ilícitos menos graves e de menor complexidade.[203]

Os juízes instrutores ou os promotores, conforme o caso, possuem atribuições para, pessoalmente, exercerem os poderes investigatórios. Na maioria dos casos, no entanto, delegam-nos à *police judiciaire*, que investiga em nome deles.[204]

Lembra Bastos que o juiz instrutor francês, a quem cabe a investigação dos delitos mais graves, não agirá de ofício, mas provocado pelo MP.[205]

---

[200] ARMENTA DEU, Teresa. *Principio Acusatorio y Derecho Penal*. Barcelona: José M.ª Bosch Editor, 1995, p. 36-7.

[201] GIACOMOLLI, op. cit., p. 160.

[202] Idem, p. 234. Necessário registrar que a magistratura francesa é composta por juízes (*magistrats du siège*) e por promotores (*magistrats du parquet*), que integram o Poder Judiciário (CHOUKR, op. cit., p. 49, nota 17; LOPES JÚNIOR, *Sistemas de Investigação Preliminar ...*, p. 259; ROVEGNO, op. cit., p. 93).

[203] CHOUKR, op. cit., p. 49. Cf. a respeito do sistema francês, ainda, BASTOS, op. cit., p. 61-3.

[204] LOPES JÚNIOR, *Sistemas de Investigação Preliminar ...*, p. 261. Lembra CHOUKR, op. cit., p. 49, que o juizado, hoje, depende das atividades da polícia judiciária. Em uma visão pragmática, é o órgão policial que desenvolve os trabalhos, no esclarecimento dos crimes, "quase que exclusivamente ao seu talante", como refere o autor.

[205] BASTOS, op. cit., p. 63. Na *instruction*, conforme ensina LOPES JÚNIOR, *Sistemas de Investigação Preliminar ...*, p. 261, o juiz deve investigar o fato constante na requisição ministerial. Durante as investigações, também pode o MP solicitar diligências, através do *requisitoire supplétif*.

Deve o juiz instrutor buscar todas as informações que sejam importantes ao esclarecimento da verdade. Com isso, incumbe-lhe reunir os elementos que demonstrem a culpabilidade do investigado (provas de cargo) e aqueles que, ao contrário, apontem para sua inocência (provas de descargo).[206]

Na prática, é a *police judiciaire* o órgão que vem realizando a *enquête preliminaire* – procedimento mais célere que a *instruction* e que lembra o nosso inquérito policial –, sob orientação do *procureur de la République*.[207]

A polícia judiciária francesa atua sob a fiscalização e a instrução do MP, com vínculo hierárquico. Possui o dever de informar ao órgão ministerial o início de uma investigação, bem como os atos realizados durante toda a *enquête*.[208]

A investigação francesa é inquisitiva e secreta. Dessa forma, um terceiro alheio ao procedimento não pode ter acesso ao expediente penal, caracterizando um crime a violação do sigilo por profissional que possua envolvimento com o processo investigatório.[209] Predomina nessa fase, ainda, a forma escrita.[210]

Na *instruction*, porém, o investigado tem direito à assistência de defensor, desde a imputação até o final da fase pré-processual, podendo o advogado consultar os autos inerentes às investigações. Essa situação, contudo, não ocorre na *enquête*, em que o procedimento não é contraditório e a participação do investigado é limitada.[211]

Lembre-se, ainda, que a polícia judiciária francesa, recebendo denúncias de particulares e da *Fiscalía* ou comprovando uma infração diretamente, pode proceder, preliminarmente, às *enquêtes de police* ou *enquêtes de flagrance*, quando houver prisão em flagrante.[212]

---

[206] CRENIER, Anne. *Francia*. In: MACIÁ GÓMEZ, Ramón. *Sistemas de Proceso Penal en Europa*. Barcelona: CEDECS, 1998, p. 157.

[207] MORAES, "Inquérito Policial e Falta de Prevenção", p. 5; CRENIER, op. cit., p. 157.

[208] CABETTE, op. cit., p. 188; LOPES JÚNIOR, *Sistemas de Investigação Preliminar ...*, p. 259-60; CHOUKR, op. cit., p. 50. Adverte este autor, no entanto, que esse controle é meramente retórico, tendo em vista que, na prática, isso não ocorre (idem, ib.).

[209] CRENIER, op. cit., p. 154 e p. 156; TOURINHO FILHO, op. cit., v. 1, p. 280; MENDRONI, "O Sigilo da Fase Pré-Processual", p. 491; ROVEGNO, op. cit., p. 93.

[210] LOPES JÚNIOR, *Sistemas de Investigação Preliminar ...*, p. 261.

[211] Idem, p. 262. Concluídas as investigações, o material informativo é remetido para análise à Câmara de Acusação (*Chambre d'Accusation*), órgão composto por três magistrados e com posição intermediária entre a fase pré-processual e processual. Confirmada a decisão do juiz instrutor, o término das investigações é comunicado ao MP, que terá oito dias para dar início ou não à ação penal (CHOUKR, op. cit., p. 51-2).

[212] As atas elaboradas pela polícia, como adverte CRENIER, op. cit., p. 155, possuem apenas valor informativo. Na prática, porém, desde que sejam respeitadas certas formalidades, podem adquirir certa força probatória (idem, ib.).

Tais feitos, que são procedimentos administrativos, diferem da *instruction préparatoire* e da *enquête préliminaire*. Essas duas últimas investigações, por serem presididas, respectivamente, por magistrado ou por promotor de justiça, ambos integrantes do Poder Judiciário, são procedimentos judiciais pré-processuais.[213]

Relevante referir também que o advogado do investigado possui limitadas possibilidades de participação nessas investigações iniciais realizadas pela polícia judiciária. O defensor não poderá, como regra, intervir durante as diligências policiais.[214]

Em caso de detenção provisória, antes de 2001, somente poderia conversar com seu cliente depois de transcorridas vinte horas da restrição da liberdade. Até o ano referido, não poderia assistir aos interrogatórios e nem consultar o expediente investigatório.[215]

Não obstante, com o advento da lei que ficou conhecida como Lei de Presunção de Inocência, que entrou em vigor em 1° de janeiro de 2001, a intervenção de advogado pode ocorrer desde o início da prisão do acusado.[216] Além disso, se o MP optar por enviar os autos perante a jurisdição e houver a abertura, v. g., de uma *instruction préparatoire*, o investigado terá, repita-se, direito de assistência de um advogado durante toda a instrução, desde o início da imputação, com poderes para consultar o expediente investigativo.[217]

1.3.5. Portugal

Em Portugal, a investigação criminal está a cargo do Ministério Público,[218] instituição que comanda essa fase e que integra, assim como na Itália e na França, o Poder Judiciário. Por fazer parte da magistratura, o MP possui uma posição de autonomia. Diante dessa independência – e por agir dentro dos critérios da legalidade, obje-

[213] LOPES JÚNIOR, *Sistemas de Investigação Preliminar ...*, p. 260.

[214] A detenção provisória poderá chegar a 48 horas. Nos casos de terrorismo ou tráfico de entorpecentes, o prazo poderá se estender até 96 horas (CRENIER, op. cit., p. 156). Efetivada uma detenção provisória, deverá o MP ser comunicado acerca da restrição da liberdade de locomoção, imediatamente, com a finalidade de controle do ato (idem, ib.).

[215] CRENIER, op. cit., p. 158.

[216] SAAD, *O Direito de Defesa no Inquérito Policial*, p. 311.

[217] CRENIER, op. cit., p. 158.

[218] Embora registre que o sistema português é o do promotor investigador, LOPES JÚNIOR, *Sistemas de Investigação Preliminar ...*, p. 279-81, lembra que o juiz da instrução, que possui a função preponderante de controlar os atos pré-processuais e assegurar os direitos fundamentais, realiza, excepcionalmente, atos investigatórios, como, por exemplo, buscas e apreensões em escritórios de advocacia, restando caracterizado um sistema misto.

tividade e isenção –, seus membros não sofrem influências do poder político no desempenho de suas funções.[219]

Hierarquicamente, os membros do MP estão subordinados ao Procurador-Geral da República, que é nomeado, após proposta do Governo, pelo Presidente da República. Apesar de possuir o MP independência diante do poder político, essa magistratura deve participar da execução da "política criminal que não é definida por si, mas antes pelos órgãos de soberania (Governo e Parlamento)".[220]

Na fase preliminar ao processo penal, o Ministério Público formaliza as diligências investigatórias através do *inquérito*, procedimento que se destina a preservar e a identificar as provas da infração penal, servindo de base para o oferecimento da acusação formal em juízo.[221] Como norma, deve o Ministério Público reduzir a escrito as provas obtidas durante a investigação de um fato que seja, em tese, criminoso.[222]

Segundo Rodrigues, o *inquérito* abrange os atos necessários

> à descoberta do crime, dos seus autores e da sua responsabilidade e à descoberta e conservação de provas, constituam elas tarefas materiais de investigação *stricto sensu* ou de documentação e registro da prova, o que significa a inadmissibilidade de desenvolvimento de actividades de investigação criminal fora do âmbito do processo.[223]

Contudo, as provas colhidas na etapa preliminar servirão apenas para a realização de um juízo de admissibilidade da ação penal,[224] ou seja, não poderão ser usadas na fase judicial como base para uma condenação.

Com o advento do Código de Processo Penal de 1987, houve uma simplificação na fase preliminar portuguesa, ficando definido apenas que o inquérito é o meio "normal e usual de efectuar a investigação".[225]

---

[219] RODRIGUES, op. cit., p. 12 e p. 18; LOPES JÚNIOR, *Sistemas de Investigação Preliminar ...*, p. 278. Salienta o segundo autor que os magistrados do *parquet*, no entanto, não possuem poderes jurisdicionais (idem, ib.).

[220] RODRIGUES, op. cit., p. 20.

[221] GIACOMOLLI, op. cit., p. 279; MORAES, "Inquérito Policial e Falta de Prevenção", p. 5; CABETTE, op. cit., p. 190. Como lembra DANTAS, António Leones. *Portugal*. In: MACIÁ GÓMEZ, Ramón. *Sistemas de Proceso Penal en Europa*. Barcelona: CEDECS, 1998, p. 316, o processo penal português, ao contrário do que ocorre em outros países, começa pelo inquérito.

[222] DANTAS, op. cit., p. 316.

[223] RODRIGUES, op. cit., p. 24.

[224] DANTAS, op. cit., p. 315-6.

[225] RODRIGUES, op. cit., p. 18.

Na fase inicial, apesar de não haver um debate contraditório, poderá o *denunciado* – termo que seria equivalente, no sistema brasileiro, ao *indiciado* –requerer qualquer diligência que repute útil para a sua defesa. Aliás, segundo pondera Dantas, o MP deverá investigar de forma objetiva, colhendo tanto os elementos que permitam a submissão do investigado à fase judicial, quanto aqueles que resultem em benefício para o sujeito passivo.[226]

Como regra, vigora o segredo de justiça das investigações. Porém, o denunciado pode ter acesso às atas dos atos de que participou (ou de que possuísse o direito de participar).[227]

A polícia judiciária é órgão auxiliar do *parquet* na fase investigativa, possuindo as autoridades policiais dependência funcional ao Ministério Público. Por integrar a organização ministerial, a polícia judiciária apenas realizará as ações que forem delegadas pelo MP.[228] Na lição de Rodrigues, o órgão português investigativo (polícia judiciária) é mero participante processual, por estar vinculado, funcionalmente, ao MP. No âmbito da organização, da administração e disciplinar, porém, a polícia permanece vinculada ao Governo.[229]

Incumbe à polícia judiciária a tarefa de realizar investigações que exigem o emprego de "técnicas, estratégias e meios logísticos e operacionais".[230]

Embora esteja sob a dependência do MP, a polícia criminal possui atribuições que lhe são próprias, como as detenções, a identificação dos suspeitos da prática de crimes, os exames dos vestígios deixados nos locais das infrações penais, as apreensões dos objetos relacionados com o episódio delituoso e a realização dos atos cautelares necessários para a elucidação dos fatos. Dessa forma, em situações de urgência ou em que haja a necessidade de preservar ou de obter provas, a polícia possui o poder de agir por conta própria.[231]

Já ao juiz de instrução – a quem competia realizar em Portugal, anteriormente à legislação referida, as investigações criminais

---

226 DANTAS, op. cit., p. 315-20. De acordo com LOPES JÚNIOR, *Sistemas de Investigação Preliminar ...*, p. 347, o sujeito passivo, na fase de investigação portuguesa, recebe a designação de "argüido", desde a investigação preliminar até o processo penal.

227 DANTAS, op. cit., p. 316 e p. 318.

228 GIACOMOLLI, op. cit., p. 279; DANTAS, op. cit., p. 319; ROVEGNO, op. cit., p. 113; SILVA, op. cit., p. 375; BASTOS, op. cit., p. 49; LOPES JÚNIOR, *Sistemas de Investigação Preliminar ...*, p. 279; CHOUKR, op. cit., p. 67.

229 RODRIGUES, op. cit., p. 20-1.

230 Idem, p. 23-4.

231 Idem, op. cit., p. 25. Afirma a autora que essas diligências são obrigatórias e preliminares, pois a polícia, a partir do momento em que o MP assume as investigações, deverá agir de acordo com as diretivas deste órgão (idem, ib.). No mesmo sentido: ROVEGNO, op. cit., p. 116.

– cabe, nessa fase, autorizar a prática de atos que impliquem restrições a direitos fundamentais.[232]

Além disso, na fase conhecida como *instrução* – etapa intermediária do sistema português, entre as investigações e o recebimento (ou não) da acusação formal em juízo (fase de julgamento) –, realiza o magistrado, dentro de uma função de garantia, um controle judicial sobre a decisão adotada pelo MP ao final do inquérito. A instrução, no entanto, somente acontecerá quando houver requerimento por parte do investigado ou da vítima, por ser uma etapa facultativa. Ao final de uma discussão contraditória, o juiz decide se aceita ou não a acusação do MP.[233]

Em síntese, cabe ao juiz, durante o inquérito, a realização de atos que sejam materialmente jurisdicionais e, ao final das investigações, o controle judicial da decisão de acusação (ou não) do MP. É a autoridade que pode autorizar medidas coativas que possam restringir direitos fundamentais.[234]

Encerradas as investigações, o MP, mediante despacho, possui duas opções. Quando não houver indícios suficientes da ocorrência de um delito ou de autoria, arquiva o procedimento diretamente. Existindo elementos, contudo, que apontem que o investigado é o provável autor de uma infração penal demonstrada, o MP oferece um despacho de acusação.[235]

Havendo fortes indícios de que o investigado venha a fugir, a perturbar o processo, a continuar delinqüindo e a alterar a ordem e a tranqüilidade pública, poderá ser decretada a sua prisão preventiva. Tal medida somente será permitida para os delitos cuja pena de prisão seja superior a três anos.[236]

1.3.6. Inglaterra

Na Inglaterra, as investigações criminais são realizadas, diretamente, pela polícia, instituição que detém a direção das diligências.

---

[232] DANTAS, op. cit., p. 318-9; GIACOMOLLI, op. cit., p. 279. Podem ser citadas, como exemplos, a decretação de prisão preventiva, a autorização de busca domiciliar e a ordem de interceptação telefônica (RODRIGUES, op. cit., p. 27).

[233] RODRIGUES, op. cit., p. 18 e p. 27; DANTAS, op. cit., p. 317. Se o acusado não recorre da decisão do MP ao cabo do inquérito, incabível será eventual intervenção do juiz de instrução (DANTAS, op. cit., p. 319).

[234] RODRIGUES, op. cit., p. 18; ROVEGNO, op. cit., p. 121.

[235] RODRIGUES, op. cit., p. 26-7. Para a autora, o direito processual penal português, ao separar as funções de investigação e acusação do ato de julgar, adota o princípio acusatório (idem, p. 27).

[236] DANTAS, op. cit., p. 321.

Naquele sistema, não existe a figura do juiz instrutor ou do promotor investigador, sendo dever da polícia inglesa a investigação dos delitos.[237]

Conforme ensina Morais Filho, as investigações preliminares são, em um primeiro momento, valoradas pela polícia, órgão que as promove por conta própria.[238] A polícia inglesa, como consigna McNaught, é administrada por autoridades policiais que estão vinculadas administrativamente ao governo central, através do Secretário Geral, que é quem exerce o controle da organização e da operação dos serviços de investigação.[239]

Posteriormente, as investigações passam pelo crivo do *Crown Prosecution Service*, serviço criado, em 1985, pelo *Prosecution of Offences Act*. Nos dizeres de Rodrigues, trata-se de

> um serviço público nacional autônomo e independente da polícia, cujos funcionários estão encarregados de rever as decisões de acusação inicialmente tomadas pela polícia e de representar a acusação no processo.[240]

Esse serviço é composto por advogados assalariados, profissionais que são responsáveis pela formulação da acusação em juízo, em nome da rainha.[241]

Assim, atualmente, há separação das funções de colher a prova e de formar a *opinio delicti* no modelo inglês, restando assegurado, no aspecto legal, um processo eqüitativo. As diligências investigatórias começam (e são realizadas) pela polícia, estando o Serviço de Persecução da Coroa incumbido de levar a investigação aos tribunais.[242]

---

[237] MCNAUGHT, John. *Inglaterra y Gales*. In: MACIÁ GÓMEZ, Ramón. *Sistemas de Proceso Penal en Europa*. Barcelona: CEDECS, 1998, p. 217; DELMAS-MARTY, op. cit., p. 259; RODRIGUES, op. cit., p. 14. Ensina esta autora que "a abertura e o desenrolar da fase preparatória do processo penal", no sistema inglês, "são total e exclusivamente confiados à polícia" (idem, p. 21).

[238] MORAIS FILHO, op. cit., p. 106.

[239] MCNAUGHT, op. cit., p. 217.

[240] RODRIGUES, op. cit., p. 16.

[241] MCNAUGHT, op. cit., p. 219; DELMAS-MARTY, op. cit., p. 261. Na Inglaterra, as acusações são formalizadas em nome da Rainha, pois qualquer conduta criminosa atinge a figura real (MCNAUGHT, op. cit., p. 215; ROVEGNO, op. cit., p. 127).

[242] MORAIS FILHO, op. cit., p. 106-7; BASTOS, op. cit., p. 74. Para este autor, o *Crown Prosecution Service* – que desempenha as funções de "acompanhar a investigação criminal realizada pelas polícias, ocupar-se dos problemas jurídicos na fase investigatória e providenciar e estruturar o corpo de juristas que representem os interesses da Coroa perante as Cortes da Justiça" (p. 73) – representa uma "espécie de Ministério Público inglês" (p. 74).

Quem dirige o *Crown Prosecution Service* é o *Director of Public Prosecutions*, servidor que é nomeado e controlado pelo *Attorney General*, membro do Parlamento Inglês e do Governo.[243]

Como ensina Choukr, não existe na Inglaterra o Ministério Público, estando a legitimidade ativa para propositura da ação penal diluída por todo o corpo social. Os habitantes ingleses ou, diretamente, os ofendidos são legitimados a ingressarem com a ação penal.[244]

Historicamente, a persecução penal em juízo era realizada por policiais. Até 1985, antes da criação do *Crown Prosecution Service*, a decisão de acusar em juízo o investigado era, normativamente, da própria polícia. Pela tradição, a polícia é o órgão que se origina da sociedade civil e que atua em prol dos cidadãos ingleses. Dessa forma, entregava-se no modelo inglês a ação penal à polícia.[245]

No sistema inglês, vigora o sigilo externo. Lembra Choukr que a imprensa fica distante da fase pré-processual, não podendo noticiar fatos que permitam um prejulgamento das pessoas submetidas a uma investigação. Além disso, as investigações não são abertas ao conhecimento do público em geral, ou seja, de terceiros alheios ao expediente investigatório.[246]

Com relação ao suspeito da prática de um delito, não possui tal pessoa o direito de ser informado, pessoalmente ou através de seu advogado, acerca do andamento de determinada investigação. A polícia é o órgão que decidirá se prestará (ou não) certa informação.[247]

Além disso, nas primeiras trinta e seis horas de uma prisão, a polícia pode impedir que o preso se entreviste com algum advogado, sendo tal prazo improrrogável.[248]

Todavia, se o suspeito passa para a condição de acusado, terá o direito de tomar conhecimento, por escrito e de maneira detalhada,

---

[243] RODRIGUES, op. cit., p. 16.

[244] CHOUKR, op. cit., p. 48 e p. 71-2. No mesmo sentido: ROVEGNO, op. cit., p. 127; CABETTE, op. cit., p. 194. Na prática, contudo, como menciona MACNAUGHT, op. cit., p. 216, raramente isso acontece.

[245] DELMAS-MARTY, op. cit., p. 261; CHOUKR, op. cit., p. 71 e p. 100; CABETTE, op. cit., p. 190; RODRIGUES, op. cit., p. 15-6. De acordo com ROVEGNO, op. cit., p. 128, a polícia, ainda hoje, pode iniciar um processo criminal contra alguém, oferecendo em juízo uma acusação. Nessa hipótese, no entanto, caberá ao *Crown Prosecution Service* decidir sobre a continuação ou o arquivamento do processo.

[246] CHOUKR, op. cit., p. 35. Cf., também, MCNAUGHT, op. cit., p. 216.

[247] MCNAUGHT, op. cit., p. 216-7.

[248] DELMAS-MARTY, op. cit., p. 264-5.

antes da fase judicial, das provas que serão apresentadas contra si em juízo.[249]

Ao investigar um crime, pode a polícia inglesa interrogar o suspeito. Deverá, nessa hipótese, adverti-lo de que possui o direito de permanecer calado e de que não tem a obrigação de responder as perguntas formuladas. Porém, o silêncio poderá ser interpretado em prejuízo da defesa.[250]

Os interrogatórios policiais serão gravados, tendo o interrogado direito a obter uma cópia do material em que constam as gravações. Essa gravação feita na polícia, chamada de *tape recording*, poderá ser utilizada, posteriormente, junto à corte de julgamento.[251]

Se o investigado confessar a prática do crime na fase policial, na presença de advogado e desde que a confissão não tenha sido realizada em um instante de pânico, circunstância que afastaria o caráter consciente da declaração, essa prova poderá ser considerada, em juízo, como suficiente para uma condenação.[252]

Havendo suficientes indícios de que o investigado seja o autor do fato criminoso, é possível que seja arrestado (detido) e mantido sob custódia. Nesse caso, terá o direito de ser aconselhado e acompanhado, gratuitamente, por um advogado e de fazer uma ligação telefônica. Ainda, será posto em liberdade mediante fiança, quando a lei permitir, ou apresentado ao Juizado de Paz – primeira instância judicial do modelo inglês – no dia seguinte, normalmente.[253]

Concluídas as investigações, a polícia inglesa entregará o resultado, conforme já foi exposto, ao *Crown Prosecution Service*, serviço que irá preparar o caso para a etapa judicial.[254]

Se entender que o expediente investigativo deva ser arquivado, possui a polícia inglesa, através do *Chief Officer*, a atribuição exclusiva para isso. Contudo, se acredita que existem indícios suficientes para submeter o investigado a uma ação penal, o conteúdo das investigações será revisado pelo *Crown Prosecution Service*. Nesse momento, é o *Crown Prosecution Service* o órgão que detém o poder

---

[249] MCNAUGHT, op. cit., p. 216.

[250] MCNAUGHT, op. cit., p. 217-8; COUCEIRO, op. cit., p. 202-3. Lembra AZAMBUJA, Carmen. *Pequenas Causas Criminais Inglesas: Magistrates' Court*. Canoas: Ed. ULBRA, 1997, p. 21, que o suspeito não tem a obrigação de se auto-incriminar.

[251] MCNAUGHT, op. cit., p. 217; AZAMBUJA, op. cit., p. 22.

[252] AZAMBUJA, op. cit., p. 21.

[253] MCNAUGHT, op. cit., p. 216-8; AZAMBUJA, op. cit., p. 22. Ensina o primeiro autor que a polícia, como regra, deve requerer um auto de detenção a um magistrado. Nos casos graves, porém, pode a polícia deter o investigado sem o auto referido (idem, p. 217).

[254] MCNAUGHT, op. cit., p. 216.

exclusivo de arquivar as peças de investigação, sem que haja interferência da polícia.[255]

Possui a polícia inglesa, ainda, outra opção. Se entender que não se faz necessária uma acusação e havendo confissão por parte do investigado, poderá impor a ele uma caução formal, que não implicará condenação.[256]

1.3.7. Estados Unidos

Em virtude, basicamente, do modelo federalista norte-americano, da pluralidade legislativa e das disciplinas diferentes da União e dos Estados-membros, como adverte Choukr,[257] existem peculiaridades conforme a região dos Estados Unidos. Portanto, far-se-á neste tópico apenas uma análise bastante genérica do sistema norte-americano, levando-se em consideração, principalmente, o modelo federal.

Nos Estados Unidos, as investigações criminais estão a cargo dos órgãos policiais. Os agentes policiais interrogam, diretamente, as testemunhas, não existindo naquele país a figura do juiz de instrução.[258]

No entanto, a polícia possui como destinatário das diligências o órgão acusador, instituição equivalente ao nosso Ministério Público (*District Attorney*).[259] Apesar disso, não existe relação de subordinação funcional entre as polícias e o MP. De acordo com Choukr, há "total independência das autoridades com função de polícia judiciária em relação ao órgão promovente da acusação".[260]

Se forem violadas leis estaduais, cabe às autoridades locais dos condados ou às polícias estatais a investigação dos fatos criminosos. Por outro lado, se for atingida lei federal, as diligências investigativas serão realizadas por organismos policiais federais.[261]

Os agentes policiais, ao tomarem conhecimento de uma infração penal por conta própria ou por denúncia particular, iniciam as investigações, formalizando em um informe os fatos descobertos, as

---

[255] RODRIGUES, op. cit., p. 21.

[256] MCNAUGHT, op. cit., p. 218.

[257] CHOUKR, op. cit., p. 72 e p. 101.

[258] MORGAN, Virginia. *Estados Unidos de América*. In: MACIÁ GÓMEZ, Ramón. *Sistemas de Proceso Penal en Europa*. Barcelona: CEDECS, 1998, p. 134.

[259] Segundo ensina CHOUKR, op. cit., p. 72, o *District Attorney* possui no ápice, no âmbito federal, o *US Attorney General* e, na esfera estadual, o *State Attorney General*.

[260] CHOUKR, op. cit., p. 101.

[261] MORGAN, op. cit., p. 130.

atividades desempenhadas, uma lista das provas obtidas e as declarações das testemunhas.[262]

Obtidas as informações suficientes, os informes são entregues ao Ministério Público. Nesse instante, compete ao órgão ministerial o juízo discricionário sobre o exercício ou não da ação penal, que lhe é disponível.[263]

Entendendo o MP que existem elementos suficientes de prova, apresenta uma acusação por escrito e submete o investigado ao *Grand Jury*.[264]

Nessa audiência preliminar, verificar-se-á se existem indícios razoáveis (*probable cause*) no sentido de ter o investigado cometido o delito que lhe está sendo imputado. Trata-se de uma audiência preliminar em que se averiguará a admissibilidade da acusação.[265]

Se o *Grand Jury*, que não é composto por servidores judiciais, encontrar elementos suficientes para acusar uma pessoa (*probable cause*), emitirá uma acusação escrita (*indictment*), submetendo-a a julgamento.[266]

Bastos, porém, ao contrário do entendimento exposto até aqui, entende que cabe ao MP norte-americano a direção das investigações criminais.[267] Contudo, sempre que houver participação do MP na fase investigativa, o órgão agirá com o apoio da polícia e em contato direto com a instituição policial.[268]

A legislação americana assegura aos acusados da prática de crimes o direito de não se auto-incriminarem. Portanto, nenhuma pessoa estará obrigada a produzir prova contra si mesma. Se o investigado for detido, devem os policiais avisá-lo sobre os seus direitos, inclusive o de permanecer calado.[269]

Se o órgão acusador entender que não existem elementos mínimos para apontar alguém como autor de um determinado crime,

---

[262] MORGAN, op. cit., p. 132.

[263] BASTOS, op. cit., p. 78.

[264] MORGAN, op. cit., p. 132. Como lembra a autora, é possível que os agentes jurem perante o tribunal que a acusação é exata (idem, ibidem).

[265] ROVEGNO, op. cit., p. 130.

[266] MORGAN, op. cit., p. 134.

[267] BASTOS, op. cit., p. 78. ROVEGNO, op. cit., p. 129, por seu turno, afirma que as investigações nos Estados Unidos são conduzidas pela polícia e pelo MP.

[268] CABETTE, op. cit., p. 190. Para MORGAN, op. cit., p. 135, o MP colabora com os agentes policiais na fase de investigação. Posteriormente, apresentada a acusação formal, cabe aos policiais ajudarem e prestarem assistência ao MP.

[269] MORGAN, op. cit., p. 128 e p. 136.

simplesmente arquiva o expediente investigatório, sem qualquer controle judicial.[270]

Aliás, durante o andamento das investigações não há tal controle, salvo algumas exceções.[271] O juiz, durante essa etapa, em síntese, analisa os fatos que impliquem limitações a garantias legais.[272]

Ademais, não se pode falar em contraditório na fase investigativa dos Estados Unidos, ainda que as provas regularmente colhidas pela polícia possam ser apresentadas na audiência preliminar ou durante a ação penal.[273]

Na fase inicial, a publicidade é bastante limitada, principalmente para evitar a fuga de possíveis acusados e para proteger as pessoas sob investigação. Geralmente, as investigações, antes de passarem pelo *Grand Jury*, não são públicas. No entanto, se for realizada uma acusação formal, o assunto passa a ser público.[274]

Com relação ao acesso aos autos de investigações em andamento, o suspeito da prática de uma infração penal apenas terá o direito de examinar tais peças se houver concordância por parte da polícia, ou seja, quem investiga possui o poder discricionário para informar ou não o investigado acerca dos atos praticados.[275]

No caso *Miranda v. Arizona* (1966), em que se discutia nos Estados Unidos a imposição de limites à atuação policial e a validade de provas colhidas na fase inicial, a Suprema Corte instituiu regras de instrução a serem observadas pela polícia durante as investigações, como o dever de comunicar o interrogado de que pode constituir um advogado para acompanhar o ato e de que possui o direito ao silêncio, de que não poderá ser penalizado pelo exercício desta faculdade e de que suas declarações poderão ser usadas contra si em juízo. Após um período de adaptação, hoje, a polícia norte-americana vem seguindo, em linhas gerais, essas regras, conhecidas como *Miranda rules*.[276]

---

[270] CHOUKR, op. cit., p. 72; MORGAN, op. cit., p. 132.

[271] CHOUKR, op. cit., p. 72. No modelo norte-americano, em razão da quarta emenda, existem alguns atos que somente podem ser praticados com autorização judicial, como a realização de buscas domiciliares e de interceptações telefônicas (idem, p. 120).

[272] MORGAN, op. cit., p. 132; ROVEGNO, op. cit., p. 129. Além dos casos citados na nota anterior, poderiam ser apresentados como outros exemplos a quebra de sigilo de dados e a ordem de prisão (MORGAN, op. cit., p. 134).

[273] CHOUKR, op. cit., p. 120.

[274] MORGAN, op. cit., p. 130 e p. 133.

[275] Idem, p. 133.

[276] QUEIJO, *O direito de não produzir prova contra si mesmo ...*, p. 173-4; DIAS NETO, op. cit., p. 197-9 e p. 202; SAAD, *O Direito de Defesa no Inquérito Policial*, p. 288-9.

As interceptações telefônicas, a exemplo do que ocorre no Brasil, devem ser autorizadas por um tribunal e serão sigilosas.[277]

O investigado pode contratar um advogado para acompanhar as investigações, possuindo os direitos de ser assistido por um defensor no interrogatório policial e de se consultar com o profissional antes do ato. Todavia, não existe a obrigação de que seja nomeado um advogado para acompanhá-lo até que seja acusado formalmente.[278]

Por outro lado, se for acusado da prática de crime e se estiver preso, o interrogatório na polícia somente poderá ocorrer na presença de advogado, sob pena de nulidade dos atos.[279]

Em geral, as pessoas serão presas com ordem judicial. Contudo, alguém poderá ser preso provisoriamente, sem determinação judicial, se houver *probable causae* de que vá cometer novo delito ou de que é o autor de crime sob investigação. Nessa circunstância, o agente policial deverá comparecer, o quanto antes, perante o magistrado, que analisará a legalidade da restrição da liberdade de locomoção.[280]

Importante referir, outrossim, que os membros do MP são escolhidos, na sua maioria, através de eleições livres.[281] Como salienta Morgan, os fiscais são advogados licenciados que integram o Departamento de Justiça dos Estados Unidos.[282]

1.3.8. Argentina

Na Argentina, a exemplo do que ocorre nos Estados Unidos, existe uma pluralidade legislativa no âmbito processual penal.[283] Com isso, cada Província possui peculiaridades nos seus modelos de investigação criminal. Dessa forma, far-se-á uma verificação, basicamente, dos sistemas da Nação e, ao final, da Província de Tucumã, por possuir regras mais protetoras à liberdade do investigado.[284]

Por força do Código de Processo Penal argentino (Lei 23.984/91), ainda prevalece a figura do juizado de instrução no modelo nacio-

[277] MORGAN, op. cit., p. 131.

[278] COUCEIRO, op. cit., p. 202; MORGAN, op. cit., p. 133.

[279] HADDAD, "O Novo Interrogatório", cit., p. 52-3; FURTADO, op. cit., p. 298.

[280] MORGAN, op. cit., p. 133.

[281] BASTOS, op. cit., p. 78; ROVEGNO, op. cit., p. 130. Acrescenta CHOUKR, op. cit., p. 101, que as autoridades de segurança pública, do mesmo modo, também são eleitas, o que "significa afirmar que os compromissos de campanha que elegeram determinado candidato devem ser cumpridos, sob pena de não recondução".

[282] MORGAN, op. cit., p. 135.

[283] CHOUKR, op. cit., p. 68.

[284] Nesse sentido, CHOUKR, op. cit., p. 122.

nal, podendo o *parquet* e a polícia atuarem como órgãos auxiliares do magistrado.[285]

Embora a investigação preliminar (*prevención del sumario*) seja conduzida por um juiz instrutor, poderá o magistrado, em conformidade com o artigo 196 do Código de Processo Penal,[286] delegar essa função ao MP, quando a prática dos atos de apuração não importarem sacrifício a garantias individuais. Ainda, nada impede que possa haver intervenção da polícia nessa etapa.[287]

Aliás, como registra Edwards, a investigação criminal na Argentina é realizada na prática, quase que em sua totalidade, pela polícia, com um mínimo de controle judicial.[288] As diligências realizadas por iniciativa da própria polícia (*prevención policial*), com atuações exclusivas dos funcionários policiais, é um dos meios mais usuais de início do sumário.[289]

Em linhas gerais, a investigação prévia na Argentina é consubstanciada no sumário, procedimento que é escrito, sigiloso (salvo exceções que serão vistas na seqüência) e sem contradição.[290]

Apesar de não existir contraditório pleno na etapa preliminar, os depoimentos colhidos na fase inicial poderão, por exemplo, ser lidos em juízo e, em não havendo discordância pelas partes, usados como meios de prova.[291]

O direito de defesa está assegurado no artigo 18 da Constituição Argentina.[292] Conforme Edwards, tal direito constitui um ato essencial do processo penal argentino, que abrange a fase preliminar de investigação e que deve ser exercido plenamente.[293]

---

[285] CHOUKR, op. cit., p. 55.

[286] ARGENTINA. *Código Procesal Penal de la Nación*. "Art. 196 - El juez de instrucción podrá decidir que la dirección de la investigación de los delitos de acción pública de competencia criminal quede a cargo del agente fiscal, quien deberá ajustar su proceder a las reglas establecidas en la Sección Segunda del presente Título [...]". Disponível em: <http://www.lexpenal.com.ar/Archivos/codigo_procesal.htm> Acesso em: 21 set. 2006.

[287] EDWARDS, Carlos Enrique. *El defensor técnico en la prevención policial*. Buenos Aires: ASTREA, 1992, p. 14; BASTOS, op. cit., p. 78; CHOUKR, op. cit., p. 55; ROVEGNO, op. cit., p. 104; MORAES, "Inquérito Policial e Falta de Prevenção", p. 5; CABETTE, op. cit., p. 189.

[288] EDWARDS, op. cit., p. 6-7.

[289] LEVENE (h.), op. cit., p. 309.

[290] Idem, p. 287.

[291] CHOUKR, op. cit., p. 122.

[292] ARGENTINA. Constitución Nacional. "Art. 18 - Ningún habitante de la Nación puede ser penado sin juicio previo fundado en ley anterior al hecho del proceso, ni juzgado por comisiones especiales, o sacado de los jueces designados por la ley antes del hecho de la causa. Nadie puede ser obligado a declarar contra sí mismo; ni arrestado sino en virtud de orden escrita de autoridad competente. Es inviolable la defensa en juicio de la persona y de los derechos. [...]". Disponível em: <http://www.senado.gov.ar> Acesso em: 21 set. 2006.

[293] EDWARDS, op. cit., p. 5-6 e p. 15.

Outras constituições provinciais, segundo consigna Edwards, asseguram o direito de defesa na etapa preliminar, como, por exemplo, as das províncias de San Juan, de Salta e de Córdoba.[294] De acordo com o artigo 33 da Constituição da Província de San Juan, nenhuma pessoa poderá ser interrogada, seja em juízo, seja na polícia, sem a presença e assistência de advogado.[295]

No âmbito da legislação infraconstitucional, o direito de defesa na investigação criminal está assegurado pelo Código de Processo Penal.[296] A presença de advogado, nomeado ou oficial, durante o interrogatório policial e o direito de o investigado ser informado sobre os fatos que lhe são atribuídos, bem como acerca das provas existentes, são garantias previstas ao imputado.[297]

Em regra, não se pode outorgar a uma confissão policial um valor de auto-incriminação, caso haja retificação, posteriormente, em juízo. Contudo, se os policiais observarem determinados requisitos, informando ao investigado, por exemplo, sobre seus direitos de permanecer calado, de contar com a presença de um advogado e de se entrevistar com seu defensor antes do interrogatório, certo valor probatório poderá ser atribuído, conciliando-se a dignidade da pessoa humana do imputado com a imposição da realização da justiça no caso concreto.[298] Em contrapartida, se não forem respeitadas as mínimas garantias, a declaração na polícia não terá valor probatório algum, restando eivada pelo vício da nulidade.[299]

Com relação ao sigilo, vigora o caráter secreto do sumário para as pessoas alheias às investigações (sigilo externo). Já para a defesa e para o investigado, como regra, o procedimento será público. Todavia, poderá ser decretado o sigilo interno, excepcionalmente, quando a publicidade das investigações puder prejudicar o êxito

[294] EDWARDS, op. cit., p. 16-7.

[295] ARGENTINA. *Constitución de la Provincia de San Juan*. "Art. 33. [...] Es inviolable la defensa de la persona y de los derechos en todo procedimiento judicial o administrativo. Esta garantía no admite excepciones. [...] Ninguna persona puede ser indagada en instancia policial o judicial, sin asistencia letrada necesaria, aunque ésta no fuera requerida o solicitada [...]". Disponível em: <http://www.intertournet.com.ar/argentina/constitucion_sjuan.htm> Acesso em: 21 set. 2006.

[296] ARGENTINA. *Código Procesal Penal de la Nación*. "Art. 197. En la primera oportunidad, inclusive durante la prevención policial pero, en todo caso, antes de la indagatoria, el juez invitará al imputado a elegir defensor [...]". Disponível em: <http://www.lexpenal.com.ar/Archivos/codigo_procesal.htm> Acesso em: 21 set. 2006.

[297] EDWARDS, op. cit., p. 20.

[298] Idem, p. 77-80.

[299] Idem, p. 95.

das investigações, à exceção dos atos definitivos e irreprodutíveis, que jamais poderão ser secretos.[300] [301]

O sigilo, portanto, não é absoluto, sendo permitido ao advogado ver os documentos de instrução e revisar o sumário, até para verificar se aceita a missão de defender o investigado.[302]

Analisando-se a Província de Tucumã, verifica-se que o padrão adotado é o do promotor investigador. A polícia até pode investigar isoladamente, mas agirá de forma subordinada ao *Ministério Fiscal*, instituição que exercerá a fiscalização das diligências realizadas.[303]

Em Tucumã, há a possibilidade de o defensor acompanhar determinadas diligências, principalmente aquelas que não se repetirão em juízo. Para isso, deverá ser notificado, previamente, pelos órgãos de investigação.[304]

Concluídas as investigações nessa Província, abre-se uma etapa, anterior à fase judicial, em que haverá discussão entre o MP e a defesa, visando a assegurar um juízo mínimo de admissibilidade da acusação formulada.[305]

Tanto no modelo nacional, quanto no da Província de Tucumã, existe delimitação temporal para a conclusão das diligências investigativas. No primeiro caso, o prazo final será de quatro meses, podendo ser prorrogado por mais seis meses, considerando-se termo inicial a formalização da imputação de um crime a certa pessoa. No modelo provinciano, porém, o prazo será de dois meses, com possibilidade de prorrogação por igual período. Conforme a complexidade do caso, poderá ser estendido por mais oito meses. Em Tucumã, o termo inicial será a data em que foi ouvido o imputado.[306]

---

[300] EDWARDS, op. cit., p. 138-40.

[301] ARGENTINA. *Código Procesal Penal de la Nación*. "Art. 204. El sumario será público para las partes y sus defensores [...]. Pero el juez podrá ordenar el secreto por resolución fundada, siempre que la publicidad ponga en peligro el descubrimiento de la verdad, exceptuándose los actos definitivos e irreproducibles, que nunca serán secretos para aquéllos. La reserva no podrá durar más de diez (10) días y será decretada sólo una vez, a menos que la gravedad del hecho o la dificultad de la investigación exijan que aquélla sea prolongada hasta por otro tanto. [...] El sumario será siempre secreto para los extraños". Disponível em: <http://www.lexpenal.com.ar/Archivos/codigo_procesal.htm> Acesso em: 21 set. 2006.

[302] LEVENE (h.), op. cit., p. 289-90.

[303] CHOUKR, op. cit., p. 69. Como lembra o autor, a polícia está subordinada, funcionalmente, ao MP (idem, p. 102).

[304] CHOUKR, op. cit., p. 122-3; ROVEGNO, op. cit., p. 105.

[305] CHOUKR, op. cit., p. 69.

[306] Idem, p. 157. Importante que se diga que a imputação de crime a alguém na fase preliminar argentina possui a finalidade de limitar o tempo da investigação (idem, p. 169).

2. Os princípios do contraditório e da ampla defesa

Antes de se verificar o significado do contraditório e da ampla defesa, deve-se fazer uma breve exposição acerca do que se compreende por princípio. É, então, o que se passa a ver na seqüência.

2.1. Teoria dos princípios

As normas jurídicas são divididas em regras e em princípios. Neste tópico, ainda que se defina o que se entende por regra, deter-se-á mais na abordagem dos princípios, por serem o ponto de partida para uma interpretação constitucional correta[307] e para que sejam compreendidos o contraditório e a ampla defesa de maneira adequada.

Leciona Ávila que doutrinadores como Josef Esser, Karl Larenz e Canaris, antes mesmo de Dworkin, já distinguiam os princípios das regras.[308] No entanto, foi Dworkin, crítico do modelo positivista, quem primeiro definiu de forma significativa, como esclarece Steinmetz, as regras e os princípios.[309]

Para o jurista norte-americano, tanto as regras como os princípios, espécies do gênero *normas jurídicas*, são conjuntos de padrões que indicam que decisão deve ser tomada em circunstâncias parti-

---

[307] Nessa esteira: BARROSO, Luís Roberto. *Interpretação e Aplicação da Constituição*. São Paulo: Saraiva, 1996, p. 141. Para ele, os princípios funcionam como critérios de interpretação e de integração da constituição (idem, p. 142).

[308] Com relação ao panorama da evolução da distinção entre regras e princípios, cf. ÁVILA, Humberto. *Teoria dos Princípios. Da definição à aplicação dos princípios jurídicos*. 4.ed. São Paulo: Malheiros Editores, 2005, p. 26-31. Ver, ainda, BONAVIDES, Paulo. *Curso de Direito Constitucional*. 13.ed. São Paulo: Malheiros, 2003, p. 255-95.

[309] Cf. STEINMETZ, Wilson Antônio. *A Vinculação dos Particulares a Direitos Fundamentais*. São Paulo: Malheiros, 2004, p. 203-4, nota 44.

culares acerca da obrigação jurídica. Contudo, existe uma diferença lógica entre regras e princípios, distinguindo-se tais normas quanto à natureza da orientação que apresentam.[310]

Na lição de Dworkin, as regras se aplicam na forma do "tudo ou nada". Apresentado o fato que uma regra estipula, será ela válida, devendo a resposta que ela oferece ser acatada, ou inválida, hipótese em que não irá contribuir para a decisão.[311] As regras definem os deveres específicos, ou seja, ditam resultados.[312]

Por outro lado, os princípios, segundo pondera o autor, estabelecem padrões a ser observados, sendo "uma exigência de justiça ou eqüidade ou de alguma outra dimensão da moralidade".[313] Não impõem as conseqüências jurídicas que devem ser adotadas automaticamente quando as condições são apresentadas,[314] mas "inclinam a decisão em uma direção, embora de maneira não conclusiva".[315]

Em suma, as regras ditam condutas (positivas ou negativas), ordenando que se faça o que elas exigem. São normas descritivas que definem obrigações, permissões e vedações. Já os princípios são normas finalistas, que contagiam o sistema jurídico com valores. Não indicam ação (fazer) ou omissão (deixar de fazer) determinadas, mas impõem a execução de um fim juridicamente relevante.

Alexy, por sua vez, adotou como ponto de partida para elaborar sua teoria a distinção das normas jurídicas (regras e princípios) proposta por Dworkin. No entanto, acrescenta que os princípios são mandamentos de otimização:

> [...] los principios son normas que ordenan que algo sea realizado en la mayor medida posible, dentro de las posibilidades jurídicas y reales existentes. Por lo tanto, los principios son mandatos de optimización, que están caracterizados por el hecho de que pueden ser cumplidos en diferente grado y que la medida debida de su cumplimiento no sólo depende de las posibilidades reales sino también de las jurídicas.[316]

Nesse aspecto, foi seguido por Canotilho, que pensa da seguinte forma:

> Princípios são normas que exigem a realização de algo, da melhor forma possível, de acordo com as possibilidades fácticas e jurídicas. Os princípios não proíbem.

---

[310] DWORKIN, Ronald. *Levando os Direitos a Sério*. São Paulo: Martins Fontes, 2002, p. 39.

[311] Idem, ibidem.

[312] Idem, p. 57.

[313] Idem, p. 36.

[314] Idem, p. 40.

[315] Idem, p. 57.

[316] ALEXY, Robert. *Teoría de los Derechos Fundamentales*. 3.reimpr. Madrid: Centro de Estudios Políticos y Constitucionales, 2002, p. 86.

permitem ou exigem algo em termos de "tudo ou nada"; impõem a optimização de um direito ou de um bem jurídico, tendo em conta a "reserva do possível", fáctica ou jurídica.[317]

Portanto, na dicção de Dworkin, os princípios enunciam uma razão a ser seguida, conduzindo "o argumento em uma certa direção", e necessitam de uma decisão particular para o caso concreto.[318] De acordo com tal doutrina, sempre haverá uma resposta correta para cada caso concreto, ancorada nos fundamentos de justiça, eqüidade e do devido processo legal, de acordo com os valores moralmente aceitos pela comunidade.[319]

Entretanto, há quem questione a tese da "única reposta correta", mormente por ser o sistema jurídico complexo e, ao mesmo tempo, aberto.

Para Freitas, o direito não se limita a uma visão normativa, tendo em vista que busca, principalmente, decisões axiológicas ou de escolha.[320] Assim, de acordo com o autor, em um sistema jurídico – que não é fechado e pela subjetividade do intérprete – existem diversas soluções que se pode dar a um caso concreto, motivo pelo qual o aplicador da lei deve, ao fazer a interpretação, "concretizar a máxima justiça sistemática possível".[321] Em suma, a melhor significação possível, de acordo com os princípios, as normas estritas e os valores jurídicos.

Semelhante é o pensamento de Weingartner Neto, para quem não há, na realidade, procedimento seguro que permita que se encontre, intersubjetivamente, a única resposta certa, motivo pelo qual se deve fazer o "controle social" através das justificativas das decisões judiciais, forma disponível para se verificar se as "razões são

---

[317] CANOTILHO, J. J. Gomes. *Direito Constitucional e Teoria da Constituição.* 2.ed. Coimbra: Livraria Almedina, 1998, p. 1.123.

[318] DWORKIN, op. cit., p. 41.

[319] ADOLFO, Luiz Gonzaga Silva. "O Direito como Integridade de Dworkin: breves notas para a utilização dos princípios na hermenêutica jurídica e a superação do paradigma positivista". *Destaque Jurídico: Revista de Estudos Jurídicos*, Gravataí, Curso de Direito da ULBRA, v. 3, nº 3, 2004, p. 65.

[320] FREITAS, Juarez. *A Interpretação Sistemática do Direito.* São Paulo: Malheiros, 1995, p. 25.

[321] Idem, p. 100-1 e p. 137. Conforme o autor, em um sistema jurídico existem 'n' "possibilidades interpretativas e aplicativas" (idem, p. 33), razão pela qual sustenta que seja buscada a melhor significação possível. Para ele, o sistema jurídico é "uma rede axiológica e hierarquizada de princípios gerais e tópicos, de normas e valores jurídicos cuja função é a de, evitando ou superando antinomias, dar cumprimento aos princípios e objetivos fundamentais do Estado Democrático de Direito, assim como se encontram consubstanciados, expressa ou implicitamente, na Constituição" (idem, p. 40).

juridicamente aceitáveis e públicas".[322] Para o autor, as pluralidades metodológicas e de critérios levam a orientações que "sinalizam a melhor resposta" possível (e não a única resposta correta).[323]

Sem qualquer desmerecimento às considerações de Dworkin e dos autores que as adotaram como ponto de partida para novas definições, tem-se como mais adequada a segunda posição. Efetivamente, diante da complexidade das questões que se apresentam no mundo jurídico, que é um sistema aberto, parece que se deve buscar, entre mais de uma possível, a melhor resposta. Entretanto, não é objetivo deste trabalho analisar de forma pormenorizada tal controvérsia. O que se pretende destacar é que os princípios assumem um papel essencial no ordenamento jurídico, levando a uma *única resposta correta* ou, conforme se prefere, a uma *melhor resposta possível.*

Na doutrina nacional, Barroso define os princípios como

> o conjunto de normas que espalham a ideologia da Constituição, seus postulados básicos e seus fins. [...] os princípios constitucionais são normas eleitas pelo constituinte como fundamentos ou qualificações essenciais da ordem jurídica que instituiu.[324]

Para Ávila, os princípios enviam os intérpretes "a valores e a diferentes modos de promover resultados".[325] O autor define os princípios como

> normas imediatamente finalísticas, primariamente prospectivas e com pretensão de complementaridade e de parcialidade, para cuja aplicação se demanda uma avaliação da correlação entre o estado de coisas a ser promovido e os efeitos decorrentes da conduta havida como necessária à sua promoção.[326]

De acordo com Freitas, os princípios ou objetivos fundamentais são

> o critério ou a diretriz basilar de um sistema jurídico, que se traduz numa disposição hierarquicamente superior, do ponto de vista axiológico, em relação às normas e aos próprios valores, sendo linhas mestras de acordo com as quais se deverá guiar o intérprete quando se defrontar com antinomias jurídicas.[327]

---

[322] WEINGARTNER NETO, Jayme. "Existe a única resposta jurídica correta?". *Direito e Democracia,* Canoas, v. 5, nº 1, 1° sem. 2004, p. 102-3.

[323] Idem, p. 118.

[324] BARROSO, op. cit., p. 141. Conforme o autor, os princípios possuem um "maior teor de abstração e uma finalidade mais destacada dentro do sistema", enquanto que as regras (normas-disposição) têm uma "eficácia restrita às situações específicas às quais se dirigem" (idem, ib.).

[325] ÁVILA, op. cit., p. 55.

[326] Idem, p. 70.

[327] FREITAS, op. cit., p. 41.

Importante salientar, aqui, que Freitas classifica o sistema jurídico em normas (pelo que se viu até o momento, seriam as regras), princípios e valores. Segundo ele, os valores se assemelham aos princípios; estes, embora também encarnem valores, possuem um grau hierárquico superior, já que a CF estabelece princípios fundamentais, com a dignidade da pessoa humana; os valores, contudo, não possuem "a forma mais elevada de diretrizes".[328]

Alexy, embora reconheça que estão estreitamente vinculados os significados de *princípio* e de *valor*, também apresenta uma diferença no sentido dos termos. Explica que os valores indicam o que é melhor, enquanto os princípios apontam o que é devido.[329]

Contudo, vê-se que os valores estão inseridos nos próprios princípios, motivo pelo qual, no presente texto, se dará o mesmo significado para ambos. Como sustenta Grau, os valores estão contidos nos princípios, o que reforça a idéia de que "a racionalidade material do direito há de ser encontrada em seu interior [do direito] e não fora dele".[330]

Espíndola, por sua vez, enfatiza que os princípios designam um sistema estruturado de "idéias, pensamentos ou normas por uma idéia mestra, por um pensamento chave, por uma baliza normativa". São para ele, portanto, a base de onde as idéias, os pensamentos e as normas emanam, de forma subordinada ao sistema.[331]

Na síntese de Fernandes, o princípio é a "regra matriz de um sistema, da qual brotam as demais normas, e serve para dar uniformidade ao conjunto".[332]

Discussão que pode surgir é se os princípios, necessariamente, devem estar previstos ou não no direito positivo para serem observados.

Tem-se que os princípios não precisam estar expressos nas constituições, por serem manifestações de valores fundamentais.

Como ensina Barroso, mesmo que os princípios, em geral, constem de maneira expressa nos textos das constituições, isso não se faz necessário, pois tais bens, por serem os valores mais relevantes de

[328] FREITAS, op. cit., p. 42.

[329] ALEXY, op. cit, p. 138 e p. 147.

[330] GRAU, Eros Roberto, no *Prefácio* de FREITAS, op. cit., p. 11.

[331] ESPÍNDOLA, Ruy Samuel. *Conceito de Princípios Constitucionais*. 2.ed. São Paulo: RT, 2002, p. 53. Para o autor, os princípios "expressam uma natureza política, ideológica e social", predominando também a natureza jurídica (idem, p. 80).

[332] FERNANDES, Antonio Scarance. *Processo Penal Constitucional*. 3.ed. São Paulo: RT, 2002, p. 19, nota 14.

uma sociedade, "existem fora e acima da letra expressa das normas legais".[333]

Em virtude disso é que Espíndola sustenta que o caráter normativo dos princípios não se limita àqueles que estejam positivados, mas a todos os princípios gerais de Direito.[334]

Coutinho, analisando especificamente os princípios gerais do Direito Processual Penal, afirma que tais normas, ainda que não estejam positivadas, são a base para a compreensão sistemática do processo penal.[335]

No entanto, ainda que seja desnecessária a positivação, hoje, no Brasil, a questão parece estar superada, tendo em vista que os direitos fundamentais estão inseridos no texto constitucional.[336] Assim, estando tais valores expressos na CF, não resta dúvida de que o legislador constituinte quis dar um destaque especial a eles.

Se estão previstos na Constituição – o que é o caso do contraditório e da ampla defesa –, os princípios expressam valores significativos, que deverão ser considerados na aplicação das leis aos casos concretos.

Para Hoyos, os princípios fixados no texto constitucional são os valores fundamentais ou básicos para a interpretação de todo o ordenamento jurídico, caracterizando-se por serem o postulado-guia que orienta uma hermenêutica constitucional. De acordo com ele, os princípios constitucionais possuem três acepções: (a) são "*metanormas*" que se constituem em "*reglas orientadoras para el conocimiento, la interpretación y la aplicación de las restantes normas jurídicas*"; (b) são fontes supletivas do direito (fontes de integração da legislação); ou (c) são postulados éticos que devem, através de uma dimensão de valores, inspirar toda a ordem jurídica.[337]

Semelhante é o pensamento de Bonavides, que preconiza que os princípios constitucionalizados são "a chave de todo o sistema normativo".[338] Afirma o citado autor que os princípios são normas-

---

[333] BARROSO, op. cit., p. 143.

[334] ESPÍNDOLA, op. cit., p. 60. Para ele, ainda que os princípios não estejam positivados (jusnaturalismo), expressam uma dimensão ético-valorativa do Direito (ideal de justiça). Entretanto, se positivados nos textos constitucionais, caracterizada estará a "hegemonia axiológico-normativa dos princípios" (idem, p. 63).

[335] COUTINHO, Jacinto Nelson de Miranda. "Introdução aos Princípios Gerais do Direito Processual Penal Brasileiro". *Revista de Estudos Criminais*, ITEC, Porto Alegre, nº 1, 2001, p. 26.

[336] De acordo com FREITAS, op. cit., p. 41-2, os princípios podem estar expressa ou implicitamente positivados.

[337] HOYOS, Arturo. *El Debido Proceso*. Reimpresión. Bogotá: Editorial Temis, 1998, p. 51-2.

[338] BONAVIDES, op. cit., p. 258.

valores com maior positividade nas constituições do que na legislação infraconstitucional, razão por que são os princípios providos do mais elevado peso, por serem "a norma de eficácia suprema".[339]

Outra questão que pode surgir é se existe hierarquia entre regras e princípios. Se as regras forem, por exemplo, de hierarquia superior aos princípios, muitas das disposições do CPP que ditam condutas poderiam, ao menos em tese, ter prevalência sobre os princípios constitucionais do contraditório e da ampla defesa.

No plano normativo, em razão da unidade da constituição e da harmonia que deve existir em um sistema jurídico, não há, abstratamente, hierarquia entre princípios e regras. Na CF, em virtude do princípio da unidade, não existe hierarquia normativa entre os preceitos constitucionais,[340] quer sejam regras, quer sejam princípios.

Já no aspecto axiológico, porém, pode-se dar prevalência aos valores que irradiam dos princípios, por expressarem diretrizes que devem ser seguidas pelo poder público.[341]

Como enfatiza Prado, os princípios conferem vida à CF e devem ser considerados como os valores primordiais do ordenamento jurídico, por serem "a dimensão determinante, apta a fornecer diretrizes materiais de interpretação" da legislação.[342]

Freitas, por seu turno, expõe que as normas (regras) são axiologicamente inferiores aos princípios. Em virtude disso, devem-se harmonizar com os princípios conformadores.[343]

É sempre importante lembrar, também, o caráter de supremacia das constituições em um sistema jurídico perante os demais atos normativos. Em razão disso, Hesse registra que a constituição "é a *ordem fundamental jurídica da coletividade*", que estabelece os princípios diretivos sobre os quais se deve formar a unidade política.[344]

Diante dessa força normativa da Constituição é que os direitos fundamentais não podem ser vistos como simples "declarações políticas", mas como manifestações vinculantes.[345]

---

[339] BONAVIDES, op. cit., p. 276.

[340] STEINMETZ, Wilson Antônio. *Colisão de Direitos Fundamentais e princípio da proporcionalidade.* Porto Alegre: Livraria do Advogado, 2001, p. 94.

[341] Nesse sentido: BARROSO, op. cit., p. 141-2.

[342] PRADO, Geraldo. *Sistema Acusatório. A Conformidade Constitucional das Leis Processuais Penais.* 3.ed. Rio de Janeiro: Lumen Juris, 2005, p. 59.

[343] FREITAS, op. cit., p. 42.

[344] HESSE, Konrad. *Elementos de Direito Constitucional da República Federativa da Alemanha.* Porto Alegre: SAFE, 1998, p. 37. Tradução de Luís Afonso Heck.

[345] STEINMETZ, *Colisão de Direitos Fundamentais e princípio da proporcionalidade*, cit., p. 96.

Além disso, deve haver a compatibilidade da legislação infraconstitucional com o texto constitucional. A CF está no ápice da ordem jurídica, devendo todas as demais normas jurídicas estarem de acordo com ela.[346]

Ensina Silva que a CF, por ser a lei fundamental e suprema do Brasil, limita a atuação dos governos (federal, estaduais ou distrital, e municipais), que somente poderão exercer atribuições nos termos estabelecidos na Magna Carta. Outrossim, as demais normas que integrarem o ordenamento jurídico somente serão válidas se estiverem de acordo com a Constituição.[347]

Portanto, no caso específico da abordagem que se está fazendo, é o CPP que deve adaptar-se à CF e não o contrário. Essa supremacia constitucional impõe a superioridade do texto constitucional com relação a todos os demais atos normativos.[348]

Com relação aos direitos de informação e de defesa na fase preliminar, ainda que alterações na legislação infraconstitucional sejam pertinentes, deve-se fazer – e isso, como refere Silva, é possível –, em razão da supremacia da CF, uma leitura do CPP atualizada, "sob o filtro das garantias constitucionais elencadas na Constituição de 1988".[349] Afinal, não se pode olvidar que é o CPP, norma infraconstitucional, que se deve adaptar ao texto constitucional (e não o inverso).[350] Em síntese, deve-se fazer uma interpretação conforme a CF.[351]

No Brasil, os princípios do contraditório e da ampla defesa estão incluídos na Constituição Federal no rol dos direitos fundamentais. Por conseguinte, são normas essenciais no nosso ordenamento

---

[346] ESPÍNDOLA, op. cit., p. 100.

[347] SILVA, José Afonso da. *Curso de Direito Constitucional Positivo*. 15.ed. São Paulo: Malheiros, 1998, p. 48.

[348] BARROSO, op. cit., p. 150.

[349] SILVA, Ângelo Roberto Ilha da. "Questões e processos incidentes no Direito Processual Penal brasileiro e a observância dos direitos fundamentais do imputado". *Direito e Democracia*, Canoas, v. 6, nº 2, 2° sem. 2005, p. 378. Ainda, cf. SAAD, Marta. *O Direito de Defesa no Inquérito Policial*. São Paulo: RT, 2004, p. 278-9.

[350] LOPES JÚNIOR, Aury Celso Lima. *Introdução Crítica ao Processo Penal (Fundamentos da Instrumentalidade Garantista)*. 2.ed. Rio de Janeiro: Lumen Juris, 2005, p. 42 e p. 46; FURTADO, Renato de Oliveira. "Direito à Assistência de Advogado no Inquérito Policial. Breves Considerações ao art. 5°, nº 63 da CF". *Revista dos Tribunais*, São Paulo, v. 695, set. 1993, p. 298; DIAS NETO, Theodomiro. "O Direito ao Silêncio: Tratamento nos Direitos Alemão e Norte-americano". *Revista Brasileira de Ciências Criminais*, São Paulo, nº 19, jul.-set. 1997, p. 180.

[351] PRADO, op. cit., p. 48.

jurídico e assumem um valor e uma força vinculante no conjunto normativo.[352]

Como ensina Mendes, o simples fato de o legislador constituinte arrolar os direitos fundamentais já no início da Constituição Federal – e, repita-se, o contraditório e a ampla defesa estão no rol – demonstra que possuem um significado especial e uma posição de destaque.[353]

E o garantismo processual, como enfatiza Lopes Júnior, consiste, exatamente, na proteção desses direitos fundamentais, que são representados por valores, bens e interesses que justificam as existências do direito e do Estado.[354]

Por fim, não se pode olvidar, como afirma Sarlet, que os direitos fundamentais arrolados no artigo 5° da Constituição Federal "correspondem, em princípio, aos clássicos direitos de liberdade, exercendo primordialmente a função de direitos de defesa".[355] São direitos de defesa dos indivíduos frente ao poder estatal, especificamente contra arbítrios que possam advir do Poder Público, provenham eles do Executivo, do Legislativo e, inclusive, do Judiciário.[356]

De acordo com Hesse, os direitos fundamentais, como direitos do homem e do cidadão, são "*direitos de defesa* contra os poderes estatais".[357] Isso significa que o cidadão possui direito a ações negativas do Estado.[358]

Como lembra Vargas, independentemente da definição que se faça sobre os direitos fundamentais, o importante é o destaque que se deve dar para a "autolimitação estatal e as limitações jurídicas à atuação das autoridades".[359]

---

[352] PICÓ i JUNOY, Joan. *Las Garantías Constitucionales del Proceso.* Barcelona: José Maria Bosch Editor, 1997, p. 22.

[353] MENDES, Gilmar. "Os direitos fundamentais e seus múltiplos significados na ordem Constitucional". *Revista Diálogo Jurídico,* Salvador, Centro de Atualização Jurídica, nº 10, jan. 2002. Disponível em: <http://www.direitopublico.com.br> Acesso em: 30.04.07.

[354] LOPES JÚNIOR, *Introdução Crítica ao Processo Penal ...,* p. 45.

[355] SARLET, Ingo Wolfgang. *A Eficácia dos Direitos Fundamentais.* Porto Alegre: Livraria do Advogado, 1998, p. 72. Conforme STEINMETZ, *A Vinculação dos Particulares a Direitos Fundamentais,* p. 64, os direitos de defesa foram concebidos, originalmente, como limites ao poder estatal.

[356] MENDES, artigo citado.

[357] HESSE, op. cit., p. 235.

[358] Como registra STEINMETZ, *Colisão de Direitos Fundamentais e princípio da proporcionalidade,* cit., p. 105, os direitos subjetivos de liberdade frente ao Estado decorrem da teoria liberal (século XVIII), sendo, portanto, direitos de defesa. Cf., ainda, STEINMETZ, *A Vinculação dos Particulares a Direitos Fundamentais,* p. 64-78.

[359] VARGAS, José Cirilo de. *Processo Penal e Direitos Fundamentais.* Belo Horizonte: Del Rey, 1992, p. 28.

Em razão, portanto, do direito de defesa, o Estado não pode impedir ou obstaculizar certas ações, afetar determinadas propriedades ou situações e eliminar algumas posições jurídicas do titular do direito, conforme afirma Alexy.[360]

A seguir, o significado dos princípios constitucionais do contraditório e da ampla defesa, respectivamente.

2.2. O princípio constitucional do contraditório

A Constituição Federal, em seu artigo 5°, inciso LV, assegura aos *litigantes* e aos *acusados em geral* o contraditório e a ampla defesa, *in verbis*: "aos litigantes, em processo judicial ou administrativo, e aos acusados em geral são assegurados o contraditório e a ampla defesa, com os meios e recursos a ela inerentes".

Tais princípios constitucionais são manifestações da garantia do *devido processo legal*,[361] prevista no artigo 5°, inciso LIV, da Magna Carta.[362] Efetivamente, não se pode falar em devido processo legal se não forem observados o contraditório e a ampla defesa.[363]

Alguns doutrinadores sustentam que o contraditório se insere na ampla defesa. Para Bastos, por exemplo, o contraditório é a "exteriorização da própria defesa", cabendo à parte contrária o direito

---

[360] Cf., a respeito, ALEXY, op. cit., p. 189-94.

[361] ARMENTA DEU, Teresa. *Principio Acusatorio y Derecho Penal*. Barcelona: José M.ª Bosch Editor, 1995, p. 70; FERNANDES, op. cit., p. 267. Na mesma linha: SILVA, José Afonso da, op. cit., p. 433; MORAES, Alexandre de. *Direito Constitucional*. 13.ed. São Paulo: Atlas, 2003, p. 123; HOYOS, op. cit., p. 54; SAAD, op. cit., p. 251; ROVEGNO, André. *O Inquérito Policial e os Princípios Constitucionais do Contraditório e da Ampla Defesa*. Campinas: Bookseller, 2005, p. 245; TUCCI, Rogério Lauria; CRUZ E TUCCI, José Rogério. *Constituição de 1988 e Processo*. São Paulo: Saraiva, 1989, p. 60. Na jurisprudência: STJ, RHC 7.568, 6ª Turma, rel. Min. Vicente Leal, j. 09.06.1998, DJU de 29.06.1998, p. 323.

[362] "Art. 5.° Todos são iguais perante a lei, sem distinção de qualquer natureza, garantindo-se aos brasileiros e aos estrangeiros residentes no País a inviolabilidade do direito à vida, à liberdade, à igualdade, à segurança e à propriedade, nos termos seguintes: [...] LIV – ninguém será privado da liberdade ou de seus bens sem o devido processo legal".

[363] TUCCI, Rogério Lauria. *Teoria do Direito Processual Penal: jurisdição, ação e processo penal (estudo sistemático)*. São Paulo: RT, 2002, p. 212. Para LOPES JÚNIOR, Aury Celso Lima. "Direito de Defesa e Acesso do Advogado aos Autos do Inquérito Policial: uma (des)construção jurisprudencial". *Revista Brasileira de Ciências Criminais*, São Paulo, n° 43, abr.-jun. 2003, p. 388, o contraditório e a defesa são os pilares básicos do devido processo legal. De acordo com RANGEL, Paulo. *Direito Processual Penal*. 8.ed. Rio de Janeiro: Lumen Juris, 2004, p. 2-3, trata-se do princípio reitor de todo o arcabouço jurídico processual, sendo condição para o cerceamento de liberdade de alguém ou para a privação de bens que se respeitem todas as formalidades legais. Na mesma linha: NERY JUNIOR, Nelson. *Princípios do Processo Civil na Constituição Federal*. 7.ed. São Paulo: RT, 2002, p. 32.

de oposição, tanto apresentando versão diferente, como fornecendo interpretação diversa da feita pelo autor.[364]

Cretella Júnior, na mesma linha, menciona que a ampla defesa inclui o contraditório e a produção de toda espécie de prova, desde que obtida de maneira lícita.[365]

Outra não é a posição de Ferrajoli, para quem a defesa é um "instrumento de solicitação e controle do método de prova acusatório, consistente precisamente no *contraditório* entre hipótese de acusação e hipótese de defesa", bem como entre as provas e as contraprovas, assugurando a paridade de armas das partes.[366]

Por outro lado, também há quem sustente o contrário, afirmando que o direito de defesa é uma manifestação do contraditório.[367]

Não resta dúvida de que existe uma forte ligação entre esses dois princípios, razão pela qual Grinover, Fernandes e Gomes Filho afirmam o seguinte:

> Defesa e contraditório estão indissoluvelmente ligados, porquanto é do contraditório (visto em seu primeiro momento, da informação) que brota o exercício da defesa; mas é essa – como poder correlato ao de ação – que garante o contraditório. A defesa, assim, garante o contraditório, mas também por este se manifesta e é garantida. Eis a íntima relação e interação da defesa e do contraditório.[368]

Apesar de estarem interligados, prefere-se analisar os princípios em comento distinguindo-os, pois ampla defesa não se confunde com contraditório.[369] Aliás, a própria Constituição Federal os separa.

No processo civil, como ensina Nery Junior, o contraditório impõe que seja dado "conhecimento da existência da ação e de todos os

---

[364] BASTOS, Celso Ribeiro; MARTINS, Ives Gandra. *Comentários à Constituição do Brasil*. 2.ed. São Paulo: Saraiva, 2001, p. 286-7, v. 2. Também na linha de que o contraditório é a exteriorização da ampla defesa: MORAES, op. cit., p. 124.

[365] CRETELLA JÚNIOR, José. *Comentários à Constituição de 1988*. 3.ed. Rio de Janeiro: Forense Universitária, 1997, p. 530 e p. 534, v. I.

[366] FERRAJOLI, Luigi. *Direito e razão: teoria do garantismo penal*. São Paulo: RT, 2002, p. 490.

[367] NERY JUNIOR, op. cit., p. 135.

[368] GRINOVER, Ada Pellegrini; FERNANDES, Antonio Scarance; GOMES FILHO, Antonio Magalhães. *As Nulidades no Processo Penal*. 8.ed. São Paulo: RT, 2004, p. 90. No sentido, ainda, da interligação entre os princípios: TOVO, Paulo Cláudio. "Introdução à principiologia do Processo Penal Brasileiro". In: TOVO, Paulo Cláudio (org.) et al. *Estudos de Direito Processual Penal*. Porto Alegre: Livraria do Advogado, 1995, v. I, p. 16; CARVALHO, Luis Gustavo Grandinetti Castanho de. *O Processo Penal em face da Constituição*. Rio de Janeiro: Forense, 1992, p. 53.

[369] MOURA, Maria Thereza Rocha de Assis; BASTOS, Cleunice A. Valentim. "Defesa Penal: direito ou garantia". *Revista Brasileira de Ciências Criminais*, São Paulo, nº 4, out.-dez. 1993, p. 117; SAAD, op. cit., p. 217. Como consigna FERNANDES, op. cit., p. 266, não existe, apesar de estarem intimamente ligados e serem manifestação do devido processo legal, relação de primazia ou de derivação entre o contraditório e a ampla defesa.

atos do processo às partes, e, de outro, a possibilidade de as partes reagirem aos atos que lhe sejam desfavoráveis".[370]

Ainda no âmbito do processo civil, como observa Fernandes, existem duas orientações acerca da extensão do princípio do contraditório. A primeira delas é no sentido de que se basta assegurar a bilateralidade da audiência. A outra posição, porém, estabelece um conceito restritivo ao contraditório, afirmando que o princípio se expressa pela citação, que é o ato que dá ciência da ação, com a possibilidade que é conferida ao réu de, querendo, se defender.[371]

Tem-se que, no processo civil, efetivamente, a citação válida já satisfaz o princípio do contraditório, porque dá a oportunidade para que o réu, se assim entender, conteste a ação e as provas produzidas pela parte contrária.[372]

Já em matéria penal, entretanto, o contraditório deve ser real, efetivo, sendo tal princípio indisponível. Como registra Nery Junior, se a defesa for, por exemplo, desidiosa, insuficiente, o feito deve ser anulado e deve ser designado novo defensor ao réu.[373]

No processo penal, o princípio do contraditório caracteriza-se, preliminarmente, por assegurar ao sujeito passivo o direito de ser informado sobre a acusação,[374] com o objetivo de que possa oferecer, em um segundo instante, resistência à imputação. Assegura à pessoa apontada como provável autora de uma infração penal o conhecimento acerca da acusação e a possibilidade de reação. Em síntese, o contraditório abrange dois momentos: o direito de informação e a possibilidade de contraposição.

Lopes Júnior refere que, com o contraditório, nasce para o sujeito passivo, após tomar conhecimento da existência e do teor da imputação (direito de informação), a possibilidade de resistência "à pretensão investigatória e coercitiva estatal".[375]

---

[370] NERY JUNIOR, op. cit., p. 137.

[371] FERNANDES, op. cit., p. 60-1.

[372] TUCCI e CRUZ E TUCCI, op. cit., p. 62; NERY JUNIOR, op. cit., p. 138-9.

[373] NERY JUNIOR, op. cit., p. 137. No mesmo sentido: TUCCI e CRUZ E TUCCI, op. cit., p. 62.

[374] Como lembra LOPES JÚNIOR, Aury Celso Lima. *Sistemas de Investigação Preliminar no Processo Penal.* 4.ed. Rio de Janeiro: Lumen Juris, 2006, p. 325, o sujeito passivo possui o direito de ser comunicado "da existência e do conteúdo da imputação".

[375] LOPES JÚNIOR, *Sistemas de Investigação Preliminar ...*, p. 325. Para o autor, o contraditório "conduz ao direito de audiência e às alegações mútuas das partes na forma dialética", razão pela qual se relaciona com o princípio do *audiatur et altera pars* (LOPES JÚNIOR, Aury Celso Lima. *Introdução Crítica ao Processo Penal.* 2.ed. Rio de Janeiro: Lumen Juris, 2005, p. 219). É, conforme ensina, "o direito de ser informado e de participar do processo" (idem, p. 222).

Para Choukr, o contraditório deve ser compreendido pelo binômio *ciência* e *participação*. Primeiramente, existe a necessidade de as partes serem comunicadas sobre a execução de um certo ato processual, sendo facultada, a partir de então, a possibilidade de manifestação (participação).[376]

No direito brasileiro, aliás, já ensinava Almeida que o princípio do contraditório significava "ciência bilateral dos atos e termos processuais e possibilidade de contrariá-los".[377]

Verifica-se que há, então, a obrigatoriedade de informação e a possibilidade de reação. Essa é a linha que a doutrina nacional vem seguindo até hoje.[378]

Assim, como consigna Fernandes, "são elementos essenciais do contraditório a necessidade de informação e a possibilidade de reação". De acordo com ele, o princípio se caracteriza pelo fato de oportunizar a uma das partes contrariar os atos praticados pela que está em lado oposto na relação processual.[379]

Mas o contraditório não se limita à necessidade de se cientificar uma das partes com relação aos atos praticados pela outra. O princípio também impõe que se dê ciência às partes sobre os atos realizados pelo juiz.[380]

Já para Oliveira, além de o contraditório assegurar o que chama de *participação*, garantia consubstanciada no direito à informação e na possibilidade de reação sobre "fato ou alegação contrária ao interesse das partes", o princípio também exige a paridade de armas (*par conditio*).[381] Ou, de acordo com Nogueira, para se assegurar às partes a igualdade de direitos, deveres e opurtunidades (*audiatur et altera pars*).[382]

---

[376] CHOUKR, op. cit., p. 111.

[377] ALMEIDA, Joaquim Canuto Mendes de. *Princípios Fundamentais do Processo Penal*. São Paulo: RT, 1973, p. 82. Para o autor, o contraditório é a "ciência, que a cada litigante deve ser dada, dos atos praticados pelo contendor. Estimulado pela notícia desses atos é que, conhecendo-os, o interessado em contrariá-los pode efetivar essa contrariedade" (idem, p. 79).

[378] Vejam-se, entre outros: GOMES FILHO, Antonio Magalhães. *Direito à Prova no Processo Penal*. São Paulo: RT, 1997, p. 137; DINAMARCO, Cândido Rangel. *A Instrumentalidade do Processo*. 9.ed. São Paulo: Malheiros, 2001, p. 135.

[379] FERNANDES, op. cit., p. 58 e p. 63.

[380] Nesse sentido: CINTRA, Antônio Carlos de Araújo; GRINOVER, Ada Pellegrini; DINAMARCO, Cândido Rangel. *Teoria Geral do Processo*. 17.ed. São Paulo: Malheiros, 2001, p. 56.

[381] OLIVEIRA, Eugênio Pacelli de. *Curso de Processo Penal*. 4.ed. Belo Horizonte: Del Rey, 2005, p. 20. Com posição idêntica: DINAMARCO, op. cit., p. 129.

[382] NOGUEIRA, Carlos Frederico Coelho. *Comentários ao Código de Processo Penal*. São Paulo: Edipro, 2002, v. 1, p. 130.

Com enfoque semelhante, lembra Pedroso que a amplitude do contraditório abrange a noção de bilateralidade e equilíbrio processual. Dessa forma, tendo em vista o princípio da isonomia ou da igualdade, deve ser conferido ao réu "o direito de atuar probatoriamente, em face do que alega, em igualdade de condições com o órgão estatal acusatório".[383]

Partindo da premissa de que o contraditório pressupõe a prévia informação, Corrêa, ademais, registra que não é suficiente assegurar-se somente a audiência bilateral, sendo necessário, pois, garantir-se às partes idênticas chances com relação "à produção e utilização das provas e o mesmo acesso às informações que constem no processo" (paridade de armas).[384]

Analisando o princípio do contraditório, Oliveira faz uma ressalva importante, que deve ser observada no processo penal. De acordo com ele, o contraditório impõe ao juiz a oitiva das partes antes de escolher a norma jurídica aplicável ao caso. Assim, salientando-se o aspecto de cooperação das partes com o juiz e vice-versa, o contraditório não se esgota na ciência bilateral e na possibilidade de contrariá-los, "mas faz também depender a própria formação dos provimentos judiciais da efetiva participação das partes".[385]

Já Vargas expõe que o contraditório compreende a igualdade das partes, o direito de ser ouvido em juízo antes da decretação de uma prisão preventiva, a citação, a correlação entre acusação e sentença e a inadmissibilidade das provas obtidas por meios ilícitos.[386]

É importante registrar que se concorda apenas em parte com o autor. De fato, assegurar a paridade entre as partes é uma decorrência lógica do princípio do contraditório. Contudo, não se vê como possível a oitiva de alguém antes da decretação de uma segregação provisória, por ser uma medida de difícil execução, por permitir, ao menos em tese, um aumento no número de fugas dos acusados e por ser inócua. Se alguém for chamado em juízo, deve saber em que condição irá comparecer. Dessa forma, estando o acusado ciente, de antemão, de que o juiz irá analisar se poderá ficar preso, não atenderá ao chamamento e, provavelmente, frustrará a aplicação, se for

---

[383] PEDROSO, Fernando de Almeida. *Processo Penal, o Direito de Defesa: Repercussão, Amplitude e limites*. Rio de Janeiro: Forense, 1986, p. 18.

[384] CORRÊA, Cristiane da Rocha. "O princípio do contraditório e as provas irrepetíveis no inquérito policial". *Revista Brasileira de Ciências Criminais*, São Paulo, nº 60, jun. 2006, p. 228-9.

[385] OLIVEIRA, Carlos Alberto Álvaro de. "A Garantia do Contraditório". *Revista da AJURIS*, Porto Alegre, nº 74, nov. 1998, p. 113-5.

[386] VARGAS, op. cit., p. 147.

o caso, da lei penal.[387] Além disso, o direito de ser ouvido, como se verá no tópico seguinte, não é decorrência do contraditório, mas da ampla defesa.

À luz do exposto, afirma-se que o contraditório, no processo penal, consiste na comunicação da existência e do conteúdo da imputação e na possibilidade de resistência, através da busca das provas de descargo.[388]

Porém, tal princípio não se limita à defesa, ainda que se dê uma maior ênfase a esse aspecto neste livro. Levando-se em consideração, então, tanto a acusação, quanto à defesa, o contraditório é a possibilidade que as partes possuem, após serem devidamente informadas sobre os procedimentos adotados pela parte contrária, para a realização de pedidos, de argumentação e impugnação desses atos.[389] Afinal, não seria justo admitir-se que o Ministério Público não fosse cientificado acerca dos atos praticados pela defesa. Sem isso, estar-se-ia retirando do órgão de acusação a possibilidade de contrariar os atos realizados pela parte contrária.[390]

Como consigna Coutinho, o contraditório se traduz "na necessidade de se dar às partes a possibilidade de exporem suas razões e requererem a produção das provas que julgarem importantes para a solução do caso penal".[391]

Isso significa que, sobre qualquer manifestação de uma das partes, deverá ser ouvida a parte contrária.[392] Como ensina Scartezzini, o núcleo do contraditório é o *due process of law*, tendo em vista que se permite a uma das partes "externar seu pensamento em face das alegações da parte contrária".[393]

---

[387] Outras dúvidas surgem: esse primeiro chamamento seria feito através de citação, antes mesmo da abertura do processo penal? De outro lado, como essa pessoa seria levada à presença da autoridade judicial, caso não atendesse ao chamamento? Haveria condução coercitiva – medida que restringe a liberdade de locomoção e que, em última análise, já é prisão? Em tal hipótese, já haveria prisão provisória antes da oitiva do acusado da prática de uma infração penal. Na realidade, o que se deve evitar é a banalização das prisões provisórias como se fossem a única solução para os problemas referentes à criminalidade.

[388] LOPES JÚNIOR, *Sistemas de Investigação Preliminar ...*, p. 325-6.

[389] Também nesse sentido: ROVEGNO, op. cit., p. 248.

[390] Nesse sentido: FERNANDES, op. cit., p. 62-3.

[391] COUTINHO, artigo citado, p. 43.

[392] LIMA, Marcellus Polastri. *Curso de Processo Penal*. 2.ed. Rio de Janeiro: Lumen Juris, 2006, v. I, p. 48.

[393] SCARTEZZINI, Ana Maria Goffi Flaquer. "O Prazo Razoável para a Duração dos Processos e a Responsabilidade do Estado pela Demora na Outorga da Prestação Jurisdicional". In: WAMBIER, Teresa Arruda Alvim *et al.* (org.). *Reforma do Judiciário*. São Paulo: RT, 2005, p. 44.

Um outro aspecto referente ao princípio sob análise também merece comentário. Existem algumas situações em que são colhidas provas definitivas no curso do inquérito policial e que, por razões lógicas, não é possível assegurar-se contrariedade no instante da produção. Como exemplo, cita-se a necessidade de se realizar uma perícia quando a polícia judiciária ainda não possui sequer suspeito de autoria ou a gravação de conversas através de interceptação telefônica. Essas provas, afinal, mesmo sem a participação da defesa, serão válidas em juízo? Ou existe ofensa ao princípio do contraditório?

Em resposta a esses questionamentos, pretende-se apresentar algumas sugestões nos dois capítulos seguintes, visando a assegurar, quando possível, uma maior participação da defesa. Todavia, por ora, é importante salientar o que menciona a doutrina, em linhas gerais, sobre o assunto.

Gomes Filho explica que a participação ativa, na segunda etapa do contraditório (reação), pode ser preventiva, em que se debate a oportunidade de realização de certo ato; concomitante, cuja manifestação ocorre através da atuação durante a prática do ato; e posterior, quando se questiona, após a prática do ato, por exemplo, a valoração de alguma prova já produzida (contraditório diferido).[394]

Para Nogueira, o contraditório se divide em duas espécies. A primeira delas seria o que chama de *contraditório real* e se refere à participação das partes no momento em que a prova é produzida. Já a segunda, também possível à luz da CF, é o *contraditório diferido*, que será realizado posteriormente ao ato de produção da prova.[395]

Assim, com relação a algumas provas definitivas que são colhidas durante a investigação criminal, o contraditório se faz de forma postergada, cabendo às partes impugnarem em juízo os laudos periciais elaborados na etapa pré-processual.[396]

Em virtude disso, Corrêa afirma que, nas perícias que chama de *absolutamente irrepetíveis* (exames em locais de crime ou de acidentes automobilísticos, por exemplo) e nas *relativamente irrepetíveis*, quando houver o risco de desaparecerem os vestígios (lesão corporal na vítima, *verbi gratia*), a prova pericial deve ser realizada durante a investigação criminal imediatamente e os debates sobre a sua forma

[394] GOMES FILHO, op. cit., p. 138-9.

[395] NOGUEIRA, op. cit., p. 133-4.

[396] CABETTE, Eduardo Luiz Santos. "O papel do Inquérito Policial no sistema acusatório – o modelo brasileiro". *Revista Brasileira de Ciências Criminais*, São Paulo, nº 35, jul.-set. 2001, p. 194, afirma que o inquérito policial "produz verdadeiras provas onde o contraditório é 'diferido' ou 'posticipado' (ex. perícias, apreensões, reconhecimentos etc.)".

e o seu conteúdo serão feitos de maneira postergada, em juízo (contraditório diferido).[397]

O mesmo raciocínio deve ser usado no caso de investigações criminais levadas a cabo mediante interceptação telefônica. Nessas hipóteses, igualmente, em virtude do necessário sigilo que deve existir, sob pena de vazamento de informações e de se frustrar a própria elucidação de uma aparente infração penal, o contraditório será assegurado mais adiante (contraditório diferido).[398]

Hoje, é dominante na doutrina a idéia de que não há ofensa à CF o exercício do contraditório, nas situações referidas, de forma postergada.[399]

2.3. O princípio constitucional da ampla defesa

O direito à ampla defesa também está previsto no mesmo dispositivo constitucional (art. 5°, inciso LV, da CF) que assegura o contraditório. Além disso, o direito à defesa se encontra estabelecido no art. 8°, item 2, da Convenção Americana dos Direitos Humanos, que ficou conhecida como Pacto de São José da Costa Rica e foi incorporada ao direito brasileiro pelo Decreto Federal 678/92.[400]

---

[397] CORRÊA, op. cit., p. 245-6. Em outras hipóteses, contudo, a autora apresenta sugestões diversas, que serão arroladas no capítulo seguinte, quando se abordar a participação do advogado na perícia.

[398] Nessa linha: ABADE, Denise Neves. "Direito de acesso aos autos no processo penal: breve análise crítica". *Revista Brasileira de Ciências Criminais*, São Paulo, nº 57, dez. 2005, p. 145-7. De acordo com PRADO, op. cit., p. 122, deve haver nesses casos o contraditório diferido para que os atos de investigação se revistam de validade jurídica.

[399] A título de ilustração, além dos doutrinadores já citados: SAAD, op. cit., p. 329; FERNANDES, op. cit., p. 65; ROVEGNO, op. cit., p. 263-4; NOGUEIRA, op. cit., p. 133-4 e p. 321; CINTRA, GRINOVER e DINAMARCO, op. cit., p. 57; DINAMARCO, op. cit., p. 133.

[400] Estabelece o art. 8º, item 2, do Decreto 678/1992, o seguinte: "[...]. Durante o processo, toda pessoa tem direito, em plena igualdade, às seguintes garantias mínimas: [...]; b) comunicação prévia e pormenorizada ao acusado da acusação formulada; c) concessão ao acusado do tempo e dos meios adequados para a preparação de sua defesa; d) direito do acusado de defender-se pessoalmente ou de ser assistido por um defensor de sua escolha e de comunicar-se, livremente e em particular, com seu defensor; e) direito irrenunciável de ser assistido por um defensor proporcionado pelo Estado, remunerado ou não, segundo a legislação interna, se o acusado não se defender ele próprio nem nomear defensor dentro do prazo estabelecido pela lei; f) direito da defesa de inquirir as testemunhas presentes no tribunal e de obter o comparecimento, como testemunhas ou peritos, de outras pessoas que possam lançar luz sobre os fatos. g) direito de não ser obrigado a depor contra si mesma, nem a declarar-se culpada; e h) direito de recorrer da sentença para juiz ou tribunal superior".

No processo penal, a ampla defesa consubstancia-se sob dois aspectos: a defesa técnica e a autodefesa.[401] O direito de defesa compreende, dessarte, a assistência de letrado, constituído livremente pelo acusado ou nomeado de ofício, que caracteriza a defesa técnica, e a possibilidade de o imputado defender-se pessoalmente.[402]

Defesa técnica, também chamada de defesa pública, é aquela exercida por advogado, profissional habilitado em Direito para proteger os interesses dos acusados da prática de infração penal, com poderes postulatórios,[403] e indispensável à administração da justiça, conforme dispõe o art. 133 da CF.[404]

Tal garantia é indisponível, indeclinável, por ser uma condição de igualdade de armas entre acusação e defesa.[405] Além disso, implica a escolha pelo acusado de advogado de sua confiança.[406]

Esse direito que o acusado possui de constituir um profissional para a sua defesa, que se poderia designar de assistência letrada, tem as finalidades precípuas de garantir uma atuação mais conveniente para seus direitos e interesses jurídicos e de assegurar uma igualdade entre as partes.[407]

A autodefesa,[408] por sua vez, outra etapa do direito de defesa, é renunciável[409] e pode ser dividida em positiva e negativa.

---

[401] SAAD, op. cit., p. 225-9; FERNANDES, op. cit., p. 270; COUCEIRO, João Cláudio. *A Garantia Constitucional do Direito ao Silêncio*. São Paulo: RT, 2004, p. 21; GRINOVER *et al.*, op. cit., p. 92; TOVO, "Introdução à principiologia do Processo Penal Brasileiro", cit., p. 14; MOURA e BASTOS, op. cit., p. 115; ROVEGNO, op. cit., p. 271.

[402] PICÓ i JUNOY, op. cit., p. 103.

[403] SAAD, op. cit., p. 227; PEDROSO, op. cit., p. 21.

[404] "Art. 133. O advogado é indispensável à administração da justiça, sendo inviolável por seus atos e manifestações no exercício da profissão, nos limites da lei".

[405] Cf. GRINOVER et al., op. cit., p. 93; LOPES JÚNIOR, *Sistemas de Investigação Preliminar ...*, p. 329; FERNANDES, op. cit., p. 272; SAAD, op. cit., p. 227; COUCEIRO, op. cit., p. 21; MOURA e BASTOS, op. cit., p. 115.

[406] GRINOVER *et al.*, op. cit., p. 93.

[407] PICÓ i JUNOY, op. cit., p. 106.

[408] Denominada, igualmente, de defesa privada ou pessoal (LOPES JÚNIOR, *Sistemas de Investiga-ção Preliminar ...*, p. 329; PICÓ i JUNOY, op. cit., p. 103), de defesa genérica (MOURA e BASTOS, op. cit., p. 115) ou de defesa material (SAAD, op. cit., p. 226). PEDROSO, op. cit., p. 21, no entanto, distingue a autodefesa da defesa pessoal. Segundo ele, a autodefesa acontece quando o réu possui habilitação técnico-jurídica e "postula e debate em causa própria" (patrocínio próprio). Já a defesa pessoal ocorre quando o acusado faz manifestações "no decorrer da relação processual penal" (sendo ouvido ou juntando documentos, p. ex.).

[409] LOPES JÚNIOR, *Sistemas de Investigação Preliminar ...*, p. 337; FERNANDES, op. cit., p. 280; SAAD, op. cit., p. 227; COUCEIRO, op. cit., p. 21; MOURA e BASTOS, op. cit., p. 115. Necessário mencionar que a autodefesa somente é renunciável pelo acusado, não significando que seja ela dispensada pelo magistrado.

Por autodefesa positiva se entende o direito que o acusado possui de comparecer pessoalmente aos atos processuais (direito de presença) e de ser interrogado (direito de audiência).

Novamente o magistério de Grinover, Fernandes e Gomes Filho, ao explicarem os direitos de audiência e de presença:

> O primeiro traduz-se na possibilidade de o acusado influir sobre a formação do convencimento do juiz mediante o interrogatório. O segundo manifesta-se pela oportunidade de tomar ele posição, a todo momento, perante as alegações e as provas produzidas, pela imediação com o juiz, as razões e as provas.[410]

Fernandes acrescenta, ainda, o direito de postular pessoalmente como uma terceira garantia da autodefesa positiva.[411]

Por outro lado, a autodefesa negativa consubstancia-se no direito ao silêncio, que engloba a garantia maior de que ninguém é obrigado a fazer prova contra si mesmo.[412] O direito ao silêncio é uma manifestação do princípio *nemo tenetur se deterege*. Isso significa, conforme Lopes Júnior, que o "sujeito passivo não pode sofrer nenhum prejuízo jurídico por omitir-se de colaborar em uma atividade probatória de acusação".[413]

Na Argentina, usam-se as expressões *defensa material* e *defensa técnica* para designar, respectivamente, as explicações prestadas pelo imputado no interrogatório judicial ou policial e o assessoramento jurídico prestado ao acusado por advogado.[414]

Para Tucci, a ampla defesa abrange o direito de informação (*nemo inauditus damnari potest*), a bilateralidade de audiência (contrariedade) e o direito à prova legitimamente obtida ou produzida.[415] Vê-se, assim, que o autor também insere o contraditório na ampla defesa, única ressalva que se faz a essa definição.

De acordo com Pedroso, a defesa é o direito insofismável que o acusado tem de se opor à pretensão do autor, visando a proteger a tutela jurídica de interesses do réu, "pelas vias da tutela jurisdicional".[416]

---

[410] GRINOVER *et al.*, op. cit., p. 93.

[411] FERNANDES, op. cit., p. 281.

[412] Para uma análise mais aprofundada sobre o assunto, cf. COUCEIRO, op. cit., que estuda especificamente o direito ao silêncio.

[413] LOPES JÚNIOR, *Sistemas de Investigação Preliminar ...*, p. 343.

[414] EDWARDS, Carlos Enrique. *El defensor técnico en la prevención policial.* Buenos Aires: ASTREA, 1992, p. 7-8.

[415] TUCCI, *Teoria do Direito Processual Penal ...*, p. 212-3. Na mesma linha: TUCCI e CRUZ E TUCCI, op. cit., p. 61; SAAD, op. cit., p. 215.

[416] PEDROSO, op. cit., p. 14.

Vargas, por sua vez, faz uma classificação curiosa, partindo da premissa de que grande parte da doutrina confunde contraditório e ampla defesa. Para ele, a ampla defesa compreenderia as intimações, as motivações das decisões judiciais, a individualização da pena, o duplo grau de jurisdição, a personalidade de responsabilidade penal e, por ser sua obra anterior a recentes reformas que ocorreram na legislação processual penal, a necessidade de se nomear curador ao acusado e ao indiciado.[417]

No magistério de Oliveira, a ampla defesa assegura, além da defesa técnica e da autodefesa, uma defesa efetiva e realizada "por qualquer meio de prova hábil para demonstrar a inocência do acusado".[418]

Imperioso que se refira, ainda, que a defesa sofre limites, não podendo ser irrestrita. Deve ser realizada dentro dos parâmetros legais. Dessa forma, se o acusado pratica, por exemplo, um fato típico que atinja bens jurídicos de outras pessoas, que sejam tutelados penalmente, deverá responder pelo delito.[419]

A par dos argumentos apresentados, o direito à defesa se consubstancia, em síntese, na necessidade de defesa técnica e na possibilidade de autodefesa.[420] A defesa, pois, no âmbito processual penal, é elemento fundamental à justiça, tendo como finalidade principal a preservação dos direitos do acusado frente a "tratamento injusto e inadequado".[421]

Analisados os princípios do contraditório e da ampla defesa, passa-se a verificar, na seqüência, as implicações que produzem na investigação preliminar.

---

[417] VARGAS, op. cit., p. 147.

[418] OLIVEIRA, Eugênio Pacelli de, op. cit., p. 22.

[419] Ensinam MOURA e BASTOS, op. cit., p. 119, que o acusado, se cometer fatos típicos que acarretem ofensa a bens jurídicos de outros indivíduos que não estejam vinculados com o processo, deverá ser punido pela prática de ato criminoso. Todavia, se os atos não produzirem efeitos fora do processo, ainda que criminosos, não gerarão responsabilidades ao acusado na esfera penal, haja vista que agirá sob abrigo da "descriminante do exercício regular de direito".

[420] LIMA, op. cit., p. 47.

[421] MOURA e BASTOS, op. cit., p. 113.

3. O contraditório e o inquérito policial

A doutrina nacional, principalmente em razão da ausência de partes na fase preliminar, ainda é majoritária em afirmar que não se aplica o princípio constitucional do contraditório durante o inquérito policial.[422]

Para Silveira, as investigações criminais não se submetem, em virtude da própria natureza, ao contraditório e à ampla defesa, postulados que são reservados aos acusados na fase judicial.[423]

Afirma Salles Júnior que o princípio do contraditório é próprio do processo penal, única fase em que existem partes (acusação e defesa), motivo pelo qual não se aplica na fase preliminar.[424]

Parecido é o pensamento de Coutinho, autor que expõe que a regra constitucional que assegura o contraditório somente se aplica quando houver processo, não incidindo tal princípio durante o inquérito policial.[425]

---

[422] Nessa linha, além dos autores que serão referidos no decorrer do texto: RANGEL, Paulo. *Direito Processual Penal*. 8.ed. Rio de Janeiro: Lumen Juris, 2004, p. 16-7 e p. 71; LIMA, Marcellus Polastri. *Curso de Processo Penal*. 2.ed. Rio de Janeiro: Lumen Juris, 2006, v. I, p. 74 e p. 97; SAAD, Marta. *O Direito de Defesa no Inquérito Policial*. São Paulo: RT, 2004, p. 218; PÊCEGO, Antônio José F. de S. "Polícia Judiciária: Persecução Penal, Defesa e Sigilo". *Boletim do IBCCRIM*, São Paulo, nº 88, mar. 2000, p. 9; FERNANDES, Antonio Scarance. *Processo Penal Constitucional*. 3.ed. São Paulo: RT, 2002, p. 64; NOGUEIRA, Carlos Frederico Coelho. *Comentários ao Código de Processo Penal*. São Paulo: Edipro, 2002, v. 1, p. 130-3.

[423] SILVEIRA, José Néri. "Aspectos do Inquérito Policial na Jurisprudência do Supremo Tribunal Federal". *Revista da Associação dos Delegados de Polícia do Estado de São Paulo*, São Paulo, nº 21, set. 1996, p. 11.

[424] SALLES JÚNIOR, Romeu de Almeida. *Inquérito Policial e Ação Penal*. 7.ed. São Paulo: Saraiva, 1998, p. 7.

[425] COUTINHO, Jacinto Nelson de Miranda. "O Sigilo do Inquérito Policial e os Advogados". *Revista Brasileira de Ciências Criminais*, São Paulo, nº 18, abr.-jun. 1997, p. 132. Do mesmo autor: "O Papel do Novo Juiz no Processo Penal". In: COUTINHO, Jacinto Nelson de Miranda (coord.). *Crítica à Teoria Geral do Direito Processual Penal*. Rio de Janeiro e São Paulo: Renovar, 2001, p. 41.

Tourinho Filho também adverte que, por não existir acusação na investigação criminal, o contraditório é inaplicável em tal etapa, devendo ser considerado apenas em juízo.[426]

Marques, seguindo a mesma postura, sustenta que não se poderia "tolerar um inquérito contraditório, sob pena de fracassarem as investigações policiais", principalmente em situações de difícil elucidação. Para ele, uma investigação com contraditório "seria uma verdadeira aberração, pois inutilizaria todo o esforço investigatório que a polícia deve realizar para a preparação da ação penal".[427]

Para Moraes, o inciso LV do art. 5° da CF, que assegura o contraditório e a ampla defesa aos litigantes e aos acusados em geral, em processo administrativo, somente se aplica aos processos administrativos *stricto sensu*, mas não ao inquérito policial, pois a Constituição não faz qualquer menção a tal expediente de investigação.[428]

Carvalho também refere que, por não se proferir nos autos do inquérito policial "alguma decisão meritória administrativa" e que a finalidade do procedimento investigativo "não se encerra em si mesmo", deve prevalecer a sua natureza inquisitiva (não contraditória).[429]

Semelhante tem sido, igualmente, a posição jurisprudencial.[430] Inclusive, encontram-se decisões do STF no sentido de que a investigação criminal, em razão de sua característica inquisitorial e de seu caráter informativo, não é contraditável por natureza.[431]

Com relação à admissibilidade em juízo de provas definitivas que são colhidas durante o inquérito policial, como as perícias, por

[426] TOURINHO FILHO, Fernando da Costa. *Processo Penal*. 25.ed. São Paulo: Saraiva, 2003, v. 1, p. 48. Ainda, do mesmo autor: *Prática de Processo Penal*. 18.ed. Saraiva: São Paulo, 1996, p. 3.

[427] MARQUES, José Frederico. *Elementos de Direito Processual Penal*. Campinas: Bookseller, 1998, v. 1, p. 151-2.

[428] MORAES, Bismael B. "O Inquérito Policial é o Vilão no Direito Brasileiro?". *Revista Brasileira de Ciências Criminais*, São Paulo, n° 28, out.-dez. 1999, p. 260-1.

[429] CARVALHO, Luis Gustavo Grandinetti Castanho de. *O Processo Penal em face da Constituição*. Rio de Janeiro: Forense, 1992, p. 65.

[430] A título de ilustração: STJ, RMS 16.665/PR, 5ª Turma, rel. Min. Arnaldo Esteves Lima, j. 14.03.2006, DJU de 14.08.2006, p. 301; STJ, RMS 15.167/PR, 5ª Turma, rel. Min. Felix Fischer, j. 03.12.2002, DJU de 10.03.2003, p. 253; STJ, RHC 1.393/RJ, 5ª Turma, rel. Min. Assis Toledo, j. 02.09.1991, DJU de 23.09.1991, p. 13.088; TJRS, RSE 70011850542, 3ª Câmara Criminal, rel. Des. Newton Brasil Leão, j. 13.10.2005, *Revista de Jurisprudência do TJRS*, n° 256, ago. 2006, p. 88; TJRS, Apelação Crime 70003190857, 2ª Câmara Criminal, rel. Des. José Antônio Cidade Pitrez, j. 20.06.2002.

[431] Nessa esteira: STF, RE 136239/SP, 1ª Turma, rel. Min. Celso de Mello, j. 07.04.1992, DJU de 14.08.1992, p. 12.227; STF, HC 55.447/RJ, 1ª Turma, rel. Min. Antonio Neder, j. 30.08.1977, DJU de 16.09.1977, p. 62.811.

exemplo, aceita-se na doutrina, como visto no capítulo anterior, o contraditório diferido, cabendo às partes, na etapa judicial, impugnarem os laudos periciais. Com o advento da Lei 11.690/08, aliás, está expresso na nova redação do art. 155 do CPP que o juiz pode fundamentar sua decisão em "provas cautelares, não repetíveis e antecipadas", ainda que não produzidas sob crivo do contraditório na fase policial.

Sabida e efetivamente, não existem partes na etapa pré-processual. No entanto, faz-se imperiosa a aplicação do direito à informação, primeiro momento do contraditório, nessa fase de persecução penal, pelas razões que se passa a expor, assim como uma adaptação do modelo vigente no CPP à CF.[432]

A Constituição Federal, no artigo 5°, no referido inciso LV, assegura a ampla defesa e o contraditório aos litigantes, em processo judicial ou administrativo, e aos acusados em geral.

Em princípio, como o texto constitucional usa as expressões *processo* e *acusado*, poder-se-ia chegar à conclusão precipitada de que o inciso citado não se aplicaria ao inquérito policial, *procedimento* em que não existem *acusados*, mas *indiciados*.

Todavia, trata-se de um direito fundamental que não deve sofrer interpretação restritiva,[433] mormente por se estar diante de uma fase repleta de significação e em que pode ser restringida a liberdade de locomoção do investigado a qualquer momento.

A confusão terminológica entre *processo* e *procedimento* é tradição no Direito brasileiro. O próprio texto constitucional, quando faz alusão a *procedimento administrativo*, fala em "processo administrativo".[434]

Segundo Lopes Júnior, a CF confunde, terminologicamente, *processo e procedimento*. Assim, afirma o autor que a circunstância de o texto constitucional "falar em processo administrativo quando deveria ser procedimento" não pode obstar a aplicação dos princípios referidos na fase do inquérito policial.[435]

---

[432] Segundo PRADO, Geraldo. *Sistema Acusatório. A Conformidade Constitucional das Leis Processuais Penais.* 3.ed. Rio de Janeiro: Lumen Juris, 2005, p. 47, à medida que a CF traz a opção de tutelar os direitos fundamentais, a "estrutura processual penal daí derivada" deve observar, estritamente, os valores estabelecidos no texto constitucional.

[433] LOPES JÚNIOR, Aury Celso Lima. *Sistemas de Investigação Preliminar no Processo Penal.* 4.ed. Rio de Janeiro: Lumen Juris, 2006, p. 351.

[434] TUCCI, Rogério Lauria. "A Polícia Civil e o Projeto de Código de Processo Penal". In: MORAES, Bismael B. (Coord.). *A Polícia à Luz do Direito.* São Paulo: RT, 1991, p. 114.

[435] LOPES JÚNIOR, *Sistemas de Investigação Preliminar ...*, p. 329 e p. 352.

Essa não é uma peculiaridade, a propósito, somente do texto constitucional. Verificando-se a própria Exposição de Motivos do CPP, vê-se que é usada a expressão *processo preliminar* quando se faz referência, no item IV, ao inquérito policial.

De acordo com Saad, não existe diferença substancial entre processo e procedimento. Para a autora, "processo é entidade abstrata, que sempre se corporifica em um procedimento".[436]

Para Mello, na prática, existe uma equivalência entre os termos *processo* e *procedimento administrativo*, que significam uma "sucessão itinerária e encadeada de atos administrativos que tendem, todos, a um resultado final e conclusivo".[437]

Partindo-se dessa premissa e levando-se em consideração que o STF, recentemente, editou súmula vinculante afirmando que o contraditório e a ampla defesa, em regra, são aplicáveis aos processos administrativos perante o TCU,[438] não haveria sentido em se afastar a incidência dos princípios sob análise no procedimento administrativo de investigação criminal.

Poder-se-ia, neste instante, questionar se é possível buscar-se amparo em outras áreas do Direito para se ver se o contraditório e a defesa são aplicáveis na fase preliminar, especialmente para se verificar se a *teoria geral do processo* pode auxiliar no encontro de uma solução. Para isso, deve-se definir, sinteticamente, o que é a denominada *teoria geral do processo.*

Cintra, Grinover e Dinamarco reconhecem, como ponto de partida para se posicionarem a favor de uma teoria geral do processo, que há princípios que possuem implicações distintas nos processos civil e criminal. Citam como exemplos a indisponibilidade da ação e a verdade real, que vigoram no processo penal, e a disponibilidade e a verdade formal, que prevalecem no processo civil.

---

[436] SAAD, op. cit., p. 245. Lembra a autora que sempre se utilizou, no Brasil, o equivocado critério do contraditório para diferenciar processo de procedimento. DINAMARCO, op. cit., p. 126 e p. 132-3, a título de ilustração, afirma que o *processo* é "o procedimento realizado em contraditório". Todavia, assiste razão a SAAD, op. cit., p. 243, quando sustenta que, havendo estrutura dialética, se estará diante de um processo; caso contrário, falar-se-á em procedimento.

[437] MELLO, Celso Antonio Bandeira de. *Curso de Direito Administrativo*. 16.ed. São Paulo: Malheiros, 2003, p. 442. Segundo o autor, porém, o termo *procedimento*, tecnicamente, deveria significar a "modalidade ritual de cada processo" (idem, p. 443).

[438] Eis o verbete da Súmula Vinculante n° 3: "Nos processos perante o Tribunal de Contas da União asseguram-se o contraditório e a ampla defesa quando da decisão puder resultar anulação ou revogação de ato administrativo que beneficie o interessado, excetuada a apreciação da legalidade do ato de concessão inicial de aposentadoria, reforma e pensão". Todavia, o STF, posteriormente, na Súmula Vinculante nº 5, afirmou que "a falta de defesa técnica por advogado no processo administrativo disciplinar não ofende a Constituição".

Por outro lado, afirmam que também existem princípios que têm a mesma aplicação nos processos civil, trabalhista e penal, como a imparcialidade do juiz, o contraditório e a livre convicção. Assim, sustentam que as disposições contidas na CF permitem a elaboração de uma teoria geral do processo, aplicável, igualmente, na área criminal.[439]

Dinamarco define a teoria geral do processo como um "sistema de conceitos e princípios elevados ao grau máximo de generalização útil e condensados indutivamente a partir do confronto dos diversos ramos do direito processual".[440] Ainda que reconheça que o processo penal está baseado na "tensão representada pelo binômio liberdade-repressão", fator que o diferencia do processo civil, relata o autor que existem notas comuns entre eles, como a inércia da jurisdição, as partes em oposição, a sujeição a um juiz imparcial e uma série de garantias, circunstâncias que permitem a construção de uma teoria geral do processo, aplicável, inclusive, ao processo criminal.[441]

Não obstante, outros doutrinadores, como se passa a expor, em virtude das características específicas no campo criminal, são contrários à idéia de que sejam aplicadas ao processo penal, mecanicamente, as construções da teoria geral do processo.

Lopes Júnior, por exemplo, registra que se deve evitar a transmissão, automaticamente, das categorias do processo civil para o penal, que possui peculiaridades próprias e que deve ser baseado pelas garantias do contraditório e da ampla defesa.[442]

Giacomolli também registra que existem diferenças entre os processos civil e penal. Para o autor, o processo civil é orientado pelo princípio do dispositivo, tendo em vista que "estão em jogo interesses particulares ou bens jurídicos dos litigantes", podendo a controvérsia, inclusive, ser resolvida por órgão não-estatal, como ocorre na arbitragem. Por outro lado, no processo penal, a relação que acontece entre a pretensão e a condenação é regida pelos princípios acusatório, do contraditório e da defesa, vigendo o princípio da oficialidade.[443]

---

[439] CINTRA, Antônio Carlos de Araújo; GRINOVER, Ada Pellegrini; DINAMARCO, Cândido Rangel. *Teoria Geral do Processo.* 17.ed. São Paulo: Malheiros, 2001, p. 51.

[440] DINAMARCO, Cândido Rangel. *A Instrumentalidade do Processo.* 9.ed. São Paulo: Malheiros, 2001, p. 59. Admite o autor que se aproxima bastante da visão de Elio Fazzalari na busca de princípios comuns a todos os processos (idem, ib.).

[441] Idem, p. 64-5.

[442] LOPES JÚNIOR, Aury Celso Lima. *Introdução Crítica ao Processo Penal (Fundamentos da Instrumentalidade Garantista).* 2.ed. Rio de Janeiro: Lumen Juris, 2005, p. 261, nota 556.

[443] GIACOMOLLI, Nereu José. *Legalidade, Oportunidade e Consenso no Processo Penal na Perspectiva das Garantias Constitucionais.* Porto Alegre: Livraria do Advogado, 2006, p. 48.

Conforme salienta Wedy, o processo penal lida com o direito sagrado da liberdade, motivo pelo qual não seria possível uma transposição, pura e simplesmente, dos conceitos do processo civil, que possui "uma concepção puramente privatística".[444] Exemplificando tal distinção sob a ótica dos procedimentos cautelares, registra o autor que o juiz, em caso de dúvidas, no âmbito do processo civil, deve deferir a medida cautelar. No processo penal, porém, deve o magistrado, se estiver com dúvidas, "optar pela manutenção da liberdade do imputado, repelindo-se a adoção da medida cautelar".[445]

O que se quer deixar claro é que o processo penal possui institutos próprios, motivo pelo qual se concorda com as razões expostas pelos três últimos autores citados. Em razão disso, tem-se que as soluções para o problema formulado no presente trabalho devem ser buscadas no processo penal, através de uma leitura constitucional e sob a ótica de que no âmbito criminal estão em "jogo" o *status libertatis* e a *punição*.

Dito isso, volta-se à análise do texto constitucional, com o intuito de se demonstrar a aplicabilidade limitada do contraditório e da defesa na investigação criminal.

Ainda que se admita para fins de argumentação como verdadeira a tese de que a CF, ao fazer referência a *processo administrativo*, não contemplou os princípios em comento aos investigados em sede de inquérito policial, o cerne da questão é a expressão *acusados em geral*.

Constata-se que a lei suprema não se refere apenas a acusados,[446] mas a *acusados em geral*. Portanto, insere-se nessa expressão, igualmente, o indiciado em inquérito policial, tendo em vista que o indiciamento, na lição de Lopes Júnior, é "uma *imputação em sentido amplo*".[447] A expressão *acusados em geral*, então, engloba o indiciado

---

[444] WEDY, Miguel Tedesco. *Teoria Geral da Prisão Cautelar e Estigmatização*. Rio de Janeiro: Lumen Juris, 2006, p. 71-2.

[445] Idem, p. 76.

[446] Se o texto constitucional só falasse em *acusados*, aí sim se poderia cogitar que os princípios em comento seriam aplicáveis somente quando houvesse acusação formal em juízo, ou seja, em prol dos réus.

[447] LOPES JÚNIOR, *Sistemas de Investigação Preliminar ...*, p. 329. Ainda, do mesmo autor: "Direito de Defesa e Acesso do Advogado aos Autos do Inquérito Policial: uma (des)construção jurisprudencial". *Revista Brasileira de Ciências Criminais*, São Paulo, nº 43, abr.-jun. 2003, p. 386. Também no sentido de que os direitos fundamentais devem sofrer interpretação extensiva: TUCCI, "A Polícia Civil ...", p. 114-5; ROVEGNO, André. *O Inquérito Policial e os Princípios Constitucionais do Contraditório e da Ampla Defesa*. Campinas: Bookseller, 2005, p. 320.

porque existe na fase preliminar uma acusação informal que "constitui o objeto da investigação".[448]

Interessante, nesse aspecto, a lição de Corrêa:

> É evidente que a Constituição, ao referir-se ao "acusado", não o fez pretendendo ater-se à distinção dogmática existente entre investigado, acusado, condenado etc., antes objetivando proteger qualquer pessoa que esteja sofrendo uma acusação, seja ela de que natureza for (daí a expressão "acusados em geral").[449]

A propósito, o próprio CPP, no art. 304, com a redação dada pela Lei n° 11.113/05, ao se referir ao investigado preso em flagrante, usa o termo *acusado*.[450] Essa circunstância demonstra, ainda que a técnica legislativa não tenha sido a mais apropriada, que o indiciamento é uma das formas de acusação *em geral*.

De acordo com Tovo, o direito ao contraditório e à ampla defesa deve viger "mesmo antes de instaurado o processo penal". Para o autor, o dispositivo constitucional sob análise incide sobre o inquérito policial, a partir do indiciamento, não só porque se faz menção a *acusados em geral*, mas em razão, igualmente, do termo *litigantes*. Sustenta ele que

> da prática de um fato considerado infração penal nasce para o Estado o direito de punir (diríamos, a pretensão punitiva). Contra tal pretensão há de surgir óbvia e necessariamente a pretensão de liberdade do dito autor da mencionada infração. Eis aí o litígio ou lide penal, isto é, o conflito de interesses qualificado por uma pretensão resistida, na linguagem Carnellutiana. Logo, o litígio ou lide penal precede à persecução penal em qualquer de suas formas. Nestas condições o indiciado já é litigante (*jus libertatis*) com o Estado (*jus puniendi*) [...].[451]

---

[448] MALAN, Diogo; QUITO, Carina. "Resolução CJF n° 507/06 e Direitos Fundamentais do Investigado". *Boletim do IBCCRIM*, São Paulo, nº 165, ago. 2006, p. 18.

[449] CORRÊA, Cristiane da Rocha. "O princípio do contraditório e as provas irrepetíveis no inquérito policial". *Revista Brasileira de Ciências Criminais*, São Paulo, nº 60, jun. 2006, p. 234.

[450] "Art. 304. Apresentado o preso à autoridade competente, ouvirá esta o condutor e colherá, desde logo, sua assinatura, entregando a este cópia do termo e recibo de entrega do preso. Em seguida, procederá à oitiva das testemunhas que o acompanharem e ao interrogatório do *acusado* sobre a imputação que lhe é feita, colhendo, após cada oitiva suas respectivas assinaturas, lavrando, a autoridade, afinal, o auto" [sem itálico no original].

[451] TOVO, Paulo Cláudio. "Democratização do Inquérito Policial". In: TOVO, Paulo Cláudio (Org.) et al. *Estudos de Direito Processual Penal*. Porto Alegre: Livraria do Advogado, 1999, v. II, p. 216-7 e p. 228. No processo penal, conforme MARQUES, op. cit., p. 69, a lide estaria caracterizada pelo "conflito entre o interesse punitivo do Estado-Administração e o direito de liberdade de quem é apontado como infrator da lei penal". No entanto, para ele, conforme exposto no início deste capítulo, não se pode cogitar que a etapa preliminar seja contraditória, pois "a intromissão do indiciado" tumultuaria as investigações policiais (idem, p. 151). Em oposição, na linha de que não existem litigantes no processo penal e, em conseqüência disso, na fase pré-processual: SAAD, op. cit., p. 216; PEDROSO, Fernando de Almeida. *Processo Penal, o Direito de Defesa: Repercussão, Amplitude e limites*. Rio de Janeiro: Forense, 1986, p. 24; ROVEGNO, op. cit., p. 53.

Vargas também vislumbra litígio na fase policial. De um lado, encontram-se vítimas e familiares querendo determinadas provas; de outro, o investigado almejando outras. Essas posições contrapostas, que para o autor seriam acirradas durante a investigação criminal, caracterizam o conflito de interesses.[452]

Cintra, Grinover e Dinamarco registram, igualmente, que no inquérito policial "não se pode negar que após o indiciamento surja o conflito de interesses, com 'litigantes'". Apesar de não especificarem no que consistiria o litígio, afirmam que, se não houver contraditório, os elementos probatórios colhidos na fase preliminar não podem ser aproveitados no processo.[453]

Assim, deve-se garantir a defesa, como se verá no último capítulo, e um mínimo de contraditório, consubstanciado no direito de informação,[454] aos investigados que sejam apontados na fase preliminar como prováveis autores de infrações penais.

Para Queijo, aliás, o termo *acusado* deveria abranger tanto o réu, quanto o indiciado. Em virtude disso, defende a autora a incidência da regra do contraditório também no inquérito policial, tendo em vista que o procedimento de investigação "não é simples peça informativa" e que contém "atos de instrução penal definitivos".[455]

Grinover, Fernandes e Gomes Filho apregoam a exigência do contraditório no inquérito policial, em razão do termo *acusados*, que abarca "qualquer processo administrativo, mesmo não punitivo, em que haja conflito de interesses (como ocorre com o suspeito, após o indiciamento)".[456] Portanto, o contraditório e a ampla defesa se aplicam no inquérito policial aos indiciados, pois, para Grinover, o procedimento de investigação pode ser enquadrado como *processo*

---

[452] VARGAS, José Cirilo de. *Processo Penal e Direitos Fundamentais*. Belo Horizonte: Del Rey, 1992, p. 115.

[453] CINTRA, GRINOVER e DINAMARCO, op. cit., p. 57. Registram, porém, que o contraditório, nos exames de corpo de delito, será diferido (idem, ib.).

[454] Nesse sentido: LOPES JÚNIOR, *Sistemas de Investigação Preliminar ...*, p. 293. Ainda, do mesmo autor: *Introdução Crítica ao Processo Penal ...*, p. 240-1.

[455] QUEIJO, Maria Elizabeth. "Principais Instituições do Processo Penal Brasileiro e Elaboração Legislativa de Novo Código de Processo Penal: Inquérito Policial". *Revista dos Tribunais*, São Paulo, nº 697, nov. 1993, p. 271 e p. 278. Em determinada passagem do texto, em que menciona que "não há lugar para a regra do contraditório" no inquérito policial (p. 273), a autora parece entrar em contradição. Contudo, pelo contexto e como se verifica na conclusão do artigo, defende, de fato, o contraditório na fase de investigação: "[...] a admissibilidade e efetividade da regra do contraditório no inquérito policial muito contribuiria, pois a atuação da defesa possibilitaria o controle da legalidade dos atos praticados pela autoridade policial" (idem, p. 278).

[456] GRINOVER, FERNANDES e GOMES FILHO, op. cit., p. 228.

administrativo e há após o indiciamento a presença de *"litigantes (entendidos como titulares de conflitos de interesses)"*.[457]

Importante transcrever a lição de Tucci, defensor da contrariedade no inquérito policial:

> [...] quando se mencionou "acusados em geral", na analisada preceituação constitucional, certamente se quis dar a mais larga extensão às palavras, com referência óbvia a qualquer espécie de acusação, inclusive a não ainda formalmente concretizada. De outra forma, afigurar-se-ia de todo desnecessária a adição "em geral"; bastaria a alusão a "acusados".[458]

A idéia de contraditório na fase investigativa, de acordo com Costa, não é nova. Para ela, o artigo 14 do próprio CPP,[459] publicado em 1941, estabelece tal possibilidade, ainda que de maneira *diminuta*.[460]

De acordo com a autora, seria um contra-senso assegurar-se contraditório em todos os procedimentos, restando excetuado apenas o inquérito policial. Em virtude disso, sustenta que o artigo 5°, inciso LV, do texto constitucional, também se aplica àqueles indivíduos sobre os quais recaem indícios de autoria de crime, por possuírem interesse na defesa e em não serem submetidos a um processo criminal. Dessa maneira, não se pode justificar a não incidência do dispositivo em comento na fase preliminar somente pelo aspecto terminológico, ou seja, que indiciado, tecnicamente, não é acusado. O que se deve fazer é uma interpretação sistemática da CF.[461]

Apenas se discorda da autora em um aspecto: o art. 14 do CPP consagra o direito de defesa (e não do contraditório) no inquérito policial, por permitir ao investigado a produção de prova defensiva. Em razão disso é que será analisado no próximo capítulo (item 4.1.3).[462]

---

[457] GRINOVER, Ada Pellegrini. "O interrogatório como meio de defesa (Lei 10.792/2003)". *Revista Brasileira de Ciências Criminais*, São Paulo, nº 53, mar.-abr. 2005, p. 191-2.

[458] TUCCI, "A Polícia Civil ...", p. 115. Em obra com outro autor, salienta que, por força dos incisos LV e LIV do art. 5.° da CF, se deve conceder aos envolvidos numa persecução penal "todas as possibilidades de efetivação de ampla defesa, de sorte que ela se concretize em sua plenitude, com a participação ativa, e marcada pela contrariedade, em todos os atos do respectivo procedimento, desde a fase pré-processual da investigação criminal [...]" (TUCCI, Rogério Lauria; CRUZ E TUCCI, José Rogério. *Direitos e Garantias Individuais no Processo Penal Brasileiro*. São Paulo: Saraiva, 1993, p. 211).

[459] Estabelece o art. 14 do CPP o seguinte: "O ofendido, ou seu representante legal, e o indiciado poderão requerer qualquer diligência, que será realizada, ou não, a juízo da autoridade".

[460] Termo usado por COSTA, Paula Bajer Fernandes Martins da. "Sobre a Posição da Polícia Judiciária na Estrutura do Direito Processual Penal Brasileiro na Atualidade". *Revista Brasileira de Ciências Criminais*, São Paulo, nº 26, abr.-jun. 1999, p. 171.

[461] COSTA, artigo citado, p. 175-6.

[462] No mesmo sentido: SAAD, op. cit., p. 344.

Recapitulando o que se abordou no primeiro capítulo, o inquérito policial é, efetivamente, um *procedimento administrativo*, destinado a reconstituir e a esclarecer um fato que, aparente e inicialmente, se apresenta como típico – e não apenas a fornecer elementos para uma acusação em juízo. Disso resulta que a investigação criminal pode conduzir a um arquivamento das peças de informação, absolvição ou condenação do acusado.

Do mesmo modo, trata-se de um procedimento em que são colhidas provas definitivas e carregado de significados, podendo gerar graves conseqüências aos investigados, como a imposição de medidas cautelares (pessoais ou patrimoniais).

Assim, em virtude, primordialmente, desses fatores, impõe-se assegurar ao indiciado o direito de informação, primeira etapa do princípio do contraditório, assim como o direito de defesa, nos moldes em que se verá. Em outras palavras, deve a polícia judiciária colher, inclusive, eventuais elementos de prova que interessem para a defesa.[463] Além do já referido art. 14 do CPP, as disposições constantes no art. 6°, inciso III, do mesmo estatuto, determinando ao delegado de polícia o colhimento de "*todas* as provas que servirem para o esclarecimento do fato e suas circunstâncias", também evidenciam essa necessidade.

Além do mais, se é dada ao MP a possibilidade de acompanhar as investigações criminais realizadas pelas polícias judiciárias – ainda que seja o titular da ação penal pública e que exerça o controle externo da atividade policial –, não seria justo vedar à defesa a mesma participação.[464]

Não se afirmou até aqui, em momento algum, que o mais importante na fase preliminar não seja o completo esclarecimento de uma infração penal, que atinge a vítima, a sua família e, em última análise, toda a sociedade. Contudo, a elucidação pode ocorrer, dentro dos limites em que se estabelecerá, com a participação do investigado a partir de certo momento.

Outrossim, o caráter inquisitivo – que não deve ser confundido com o processo inquisitório da justiça eclesiástica – também se acha presente, como adverte Saad, em todo o processo penal na busca da

---

[463] Conforme CHOUKR, Fauzi Hassan. *Garantias Constitucionais na Investigação Criminal*. 2.ed. Rio de Janeiro: Lumen Juris, 2001, p. 114, o titular da investigação criminal deve "preservar também meios de prova que favoreçam" o investigado.

[464] Para ROVEGNO, op. cit., p. 147, é possível ampliar-se a concepção da paridade de armas para aplicá-la também na fase de investigação. Já GOMES FILHO, Antônio Magalhães. *A Motivação das Decisões Penais*. São Paulo: RT, 2001, p. 42-3, vai além, afirmando que até pode existir um desequilíbrio em favor da defesa, haja vista que é o imputado que corre risco de ter o seu direito de locomoção sacrificado.

verdade atingível,[465] razão pela qual não pode tal argumento servir para afastar a incidência de determinados direitos na fase preliminar.

Além disso, ainda que não existisse no texto constitucional a expressão *acusados em geral*, não seria absurdo assegurar-se ao investigado o direito de buscar, na fase pré-processual, a produção de provas que interessem a sua defesa. Afinal, como lembra Tovo, o inquérito policial não possui o escopo de condenar ou absolver o investigado,[466] motivo pelo qual devem ser colhidas tanto as provas que interessem para a acusação, quanto aquelas que, repita-se, sirvam para a defesa.

O primeiro grande defensor da idéia de contrariedade no inquérito policial foi Almeida. Bem antes da CF de 1988 e de constar na legislação pátria a expressão referida, o autor sustentava, em virtude principalmente de se converter o expediente elaborado pela polícia judiciária em instrução criminal (preliminar), por haver risco de o investigado ser preso e por ser ele o primeiro interessado no descobrimento da verdade, que

> Quem quer que seja indiciado, pois, em inquérito policial, preso, conduzido, ou espontaneamente presente, tem direito a exigir que a autoridade o interrogue, forme o corpo de delito, realize quaisquer perícias necessárias ao esclarecimento da verdade, ouça o ofendido, inquira testemunhas por ele apontadas, desde que indispensáveis ou úteis à elucidação das circunstâncias do fato, junte documentos nos autos etc.[467]

No entanto, hoje, não restam dúvidas de que o investigado, à luz da atual CF, assume a condição de *acusado em geral* com o ato

---

[465] SAAD, op. cit., p. 154-8. Também no sentido de que o caráter inquisitivo se encontra presente na segunda fase da *persecutio criminis* (instrução criminal): TUCCI, Rogério Lauria. *Direitos e Garantias Individuais no Processo Penal Brasileiro*. São Paulo: Saraiva, 1993, p. 174.

[466] TOVO, Paulo Cláudio. "O inquérito policial em sua verdadeira dimensão". In: TOVO, Paulo Cláudio (org.) et al. *Estudos de Direito Processual Penal*. Porto Alegre: Livraria do Advogado, 1995, v. I, p. 149. No mesmo sentido: TOVO, "Democratização do Inquérito Policial", p. 200-1. No mesmo sentido: ESPÍNOLA FILHO, Eduardo. *Código de Processo Penal Brasileiro Anotado*. 6.ed. Rio de Janeiro: Editora Rio, 1980, p. 303; SILVA, José Afonso da. "Em face da Constituição Federal de 1988, o Ministério Público pode realizar e/ou presidir investigação criminal, diretamente?". *Revista Brasileira de Ciências Criminais*, São Paulo, nº 49, jul.-ago. 2004, p. 376; SCHOLZ, Leônidas Ribeiro. "O papel do advogado em face da persecução penal". *Boletim do IBCCRIM*, São Paulo, nº 64, mar. 1998, p. 4.

[467] ALMEIDA, Joaquim Canuto Mendes de. *Princípios Fundamentais do Processo Penal*. São Paulo: RT, 1973, p. 213. A respeito do assunto, cf. na obra referida, principalmente, da p. 187 a p. 217. O autor, aliás, já havia defendido essa tese no longínquo ano de 1958 (ALMEIDA, Joaquim Canuto Mendes de. "Ainda o direito de defesa no inquérito policial". *Revista dos Tribunais*, São Paulo, nº 272, 1958, p. 7-22).

de indiciamento, que deve ser visto como o momento inicial para a abertura de novos direitos aos investigados.[468]

Entretanto, apesar de o CPP fazer menção a *indiciado*, não define, em momento algum, o que seja o indiciamento, quais as conseqüências jurídicas decorrentes desse ato, as formalidades que deve observar a autoridade policial ao indiciar o investigado e o momento em que deverá ocorrer. Quanto a esses aspectos, na realidade, o CPP é omisso.[469]

Dessa maneira, algumas observações devem ser feitas com relação ao indiciamento.

Mesmo com a lacuna legislativa, o indiciamento deve ocorrer sempre que houver indícios[470] que apontem que o investigado possa ser o autor do ilícito penal que está sendo apurado, ou seja, quando a possibilidade do cometimento do crime se torna uma probabilidade, uma verossimilhança.[471] Pitombo registra que o indiciamento é o "feixe de indícios convergentes que apontam o suposto autor da infração penal".[472]

Para Tucci, o indiciamento é o "resultado concreto da convergência de indícios que apontam" certo indivíduo como responsável pelo cometimento de atos tidos "como típicos, antijurídicos e culpáveis".[473]

---

[468] Idem, p. 254. Para a autora, a expressão *acusados em geral*, constante na CF, "abarca todas as formas de acusados, formais e informais, incluindo-se aí o sujeito investigado no inquérito policial" (idem, p. 240).

[469] Nessa linha: MENDES, Carlos Alberto Pires. "Aspectos Controvertidos do Indiciamento". *Revista Ibero-Americana de Ciências Penais*, Porto Alegre, nº 1, set.-dez. 2000, p. 107; TEIXEIRA, Francisco Dias. "Indiciamento e presunção de inocência". *Boletim do IBCCRIM*, São Paulo, nº 71, out. 1998, p. 14; SAAD, op. cit., p. 256; LOPES JÚNIOR, *Sistemas de Investigação Preliminar ...*, p. 315.

[470] De acordo com o artigo 239 do CPP, deve ser considerada como indício "a circunstância conhecida e provada, que, tendo relação com o fato, autorize, por indução, concluir-se a existência de outra ou outras circunstâncias".

[471] QUEIJO, op. cit., p. 271; LIMA, op. cit., p. 113-4; SAAD, op. cit., p. 238 e p. 263; PINTO, Adilson José Vieira. "O Inquérito Policial à luz dos Direitos e Garantias Individuais da Constituição Federal de 1988". *Revista Brasileira de Ciências Criminais*, São Paulo, nº 27, jul.-set. 1999, p. 257; PITOMBO, Sérgio Marcos de Moraes. *Inquérito Policial: Novas Tendências*. Belém: CEJUP, 1986, p. 39.

[472] PITOMBO, *Inquérito Policial: Novas Tendências*, p. 37. Cf. ainda, do mesmo autor, "O indiciamento como ato de polícia judiciária". *Revista dos Tribunais*, São Paulo, nº 577, nov. 1983, p. 313-6.

[473] TUCCI, Rogério Lauria. "Indiciamento e Qualificação Indireta". *Revista dos Tribunais*, São Paulo, nº 571, maio 1983, p. 292. Dúvida que poderia surgir, aqui, é se a polícia judiciária pode analisar os aspectos referentes à antijuridicidade e à culpabilidade. Em regra, cabe à polícia judiciária analisar apenas as questões referentes à tipicidade (NUCCI, Guilherme de Souza. *Código de Processo Penal Comentado*. 4.ed. São Paulo: RT, 2005, p. 574). Contudo, em situações excepcionais, desde que esteja evidente que alguém praticou um ato abrigado por uma causa excludente de ilicitude ou da culpabilidade, não poderá ocorrer indiciamento. Para PITOMBO,

Mas para ocorrer o indiciamento, além da presença de indícios suficientes de autoria, deve restar demonstrada a existência do fato criminoso.[474] Com isso, nas infrações penais que deixam vestígios, por exemplo, o indiciamento somente poderá ocorrer se estiver comprovada a materialidade.

Havendo lavratura de auto de prisão em flagrante, bem como nos casos em que ocorre a segregação preventiva ou temporária do investigado, é imperioso que ocorra o indiciamento, haja vista que, nessas hipóteses, já existem indícios suficientes de autoria[475] e evidências ou provas de que o fato criminoso aconteceu.

Nos casos de prisão em flagrante e prisão temporária, por força do § 2° do art. 306 do CPP,[476] com a redação dada pela Lei 11.449/07, e do art. 1°, § 4°, da Lei 7.960/89,[477] respectivamente, a nota de culpa é o documento formal que dará ciência ao preso dos motivos de sua prisão, assim como sobre quem foram os responsáveis por ela. O mesmo raciocínio deveria ser usado com relação às prisões preventivas, em razão do disposto no art. 286 do CPP,[478] servindo a nota

---

Inquérito Policial: Novas Tendências, p. 40-1, não cabe indiciamento se o fato, objetivamente, não se reveste "de tipicidade positiva, antijuridicidade e culpabilidade". No mesmo sentido: GOMES, Luiz Flávio. "Filho que furta dinheiro do pai: há crime?". Disponível em: <http://www.ielf.com.br> Acesso em: 25.12.02. A respeito do tema, já se manifestou pela impossibilidade de autuação em flagrante de alguém que tenha agido sob amparo de uma latente causa excludente da antijuridicidade (LOPES, Fábio Motta. "O auto de prisão em flagrante e as excludentes de ilicitude". *Jornal dos Delegados*, Porto Alegre, nº 64, nov. 2005, p. 11. Disponível também em: *Jornal Mais*, Belo Horizonte, nº 38, fev. 2006, p. 15).

[474] STEINER, Sylvia Helena F. "O Indiciamento em Inquérito Policial como Ato de Constrangimento – legal ou ilegal". *Revista Brasileira de Ciências Criminais*, São Paulo, nº 24, out.-dez. 1998, p. 308. Para a autora, se o indiciamento ocorrer antes da definição da materialidade e dos suficientes indícios de autoria, o ato ferirá o princípio da dignidade da pessoa humana e, portanto, será ilegal (idem, p. 307). Diante disso, não se concorda com a posição adotada por SAAD, op. cit., p. 263-4, que sustenta que a medida do indiciamento também se faz necessária sempre que houver "providências que restrinjam direitos individuais", como, v. g., a busca domiciliar e as quebras de sigilos bancários e das comunicações. Nem sempre a realização de uma busca domiciliar, por exemplo, vai demonstrar a prova da existência do fato e a probabilidade acerca da autoria. Em muitos casos comprova exatamente o contrário: a atipicidade do fato ou o não envolvimento do investigado com o crime que se apura. Assim, não se vê como proceder ao indiciamento antes de restar demonstrada a infração penal.

[475] LIMA, op. cit., p. 113; SAAD, op. cit., p. 263. Conforme LOPES JÚNIOR, *Sistemas de Investigação Preliminar ...*, p. 316 e p. 320, "o flagrante válido impõe o indiciamento".

[476] "Art. 306. [...] § 2.ª - No mesmo prazo, será entregue ao preso, mediante recibo, a nota de culpa, assinada pela autoridade, com o motivo da prisão, o nome do condutor e o das testemunhas".

[477] "Art. 1.°, § 4.° Decretada a prisão temporária, expedir-se-á mandado de prisão, em duas vias, uma das quais será entregue ao indiciado e servirá como nota de culpa".

[478] "Art. 286. O mandado será passado em duplicata, e o executor entregará ao preso, logo depois da prisão, um dos exemplares com declaração do dia, hora e lugar da diligência. Da entrega deverá o preso passar recibo no outro exemplar; se recusar, não souber ou não puder escrever, o fato será mencionado em declaração, assinada por duas testemunhas".

de culpa, igualmente, como a peça formal em que se dirá ao preso o porquê está tendo a sua liberdade de locomoção restringida. Na prática, porém, o Judiciário, quando decreta a prisão preventiva de alguém, nem sempre expede a respectiva nota de culpa, situação que deve ser corrigida.

Em razão disso, Lopes Júnior afirma que a nota de culpa e os mandados de prisão são os instrumentos que constituem o indiciamento.[479] Todavia, pensa-se diferente.

Restando demonstrada a infração penal e estando-se diante de um juízo de probabilidade de autoria, o indiciamento deve anteceder o interrogatório policial.[480] Do contrário, aceitando-se a tese de que o indiciamento surge, por exemplo, com a nota de culpa, documento que é expedido ao final do auto de prisão em flagrante, não haveria como se sustentar a obrigatoriedade de defesa durante a oitiva do preso. Assim, em tal hipótese, o indiciamento deve preceder o interrogatório do conduzido, sendo um marco para que o preso tome ciência das imputações que lhe são feitas, de seus direitos constitucionais – entre os quais o de permanecer calado – e para que esteja acompanhado, obrigatoriamente, de advogado.[481]

Já nas hipóteses em que houver, no curso das investigações, representação por prisão preventiva ou por temporária, o indiciamento – que é um ato privativo da autoridade policial[482] – deve acontecer mesmo que o juiz não decrete a segregação do investigado. Se quem conduz a investigação representar pela prisão preventiva ou temporária de alguém, é porque vislumbra que já existem indícios suficientes de autoria.[483]

---

[479] LOPES JÚNIOR, *Sistemas de Investigação Preliminar ...*, p. 321.

[480] No âmbito da Polícia Federal, segundo refere GOMES, Rodrigo Carneiro. "Roteiro Prático do Inquérito Policial". Disponível em: <http://www.asdep.com.br> Acesso em: 18.05.2007, o indiciamento é ato que precede o interrogatório dos investigados.

[481] O direito de defesa será esmiuçado no capítulo seguinte.

[482] STF, Inquérito 2.041/MG, 2ª Turma, rel. Min. Celso de Mello, j. 30.09.2003, Informativo 323 do STF e DJU de 06.10.2003; STJ, HC 5.399/SP, 6ª Turma, rel. Min. Anselmo Santiago, j. 14.04.1997, DJU de 02.06.1997, p. 23.857; STJ, HC 10.340/SP, 6ª Turma, rel. Min. Hamilton Carvalhido, j. 11.04.2000, DJU de 22.05.2000, p. 142; STJ, RHC 4461/SP, 5ª Turma, rel. Min. Cid Flaquer Scartezzini, j. 19.03.1995, DJU de 15.05.1995, p. 13.417; TRF da 3ª Região, HC 98.03.031302-9, 5ª Turma, rel. Des. Federal Suzana Camargo, j. 19.10.1998, DJU de 17.11.1998. Na doutrina: MENDES, op. cit., p. 112.

[483] Pensamento semelhante é adotado por ROVEGNO, op. cit., p. 337. De acordo com o que estabelece a legislação brasileira, não se pode chegar a outra conclusão. Pelo art. 312 do CPP, "a prisão preventiva poderá ser decretada como garantia da ordem pública, da ordem econômica, por conveniência da instrução criminal, ou para assegurar a aplicação da lei penal, quando houver prova da existência do crime e indício suficiente de autoria". De forma semelhante, o art. 1°, inciso III, da Lei 7.960/89, estabelece que só é cabível a prisão temporária "quando houver fundadas razões de autoria ou participação do indiciado" nos crimes especificados.

Em síntese, havendo prisão em flagrante ou representação por prisões provisórias (temporária ou preventiva), o ato de indiciamento deve anteceder o interrogatório do investigado que esteja preso ou prestes a ter restringida sua liberdade de locomoção.

Problema maior poderá surgir quando o investigado estiver solto e não houver representação por prisão. Nesse caso, também se deve verificar qual o momento adequado para a formalização do indiciamento, principalmente se ocorrerá antes, durante ou logo após o interrogatório.[484]

Segundo leciona Pinto, o indiciamento deve ocorrer sempre que estiverem presentes os mesmos requisitos exigidos para a prisão preventiva, ou seja, a prova da existência da infração penal e indícios suficientes de autoria.[485]

Assim, mesmo que o investigado esteja solto, tem-se que o ato deve, igualmente, anteceder o interrogatório policial, sempre que o fato criminoso estiver demonstrado e houver um juízo de probabilidade acerca da autoria. Entretanto, em razão da dinâmica e das peculiaridades das infrações penais e das investigações criminais, não há como se definir se o interrogatório ocorrerá no início, no meio ou no fim do inquérito policial. De acordo com o caso concreto, o indiciamento até poderá ocorrer no começo das investigações criminais. Em outras hipóteses, porém, tal ato será realizado somente mais adiante, no curso ou ao final do inquérito policial.

Poder-se-ia apresentar como argumento contrário à linha de que o indiciamento deva preceder ao interrogatório o fato de o indiciado, através de sua oitiva, demonstrar a sua inocência.[486]

Sabidamente, o indiciamento gera ao investigado, perante o meio social em que vive, a pecha de criminoso. Adverte Teixeira que o indiciamento provoca a "condenação social" do possível autor da infração penal, caracterizando-se por ser "a declaração oficial, pelo agente do Estado responsável pela investigação, atribuindo a autoria do crime a determinada pessoa".[487]

---

[484] Saliente-se, aqui, que se o investigado estiver fugindo do distrito da culpa e não for localizado pela polícia, obviamente, o indiciamento deverá ser feito quando estiver comprovada a existência do fato delituoso e existir elementos que apontem que ele é, provavelmente, o autor da infração penal, sendo desnecessária a discussão se isso deve ocorrer antes, durante ou depois do interrogatório, ato que não será realizado.

[485] PINTO, op. cit., p. 258.

[486] Para LOPES JÚNIOR, *Sistemas de Investigação Preliminar ...*, p. 323, a autoridade policial deve, por primeiro, interrogar o suspeito para, posteriormente, decidir se o indicia ou não.

[487] TEIXEIRA, artigo citado, p. 14.

Se esse fosse o único objetivo do indiciamento, nem haveria razões para continuar existindo tal ato. Entretanto, o indiciamento, à luz dos direitos fundamentais, deixa claro o momento em que alguém que está sendo investigado pela prática de um crime (suspeito) passa à condição de provável autor do delito (indiciado).[488] Assim, ficando evidente no curso da investigação a posição de indiciado, o investigado passa a ser "acusado em geral". E é exatamente em virtude desse aspecto que fica clara a importância do indiciamento: o investigado, a partir do indiciamento, de acordo com uma leitura constitucional, passa a contar com condições plenas para a defesa de seus direitos.[489]

Conforme a redação do art. 8° do Projeto de Lei 4.209/2001, que visa a alterar dispositivos do CPP relacionados com a investigação criminal, percebe-se que é esse tratamento que se almeja a dar ao indiciamento no âmbito infraconstitucional.[490]

Além disso, o indiciamento serviria para delimitar o tempo da investigação e para se estabelecer, de acordo com Choukr, um mínimo de procedimento na fase preliminar. Para o autor, isso remodelaria o ato de indiciamento, que não possui, hoje, função na etapa pré-processual.[491]

Nada impede, igualmente, que a autoridade policial volte atrás e torne sem efeito o ato inicial de indiciamento. Como lembra Lopes Júnior, o escalonamento processual poderá ser progressivo ou regressivo, afirmando que "o processo penal não é de sentido único", motivo pelo qual poderá ocorrer um juízo regressivo da culpabilidade.[492] Dessa forma, se o indiciado deixar evidente em seu interrogatório que não existem elementos para que permaneça nessa condição, demonstrando, por exemplo, que é inocente, deve a autoridade policial tornar sem efeito o indiciamento realizado equivocadamente.

---

[488] De acordo com LOPES JÚNIOR, *Sistemas de Investigação Preliminar ...*, p. 306-8, o processo penal segue um sistema de escalonamento. Assim, passando-se de um juízo de possibilidade para um de probabilidade, o suspeito deverá ser indiciado.

[489] ZACCARIOTTO, José Pedro. "Portaria DGP 18/98 e Polícia Judiciária Democrática". *Revista dos Tribunais*, São Paulo, nº 769, nov. 1999, p. 477.

[490] Assim estabelece o art. 8º do PL 4.209/2001: "Reunidos os elementos informativos tidos como suficientes, a autoridade policial cientificará o investigado, atribuindo-lhe, fundamentadamente, a situação jurídica de indiciado, com as garantias dela decorrentes".

[491] CHOUKR, op. cit., p. 129, p. 132 e p. 163. Em sentido oposto, sustentando que a apuração de infrações penais não deve ficar cerceada por prazo fatal e improrrogável: SOUZA, José Barcelos de. "Notas sobre o projeto referente ao inquérito policial". *Revista Brasileira de Ciências Criminais*, São Paulo, nº 38, abr.-jun. 2002, p. 261.

[492] LOPES JÚNIOR, *Sistemas de Investigação Preliminar ...*, p. 313.

Enfim, à luz do exposto, não se pode negar que o indiciamento possui um significado ambíguo. De um lado, rotula o investigado como criminoso perante o meio social em que vive e se traduz em fonte de deveres para ele, razão pela qual deve o ato formal de indiciamento ser motivado.[493] Por outro, é o marco para a abertura de direitos fundamentais, podendo delimitar o prazo para a remessa do inquérito policial ao juiz competente,[494] motivo pelo qual deve ser o indiciamento mantido e regulamentado pela legislação processual penal.

Feitas essas observações, tem-se o indiciamento como a referência para assegurar ao investigado, na fase preliminar, a defesa e um mínimo de contraditório, com as conseqüências jurídicas que serão arroladas nos próximos tópicos.

3.1. O direito de informação

Preliminarmente, cabe registrar que, apesar de existir autor classificando o direito de informação como direito de defesa,[495] prefere-se estudá-lo como uma decorrência do contraditório, por ser o seu primeiro momento. Reconhece-se, no entanto, segundo se mencionou no capítulo anterior, que os direitos de informação e de defesa são indissociáveis.

Como pressuposto para que o indiciado venha a exercer a sua defesa, faz-se necessário, antes de qualquer coisa, que tenha conhecimento prévio das imputações que lhe são feitas, pois não se pode

---

[493] Em defesa da necessária motivação do ato de indiciamento: ZACCARIOTTO, artigo citado, p. 475-7; QUEIJO, op. cit., p. 272; SAAD, op. cit., p. 256; PINTO, op. cit., p. 258; LOPES JÚNIOR, *Sistemas de Investigação Preliminar* ..., p. 317; PITOMBO, *Inquérito Policial: Novas Tendências*, p. 44.

[494] Em voto proferido na Petição 3.825 QO/MT, na 1ª Turma do STF, em 11.04.07, ainda pendente de julgamento por pedido de vista do Min. Gilmar Mendes, manifestou-se o Ministro Sepúlveda Pertence que o indiciamento possui caráter ambíguo, constituindo-se em fonte de direitos, prerrogativas e garantias processuais (art. 5º, LVII e LXIII, da CF), e, ao mesmo tempo, em fonte de ônus e deveres que representam constrangimento e de estigmatização social, traduzindo-se, ainda, como o marco temporal a partir de quando a supervisão judicial sobre o inquérito há de ser entregue ao tribunal competente para o processo penal que vier a ser eventualmente instaurado (Informativo 462 do STF). Também na linha de que o indiciamento, apesar de gerar uma carga para o sujeito passivo, deve marcar "o nascimento de direitos, entre eles o de defesa", sendo uma garantia para o investigado: LOPES JÚNIOR, *Sistemas de Investigação Preliminar* ..., p. 318.

[495] Nesse sentido: TUCCI, Rogério Lauria. *Teoria do Direito Processual Penal: jurisdição, ação e processo penal (estudo sistemático)*. São Paulo: RT, 2002, p. 212.

oferecer resistência sem a ciência acerca da existência e do teor de uma investigação criminal.[496]

Na elocução de Armenta Deu, o direito de ser informado e de conhecer a acusação formulada é um *requisito ineludible para la efectiva contradicción.*[497]

Assim, para que a defesa possa requerer a execução de diligências na fase preliminar, com base, por exemplo, no artigo 14 do CPP, abordagem que se fará no item 4.1.3, é fundamental que também tenha, previamente, conhecimento do teor da investigação realizada.[498]

O Pacto de São José da Costa, no art. 8°, item 2, *b*,[499] assegura o direito de informação acerca do conteúdo de uma acusação durante todo o processo, garantia que se estende, ademais, à fase preliminar.[500]

Além disso, para que se assegure a efetividade do direito de defesa, é necessário que o investigado, principalmente aquele que esteja preso, seja informado sobre o direito que possui de ser assistido por um advogado.[501]

Essa garantia também está prevista no Pacto de São José da Costa Rica, no art. 8°, item 2, *c*,[502] que assegura aos acusados a concessão de tempo e de mecanismos adequados para a elaboração da defesa, e no inciso LXIII do art. 5° da CF.[503] O dispositivo constitucional, a propósito, além de garantir ao preso a informação sobre o direito que possui de estar acompanhado de advogado, também determina

---

[496] SAAD, op. cit., p. 272. Conforme PICÓ i JUNOY, Joan. *Las Garantías Constitucionales del Proceso.* Barcelona: José Maria Bosch Editor, 1997, p. 109, o acusado tem o direito de saber e conhecer os fatos que lhe são imputados. Esse direito a ser informado da acusação também deve ser aplicado durante a investigação criminal.

[497] ARMENTA DEU, Teresa. *Principio Acusatorio y Derecho Penal.* Barcelona: José M.ª Bosch Editor, 1995, p. 70.

[498] MALAN e QUITO, artigo citado, p. 18. Na jurisprudência: TRF da 4ª Região, HC 2007.04.00.003742-0, 8ª Turma, rel. Luiz Fernando Wowk Penteado, j. 07.03.2007, DJU de 14.03.2007 e *Boletim do IBCCRIM* n° 173, Jurisprudência, p. 1.078.

[499] "Art. 8°, 2: [...]. Durante o processo, toda pessoa tem direito, em plena igualdade, às seguintes garantias mínimas: [...] b) comunicação prévia e pormenorizada ao acusado da acusação formulada".

[500] SAAD, op. cit., p. 273.

[501] Consigne-se que as questões referentes à defesa técnica serão abordadas no capítulo seguinte.

[502] "Art. 8°, 2: [...]. Durante o processo, toda pessoa tem direito, em plena igualdade, às seguintes garantias mínimas: [...] c) concessão ao acusado do tempo e dos meios adequados para a preparação de sua defesa".

[503] "Art. 5° – [...] LXIII – o preso será informado de seus direitos, entre os quais o de permanecer calado, sendo-lhe assegurada a assistência da família e de advogado".

que ele seja comunicado acerca de seus direitos de permanecer calado[504] e de assistência da família.

Conforme Grinover, Fernandes e Gomes Filho, quando a CF assegura a assistência de advogado e de familiar ao preso, o que se garante é a comunicação entre eles, mas não a presença física de parente ou do profissional durante a realização dos atos investigativos.[505]

Para que se assegure a defesa técnica ao indiciado, torna-se necessário que conste na notificação de comparecimento no órgão policial, além do resumo das imputações que lhe são feitas, que esteja acompanhado de advogado e de que, na ausência, poderá solicitar a designação de um defensor público ou nomeação de defensor.[506] Outrossim, também deve constar no documento que solicita a presença de alguém no órgão policial a qualidade em que será ouvido[507] (suspeito, indiciado, testemunha ou vítima), pois é necessário que saiba em que condição irá depor.

Às vezes, pode determinada pessoa, no início do inquérito policial, ser intimada e ouvida como vítima ou testemunha. Posteriormente, com o avanço das diligências policiais, não existe óbice para que esta mesma pessoa passe à condição de suspeita ou de indiciada. Como adverte Saad, nada impede que alguém, ouvido inicialmente como testemunha, passe a ser considerado, com o andamento das investigações, suspeito. No entanto, se isso acontecer, deve ser cientificado dessa circunstância, até para que seja acompanhado de advogado e exerça o direito de permanecer calado nos demais atos de polícia judiciária que exijam sua efetiva participação.[508] No item 4.2.1, analisar-se-á se o primeiro termo deve ser ou não desentranhado dos autos do inquérito policial.

Além disso, no caso de restrição de liberdade de locomoção de alguém, com base no art. 5°, inciso LXIV, da CF,[509] o conduzido tem o direito de saber a identificação dos responsáveis pela prisão e da autoridade responsável pela lavratura do respectivo auto.[510]

---

[504] Tal direito também será analisado no capítulo seguinte.

[505] GRINOVER, FERNANDES e GOMES FILHO, op. cit., p. 355.

[506] SAAD, op. cit., p. 312; LOPES JÚNIOR, *Sistemas de Investigação Preliminar ...*, p. 148.

[507] LOPES JÚNIOR, *Sistemas de Investigação Preliminar ...*, p. 148 e p. 330; SAAD, op. cit., p. 277 e p. 287.

[508] SAAD, op. cit., p. 278.

[509] "Art. 5.° [...] LXIV – o preso tem direito à identificação dos responsáveis por sua prisão ou por seu interrogatório policial".

[510] CHOUKR, op. cit., p. 30.

Segundo se verá no item 4.1.4, o advogado deve possuir, igualmente, a prerrogativa de formular, quando possível, quesitos aos peritos, tendo em vista que os exames técnicos, como regra, não se repetem em juízo. Dessa forma, o investigado também deve ser previamente notificado, pessoalmente ou através de seu advogado, para que o defensor técnico, se quiser e havendo viabilidade, esteja presente na realização da prova pericial.[511]

Saad, aliás, defende que o investigado seja notificado, a partir do indiciamento, para comparecer, pessoalmente ou por intermédio de seu advogado, a qualquer ato de instrução, como a realização de perícias, acareações e reproduções simuladas dos fatos.[512] Posição semelhante adota Souza, para quem seria ideal que

> o indiciado fosse comunicado sobre a realização de atos de instrução na polícia, alertado de que pode fazer-se acompanhar de advogado, com o que se estabeleceria um contraditório, a evitar repetição do ato em juízo, com comunicação ao Ministério Público, que comparecerá se entender conveniente.[513]

A respeito do assunto, o Projeto de Lei 4.209/01, no art. 6°, § 1°, estabelece que o indiciado seja notificado, com antecedência, sobre a realização de perícia.[514]

Consigne-se, por derradeiro, que um fator problemático é a não existência de disposição infraconstitucional que, atualmente, obrigue a autoridade policial a cumprir todas essas exigências arroladas. Se houvesse, não haveria dúvida acerca da adoção dessas melhorias no âmbito da investigação criminal. No entanto, uma leitura constitucional adequada, como já frisado, permite uma interpretação no sentido defendido.[515]

3.2. O direito de vista aos autos

A mesma ressalva feita no início do tópico anterior vale aqui. Apesar de haver doutrina enquadrando o direito de vista aos autos

---

[511] CHOUKR, op. cit., p. 130. Na Itália, a presença de defensor na hipótese mencionada é imprescindível. Situação semelhante ocorre na Espanha, para o exame de corpo de delito, e na Argentina (SAAD, op. cit., p. 330-1).

[512] SAAD, op. cit., p. 279-80.

[513] SOUZA, artigo citado, p. 264.

[514] "Art. 6°, § 1° - Instaurado inquérito, as diligências previstas nos incisos V [*reconhecimento de pessoas e coisas*] e VII [*exame de corpo de delito e quaisquer outras perícias*] deverão ser realizadas com prévia ciência do Ministério Público e intimação do ofendido e do investigado".

[515] Cf. SAAD, op. cit., p. 278-9.

como decorrência do direito de defesa, prefere-se considerá-lo como uma garantia imposta pelo contraditório, por também se referir ao direito de informação.[516]

De acordo com o artigo 20 do CPP,[517] a autoridade que preside o inquérito policial deverá assegurar o sigilo das investigações, exigido pelo interesse social ou quando for necessário para a elucidação da infração penal.[518]

Para Marques, durante o inquérito policial, os atos devem ser praticados, em face da natureza inquisitorial das investigações, em segredo,[519] como preceitua o artigo supracitado.

Afirmava Espínola Filho, em obra anterior à CF, que o sigilo no inquérito policial é "da própria índole das investigações policiais", para que aqueles que possuem interesse não impeçam a descoberta da verdade e não venham a fugir, restando preservado o interesse da justiça.[520]

Comentando o dispositivo mencionado, sustenta Mendroni que as informações contidas no inquérito policial, a critério do delegado de polícia, podem não ser fornecidas, inclusive, ao investigado ou ao seu advogado. Para o autor, por não ter o art. 7°, inciso XIV, da Lei 8.906/94 (Estatuto da OAB)[521] revogado o art. 20 do CPP,

---

[516] Na linha de que seria decorrência do direito de defesa: SILVA, Paulo Thadeu Gomes da. "Inquérito policial e direito de defesa". *Revista Brasileira de Ciências Criminais*, São Paulo, nº 54, maio-jun. 2005, p. 324. Em esteira oposta, afirmando que é decorrência do contraditório: LOPES JÚNIOR, *Sistemas de Investigação Preliminar ...*, p. 362-3.

[517] "Art. 20. A autoridade assegurará no inquérito o sigilo necessário à elucidação do fato ou exigido pelo interesse da sociedade".

[518] Disposição semelhante também consta no art. 14 da Resolução 13/2006, do Conselho Nacional do Ministério Público, que regulamenta o "procedimento investigatório criminal", *in verbis*: "Art. 14. O presidente do procedimento investigatório criminal poderá decretar o sigilo das investigações, no todo ou em parte, por decisão fundamentada, quando a elucidação do fato ou o interesse público exigir, garantida ao investigado a obtenção, por cópia autenticada, de depoimento que tenha prestado e dos atos de que tenha, pessoalmente, participado". Não obstante, a constitucionalidade dessa resolução está sendo questionada no STF, através de ações diretas de inconstitucionalidades interpostas pela Associação dos Delegados de Polícia do Brasil (ADI 3.806) e pela Ordem dos Advogados do Brasil (ADI 3.836). De fato, a investigação criminal realizada, diretamente, pelo Ministério Público não encontra respaldo na CF, nem tacitamente. A respeito do assunto, cf. LOPES, Fábio Motta. "O Ministério Público na Investigação Criminal". *Revista Ibero-Americana de Ciências Penais*, Porto Alegre, ano 6, nº 11, jun.-jan. 2005, p. 137-66.

[519] MARQUES, op. cit., p. 77.

[520] ESPÍNOLA FILHO, Eduardo. *Código de Processo Penal Brasileiro Anotado*. 6.ed. Rio de Janeiro: Editora Rio, 1980, p. 313. Semelhante era o pensamento de NORONHA, E. Magalhães. *Curso de Direito Processual Penal*. 24.ed. São Paulo: Saraiva, 1996, p. 22, para quem a falta de sigilo fornece armas e recursos aos delinqüentes e frustra as investigações.

[521] "Art. 7° - São direitos do advogado: [...] XIV – examinar em qualquer repartição policial, mesmo sem procuração, autos de flagrante e de inquérito, findos ou em andamento, ainda que conclusos à autoridade, podendo copiar peças e tomar apontamentos".

deve-se fazer uma interpretação harmônica dos dois diplomas, de modo que o direito de o advogado analisar as peças do inquérito policial somente seja possível quando a autoridade policial entender que "o sigilo não seja necessário à elucidação do fato ou exigido pelo interesse da sociedade".[522] Leva em consideração, especialmente, a prevalência do interesse público sobre o privado, devendo haver o sigilo na apuração de um delito para que a investigação não se torne inócua.[523]

A mesma linha de raciocínio é adotada por Rangel, para quem o segredo também alcança o advogado, profissional que somente poderá consultar os autos do inquérito policial quando a investigação não estiver sob sigilo. Para o autor, nas hipóteses em que for decretado o sigilo, o defensor sequer poderá entrevistar-se com seu cliente.[524]

Para Pêcego, apesar de a decretação de sigilo restar bastante limitada pelo Estatuto da OAB, a autoridade policial poderá representar para que o juiz restrinja a publicidade do inquérito decretando o sigilo das investigações, mormente daquelas diligências que serão realizadas oportunamente (busca e apreensão, prisões temporárias e preventivas).[525]

O sigilo das peças visaria, assim, a proteger o interesse das diligências policiais e, também, dos investigados e da sociedade.[526] Ou, nos dizeres de Cabette, impõe-se o sigilo "como garantia da eficácia da persecução penal".[527]

---

[522] MENDRONI, Marcelo Batlouni. "O Sigilo da Fase Pré-Processual". *Boletim do IBCCRIM*, São Paulo, nº 83, out. 1999, p. 11. Para o autor, "se a autoridade responsável pelo inquérito policial ou procedimento investigatório considerar que se o advogado obtiver vistas dos autos e puder tomar apontamentos isto poderá trazer prejuízos irreparáveis à atuação da polícia e do Ministério Público, em evidente prejuízo ao princípio da busca da verdade real, poderá negar, em despacho fundamentado, vistas dos autos a qualquer advogado e a qualquer parte que possa porventura estar implicada na apuração" (idem, ibidem). No mesmo sentido: MENDRONI, Marcelo Batlouni. "O Sigilo da Fase Pré-Processual". *Revista dos Tribunais*, São Paulo, nº 773, mar. 2000, p. 493.

[523] STJ, RMS 17.691/SC, 5ª Turma, rel. Min. Gilson Dipp, j. 22.02.2005, DJU de 14.03.2005, p. 388; STJ, RMS 12.516/PR, 2ª Turma, rel. Min. Eliana Calmon, j. 20.08.2002, DJU de 27.09.2004, p. 282; TRF da 4ª Região, MS 1999.04.01.138371-5/PR, 2ª Turma, rel. para o acórdão Élcio Pinheiro de Castro, j. 04.05.2000, DJU de 14.06.2000; TRF da 4ª Região, MS 2000.04.01.004651-3/PR, 2ª Turma, rel. Vilson Darós, j. 08.06.2000, DJU de 07.03.2001, p. 137.

[524] RANGEL, op. cit., p. 92.

[525] PÊCEGO, artigo citado, p. 9.

[526] Nessa linha: NOGUEIRA, Paulo Lúcio. *Curso Completo de Processo Penal*. 10.ed. São Paulo: Saraiva, 1996, p. 41. Para LUCCA, José Carlos de. "O Necessário Sigilo do Inquérito Policial". *Revista dos Tribunais*, São Paulo, nº 699, jan. 1994, p. 430, o sigilo no inquérito "tem ação benéfica, profilática e preventiva, tudo em benefício do Estado e do cidadão".

[527] CABETTE, artigo citado, p. 195.

Essas definições, contudo, são abertas. Lembra Coutinho que o CPP, ao prever que o sigilo possa ser determinado quando for necessário à elucidação do fato ou exigido pelo interesse social, estabeleceu que dele possa lançar mão a autoridade policial sempre que quiser.[528]

Diante disso, deve-se fixar um critério menos abstrato para que não sejam frustrados os direitos fundamentais dos investigados e as prerrogativas funcionais dos advogados.

Primeiramente, é importante que se distinga o sigilo *externo*, segredo aplicável a todas as pessoas que não possuem vínculo algum com as investigações em andamento, do sigilo *interno*, que se refere ao investigado e a seu advogado (defesa pessoal e técnica, respectivamente).[529]

Na primeira hipótese, não há dúvidas de que se impõe o sigilo das investigações frente a terceiros, pessoas que nenhum interesse jurídico possuem nas diligências policiais, até para que seja preservada a imagem dos investigados.[530]

Esta espécie de sigilo também serve para proteger a intimidade, a vida privada, a honra e a imagem da vítima. É em razão disso que o art. 201, § 6°, do CPP, com a redação dada pela Lei 11.690/08, estabelece que pode o juiz determinar o segredo de justiça em relação aos dados, aos depoimentos e a outras informações constantes dos autos para evitar a exposição do ofendido nos meios de comunicação. Por força do art. 3° do CPP, o delegado de polícia também pode (e, conforme o caso, deve) utilizar-se de tal expediente durante a investigação criminal.

De acordo com decisão do TJRS,[531] o sigilo nas investigações é justificável perante terceiros (sigilo externo), em respeito à vida privada, à intimidade, à honra e à imagem das pessoas, nos termos do art. 5°, inciso X, da CF.[532]

---

[528] COUTINHO, "O Sigilo do Inquérito Policial e os Advogados", p. 129.

[529] Com relação ao sigilo interno, será ele total quando se estender tanto ao investigado, quanto ao seu advogado. No entanto, será parcial quando aplicável somente ao investigado (LOPES JÚNIOR, *Sistemas de Investigação Preliminar* ..., p. 131).

[530] Para LOPES JÚNIOR, *Sistemas de Investigação Preliminar* ..., p. 127, o sigilo aplicável aos estranhos serve para preservar a "intimidade, vida privada, honra e imagem do sujeito passivo".

[531] TJRS, MS n° 70012569083, 7ª Câmara Criminal, rel. Des. Nereu José Giacomolli, j. 08.08.2005, DJU 05.12.2005, p. 341.

[532] "Art. 5° - [...] X – são invioláveis a intimidade, a vida privada, a honra e a imagem das pessoas, assegurado o direito a indenização pelo dano material ou moral decorrente de sua violação".

No entanto, com relação ao sigilo interno, a interpretação deve ser outra. Como regra, o advogado do investigado ou do indiciado tem acesso ao expediente investigatório, exceto quanto às peças cujo segredo seja imprescindível para a investigação e para a colheita de provas,[533] como se verá na seqüência.

Ainda que o segredo possa, no aspecto externo, proteger alguns direitos fundamentais do investigado – como, por exemplo, a sua honra e a sua imagem – e, sob o ângulo interno, assegurar o êxito das investigações, deverá ser interpretado restritivamente frente a outros direitos fundamentais, como o direito de defesa,[534] referentemente aos atos já produzidos pela polícia.

Não se pode olvidar que o Estatuto da OAB, comparando-se com o CPP, é lei posterior e especial, razão pela qual deve prevalecer.[535] Dessarte, o advogado devidamente habilitado terá o direito de acessar aos autos de inquérito policial para verificar os atos que estão formalizados no caderno investigatório, prerrogativa funcional instituída para a defesa do indiciado ou de quem seja submetido à investigação criminal.[536]

Segundo ensina Prado, deve vigorar a publicidade como regra. Contudo, "há atos de investigação que precisam permanecer sob sigilo durante algum tempo, sob pena de fracassarem os fins da própria investigação", sendo inexigível a intimação prévia do investigado para acompanhar as atividades da polícia judiciária.[537]

Na mesma esteira, afirma Lopes Júnior que a regra geral deve ser a publicidade da investigação para o advogado. Com relação a determinados atos de investigação, sustenta que até podem ser se-

---

[533] TJRS, MS n° 70012569083, 7ª Câmara Criminal, rel. Des. Nereu José Giacomolli, j. 08.08.2005, DJU 05.12.2005, p. 341. Disponível, também, no *Boletim do IBCCRIM* nº 162, maio 2006, Jurisprudência, p. 990-1.

[534] ABADE, Denise Neves. "Direito de acesso aos autos no processo penal: breve análise crítica". *Revista Brasileira de Ciências Criminais*, São Paulo, nº 57, dez. 2005, p. 149.

[535] Nesse sentido: MALAN e QUITO, artigo citado, p. 18. De acordo com LOPES JÚNIOR, "Direito de Defesa e Acesso do Advogado aos Autos ...", p. 393, a Lei 8.906/94, por ser *novatio legis* e de mesma hierarquia que o CPP, deve prevalecer, sequer sendo necessário invocar-se a tutela constitucional.

[536] Na doutrina, na linha de que o sigilo não pode ser imposto ao advogado do investigado: SILVEIRA, artigo citado, p. 13; D'URSO, Luiz Flávio Borges. "O exame do inquérito policial pelo advogado". *Boletim do IBCCRIM*, São Paulo, nº 67, jun. 1998, p. 2. Na jurisprudência: TJSP, MS 301.392-3/3-00, 7ª Câmara Criminal, rel. Des. Rocha de Souza, j. 26.01.2000, *RT* nº 776, jun. 2000, p. 588-9.

[537] PRADO, op. cit., p. 122. No mesmo sentido: FERNANDES, op. cit., 66.

cretos, mas que o sigilo interno deve ser "limitado no tempo e no alcance, bem como reservado para situações excepcionais".[538]

Com posição semelhante, Oliveira apregoa que o acesso aos autos deve ser a regra, devendo ocorrer, porém, restrição quando houver representação por provas de natureza cautelar no curso da investigação.[539]

Portanto, se as diligências já foram realizadas pela polícia, o advogado terá o direito de obter vista dos documentos formalizados. Por outro lado, se existem atos de investigação que ainda serão desencadeados, pode prevalecer o sigilo previsto no artigo 20 do CPP, inclusive para o investigado e para seu defensor.[540] Nessa hipótese, em razão da natureza de certas investigações, o direito de vista aos autos do inquérito policial por parte do investigado deverá ser realizado posteriormente.

Nesse aspecto, correta a lição de Saad ao afirmar que as diligências de investigação podem ser sigilosas. Para ela, se houvesse publicidade antes do cumprimento de certos atos, restaria comprometido o sucesso da atividade policial. No entanto, afirma a autora que os atos de instrução, diligências que já foram cumpridas e formalizadas, "devem ser tornados públicos em relação ao acusado, seu defensor e à vítima".[541]

De acordo com Coutinho, as investigações que serão realizadas pela polícia – como as interceptações telefônicas, por exemplo – não podem ser controladas *ex ante*, motivo pelo qual deve prevalecer o sigilo nesse momento investigativo.[542] Entretanto, por força do art. 5°, LXIII, da CF, deve-se assegurar "a efetiva possibilidade de par-

---

[538] LOPES JÚNIOR, "Direito de Defesa e Acesso do Advogado aos Autos ...", p. 388 e p. 392, nota 37. Para o autor, os atos de investigação, que se diferem dos atos de prova, consistem na "comprovação e averiguação do fato e da autoria". Como exemplo de ato de investigação sigiloso cita as intervenções nas comunicações telefônicas (LOPES JÚNIOR, *Sistemas de Investigação Preliminar ...*, p. 136 e seguintes).

[539] OLIVEIRA, Eugênio Pacelli de. *Curso de Processo Penal*. 4.ed. Belo Horizonte: Del Rey, 2005, p. 31.

[540] LIMA, op. cit., p. 98.

[541] SAAD, op. cit., p. 334-5. Para a autora, *atos de investigação* seriam aqueles destinados à procura do delito e à descoberta de seu autor. Seria a pesquisa sistemática e seqüente do objeto, a investigação destinada à elucidação do fato e dos autores. Por outro lado, *atos de instrução* são as diligências que registram por escrito os resultados obtidos através das investigações, ou seja, a documentação dos *atos de investigação* (SAAD, op. cit., p. 165-70). Na primeira hipótese, não pode haver participação do acusado; na segunda, porém, pode, pessoalmente ou por intermédio do defensor (idem, p. 175).

[542] COUTINHO, "O Sigilo do Inquérito Policial e os Advogados", p. 131.

ticipação do advogado em qualquer ato de produção de prova no inquérito, inclusive pericial".[543]

Com isso, se os atos investigativos estão em andamento ou serão realizados brevemente, a situação exige, excepcionalmente, a manutenção do segredo para o investigado e para seu defensor, sob pena de a própria investigação criminal se tornar inviável. Não seria razoável, por exemplo, permitir-se que o investigado tome conhecimento acerca de uma interceptação telefônica em andamento. Por isso que o art. 8° da Lei 9.296/96[544] estabelece o sigilo das diligências, das gravações e das respectivas transcrições durante a fase preliminar. Aliás, essa providência que assegura o sigilo é da própria essência da interceptação telefônica.[545] O mesmo raciocínio vale para instrumentos de investigação criminal destinados ao combate à criminalidade organizada, como a escuta ambiental (art. 2°, inciso IV, da Lei 9.034/95, com a redação dada pela Lei 10.217/01) e a infiltração policial (art. 2°, inciso V, da Lei 9.034/95, com a redação dada pela Lei 10.217/01).[546]

Além da interceptação telefônica e dos institutos previstos na Lei 9.034/95, podem ser citados como exemplos de investigações que devem ser efetivadas sem a ciência da defesa os exames em locais de crime – mesmo porque, na maioria das hipóteses, sequer se sabe quem é o autor da infração penal quando a polícia chega ao cenário em que ocorreu o episódio –, as buscas e as apreensões e o cumprimento de mandados de prisões provisórias,[547] seja por razões lógicas, como o desconhecimento de quem sejam os responsáveis pelo fato, seja para não frustrar o resultado das diligências policiais com o vazamento de informações que devem permanecer, até a conclusão dos atos investigativos, sob sigilo. Nessas hipóteses, entretan-

---

[543] COUTINHO, "O Sigilo do Inquérito Policial e os Advogados", p. 133.

[544] "Art. 8° - A interceptação de comunicação telefônica, de qualquer natureza, ocorrerá em autos apartados, apensados aos autos do inquérito policial ou do processo criminal, preservando-se o sigilo das diligências, gravações e transcrições respectivas".

[545] Nessa esteira: D'ANGELO, Andréa Cristina; DEZEM, Guilherme Madeira. "Acesso aos autos do inquérito policial pelo não formalmente indiciado". *Boletim do IBCCRIM*, São Paulo, n° 162, maio 2006, p. 13; FERNANDES, op. cit., p. 66; GRINOVER, FERNANDES e GOMES FILHO, op. cit., p. 230. COSTA, Paula Bajer Fernandes Martins. "Publicidade na Investigação Criminal". *Boletim do IBCCRIM*, São Paulo, n° 84, nov. 1999, p. 13, no entanto, sustenta que "o advogado pode consultar e examinar todos os procedimentos, inclusive aqueles que versem sobre prisão temporária e interceptação telefônica".

[546] A respeito da utilização desses meios operacionais de investigação criminal, cf. LOPES, Fábio Motta. "A Investigação Criminal em conformidade com a lei antidrogas". In: CALLEGARI, André Luís; WEDY, Miguel Tedesco (organizadores). Lei de Drogas: aspectos polêmicos à luz da dogmática penal e da política criminal. Porto Alegre: Livraria do Advogado, 2008, p. 103-131.

[547] FERNANDES, op. cit., p. 66; PRADO, op. cit., p. 122.

to, é necessário que se possibilite ao defensor o controle diferido dos atos executados.[548]

Essa é a linha que vem sendo adotada pelo STF, principalmente a partir do julgamento do HC 82.354, cuja ementa desse precedente é a seguinte:

> [...]. II. Inquérito policial: inoponibilidade ao advogado do indiciado do direito de vista dos autos do inquérito policial. [...] 2. Do plexo de direitos dos quais é titular o indiciado - interessado primário no procedimento administrativo do inquérito policial -, é corolário e instrumento a prerrogativa do advogado de acesso aos autos respectivos, explicitamente outorgada pelo Estatuto da Advocacia (L. 8906/94, art. 7º, XIV), da qual - ao contrário do que previu em hipóteses assemelhadas - não se excluíram os inquéritos que correm em sigilo: a irrestrita amplitude do preceito legal resolve em favor da prerrogativa do defensor o eventual conflito dela com os interesses do sigilo das investigações, de modo a fazer impertinente o apelo ao princípio da proporcionalidade. 3. A oponibilidade ao defensor constituído esvaziaria uma garantia constitucional do indiciado (CF, art. 5º, LXIII), que lhe assegura, quando preso, e pelo menos lhe faculta, quando solto, a assistência técnica do advogado, que este não lhe poderá prestar se lhe é sonegado o acesso aos autos do inquérito sobre o objeto do qual haja o investigado de prestar declarações. 4. O direito do indiciado, por seu advogado, tem por objeto as informações já introduzidas nos autos do inquérito, não as relativas à decretação e às vicissitudes da execução de diligências em curso (cf. L. 9296, atinente às interceptações telefônicas, de possível extensão a outras diligências); dispõe, em conseqüência a autoridade policial de meios legítimos para obviar inconvenientes que o conhecimento pelo indiciado e seu defensor dos autos do inquérito policial possa acarretar à eficácia do procedimento investigatório. 5. Habeas corpus deferido para que aos advogados constituídos pelo paciente se faculte a consulta aos autos do inquérito policial, antes da data designada para a sua inquirição.[549]

Com relação a tal decisão, é importante registrar que possui razão Silva ao enfatizar que ela é, em certo ponto, contraditória, pois o STF afirma que não se aplicam os princípios do contraditório e da ampla defesa no inquérito policial e, ao mesmo tempo, reconhece a incidência de direitos fundamentais como a possibilidade de o in-

---

[548] SAAD, op. cit., p. 329; FERNANDES, op. cit., p. 65. Ainda nesse aspecto, lembra ROVEGNO, op. cit., p. 263-4, que existem circunstâncias na persecução penal, como a interceptação telefônica, o cumprimento de busca e apreensão e a realização de exames periciais, "que são incompatíveis com o contraditório prévio", motivo pelo qual o contraditório deve ser diferido.

[549] STF, HC 82.354/PR, 1ª Turma, rel. Min. Sepúlveda Pertence, j. 10.08.2004, DJU de 24.09.2004, p. 42. No mesmo sentido (proibição de sigilo ao advogado dos atos de instrução já realizados e documentados): STF, HC 87.827/RJ, 1ª Turma, rel. Min. Sepúlveda Pertence, j. 25.04.2006, DJU de 23.06.2006, p. 53, e Informativo 424 do STF; STF, HC 88.190, 2ª Turma, rel. Min. Cezar Peluso. j. 29.08.2006, DJU de 03.08.2006, Informativo 438 do STF e *Boletim do IBCCRIM* nº 168, Jurisprudência, p. 1.034; STF, HC 90.232/AM, 1ª Turma, rel. Min. Sepúlveda Pertence, j. 18.12.2006, Informativo 453 do STF; STF, HC 86.059/PR, decisão monocrática, Min. Celso de Mello, j. 24.06.2005, DJU de 30.06.2005, p. 145.

vestigado se fazer defender por advogado, "mas isso não querendo significar 'defesa'".[550]

Recentemente, no julgamento do HC 92.331, em que foi relator o Min. Marco Aurélio, o STF reafirmou que, apesar de ser possível o sigilo com relação a investigações que estejam em andamento, a partir do momento em que se marca o interrogatório dos investigados, se torna indispensável o acesso da defesa aos autos do inquérito policial, sob pena de ferir de morte o princípio do devido processo legal.[551]

É conveniente referir que outros tribunais pátrios também têm adotado, atualmente, a mesma tese do STF, decidindo no sentido de que o defensor constituído, ainda que tramitando o inquérito policial em segredo de justiça, deve ter acesso aos autos para tomar ciência de atos já realizados e formalizados.[552] Inclusive no STJ, que até então predominava a tese de que o sigilo das investigações se estendia aos advogados, desde que autorizado judicialmente e que não houvesse risco ao investigado de cerceamento de liberdade ou de bens,[553] hoje, já se encontra decisão na mesma linha da Suprema Corte.[554]

Saliente-se, ainda, que o direito de acesso aos autos do inquérito deve ser assegurado, igualmente, ao advogado daquele que, mesmo não tendo sido formalmente indiciado, seja tratado, materialmente, como tal.[555]

---

[550] SILVA, "Inquérito policial e direito de defesa", p. 319-20. Para LOPES JÚNIOR, *Sistemas de Investigação Preliminar ...*, p. 362-3, "o acesso do advogado já é manifestação do direito de informação, que constitui o primeiro momento do contraditório".

[551] STF, HC 92.331/PA, 1ª Turma, rel. Min. Marco Aurélio, j. 18.03.2008, DJe nº 142.

[552] Como exemplos: TJMG, MS 1.0000.06.442442-7, rel. Des. Gudesteu Biber, j. 24.10.2006, *Boletim do IBCCRIM* nº 169, Jurisprudência, p. 1.046; TRF da 4ª Região, HC 2005.04.01.042348-3/PR, 8ª Turma, rel. Des. Fed. Élcio Pinheiro de Castro, j. 19.10.2005, *Boletim do IBCCRIM* nº 159, fev. 2006, Jurisprudência, p. 966. Nessa última decisão, apenas se autorizou vista das diligências já efetuadas, proibindo acesso aos autos daquelas em andamento.

[553] A título de ilustração, vejam-se as seguintes decisões: STJ, RMS 12.516, 2ª Turma, rel. Min. Eliana Calmon, j. 20.08.2002, DJU de 27.09.2004, p. 282; STJ, RHC 13.360/PR, 5ª Turma, rel. Min. Gilson Dipp, j. 27.05.2003, DJU de 04.08.2003, p. 327; STJ, RMS 13.010/PR, 5ª Turma, rel. Min. Gilson Dipp, j. 03.12.2002, DJU de 17.03.2003, p. 240; STJ, ROMS 12.754/PR, 2ª Turma, rel. Min. Franciulli Neto, j. 11.03.2003, DJU 23.06.2003, p. 296.

[554] STJ, RMS 16.665/PR, 5ª Turma, rel. Min. Arnaldo Esteves Lima, j. 14.03.2006, DJU de 14.08.2006, p. 301.

[555] Nesse sentido: D'ANGELO e DEZEM, artigo citado, p. 13-4.

Ademais, há doutrina, com a qual não se concorda, que afirma que o sigilo não se estende, em hipótese alguma, ao defensor do investigado.[556]

Cabe salientar, igualmente, que o advogado, além do direito de ter vista, pode obter cópia xerográfica dos autos do inquérito policial,[557] por força do artigo 7.°, inciso XIV, *in fine*, do Estatuto da OAB, transcrito alhures.

Analisadas as questões referentes às prerrogativas dos advogados, resta afirmar também que não se vê óbice para, no plano interno, determinar-se o sigilo parcial, vedando-se ao sujeito passivo a analisar determinados atos realizados na fase policial.[558]

Mencione-se, ainda, que eventual sigilo durante a tramitação de inquérito policial não poderá ser estendido ao magistrado ou ao promotor de justiça,[559] haja vista que cabe ao Poder Judiciário realizar o controle da legalidade dos atos de investigações criminais[560] e que é tarefa do Ministério Público o controle externo da atividade policial, nos termos do art. 129, inciso VII, da CF.[561]

Por derradeiro, ainda que não seja finalidade deste trabalho a análise do controle externo da atividade policial, é importante referir que essa é uma das formas de se instituir, na fase pré-processual, o sistema de freios e contrapesos. De acordo com Nogueira, o controle externo da atividade policial é uma maneira de se zelar pela observância dos princípios constitucionais da Administração Pública e

---

[556] NOGUEIRA, Paulo Lúcio, op. cit., p. 43. Na mesma linha, TORON, Alberto Zacharias; RIBEIRO, Maurides de Melo. "Quem Tem Medo da Publicidade no Inquérito?". *Boletim do IBCCRIM*, São Paulo, nº 84, nov. 1999, p. 13-4, autores que sustentam que impor restrições "aos advogados que representam indiciados ou meros investigados" de examinarem os autos do inquérito policial, além de medida "odiosa", é ilegal.

[557] Nesse sentido: STF, HC 90.232/AM, 1ª Turma, rel. Min. Sepúlveda Pertence, j. 18.12.2006, Informativo 453 do STF; TRF da 3ª Região, MS 2004.03.00.041684-0/MS, 1ª Turma, rel. André Nabarrete, j. 06.12.2006, *Boletim do IBCCRIM* nº 172, mar. 2007, Jurisprudência, p. 1.069. Entretanto, existem decisões em sentido oposto, afirmando que o advogado apenas possui o direito de anotar manualmente os dados constantes no procedimento investigatório, não estando autorizado a obter cópia xerográfica: TJRS, Apelação Crime 695144097, 1ª Câmara Criminal, rel. Des. Ranolfo Vieira, j. 18.10.1995; TJRS, Apelação Cível 598605772, rel. Des. Armínio José Abreu Lima da Rosa, j. 15.06.1999; TJRS, MS 598366128, rel. Des. Maria Isabel de Azevedo Souza, j. 17.03.2000.

[558] Nessa esteira: NOGUEIRA, Carlos Frederico Coelho, op. cit., p. 136. No sentido de ser possível a decretação do sigilo interno parcial: LOPES JÚNIOR, *Sistemas de Investigação Preliminar* ..., p. 207.

[559] Nessa esteira: STJ, RMS 12.516/PR, 2ª Turma, rel. Min. Eliana Calmon, j. 20.08.2002, DJU de 27.09.2004, p. 282. Na doutrina: LOPES JÚNIOR, "Direito de Defesa e Acesso do Advogado aos Autos ...", p. 389; LOPES JÚNIOR, *Sistemas de Investigação Preliminar* ..., p. 131.

[560] ROVEGNO, op. cit., p. 361.

[561] "Art. 129. São funções institucionais do Ministério Público: [...] VII – exercer o controle externo da atividade policial, na forma da lei complementar mencionada no artigo anterior".

pela regra da obrigatoriedade do inquérito policial.[562] Tal exercício, porém, não significa que haja relação de subordinação hierárquica entre a autoridade policial e o promotor de justiça.[563]

[562] NOGUEIRA, Carlos Frederico Coelho, op. cit., p. 128. No Rio Grande do Sul, a matéria se encontra disciplinada na Lei Complementar Estadual 11.578/2001, que estabelece, em seu artigo 1°, as prerrogativas que os promotores de justiça possuem para controlar a atividade policial. Podem, por exemplo, ter acesso a documentos, informatizados ou não, relativos à atividade de polícia judiciária e que digam respeito à persecução penal, assim como acompanhar determinadas investigações realizadas pela polícia judiciária.

[563] STJ, RHC 7.640/SP, rel. Min. Vicente Leal, j. 01.09.1998, DJU de 13.10.1998, p. 186.

4. O direito de defesa e o inquérito policial

Muitos doutrinadores, em virtude, basicamente, de não existir acusado na fase preliminar e do caráter inquisitorial do inquérito policial, ainda seguem afirmando que o direito de defesa não se aplica aos investigados.

Explica Rangel que o investigado, por ser mero objeto de investigações e por não estar sendo acusado de nada na etapa preliminar, não possui o direito de defesa.[564]

Na mesma linha, refere Tornaghi que, por não haver acusação formal contra alguém no inquérito policial, a defesa não se faz presente na etapa de mera apuração.[565]

Semelhante é o pensamento de Lima, para quem não existe ampla defesa no inquérito, haja vista que o procedimento de investigação não é processo.[566]

Hoje, na prática, conforme observa Giacomolli, o inquérito policial traduz-se em um procedimento "eminentemente inquisitorial,

---

[564] RANGEL, Paulo. *Direito Processual Penal*. 8.ed. Rio de Janeiro: Lumen Juris, 2004, p. 16-7 e p. 89. Também no sentido de que o investigado é mero objeto das investigações: TOURINHO FILHO, Fernando da Costa. *Prática de Processo Penal*. 18.ed. Saraiva: São Paulo, 1996, p. 3; TOURINHO FILHO, Fernando da Costa. *Processo Penal*. 25.ed. São Paulo: Saraiva, 2003, v. 1, p. 206. Assiste razão, porém, a FURTADO, Renato de Oliveira. "Direito à Assistência de Advogado no Inquérito Policial. Breves Considerações ao art. 5°, nº 63 da CF". *Revista dos Tribunais*, São Paulo, v. 695, set. 1993, p. 297, quando expõe que afirmar que o investigado é mero objeto da investigação "é o mesmo que dizer que o inquérito policial é seara onde a Constituição não pisa".

[565] TORNAGHI, Hélio. *Curso de Processo Penal*. 10.ed. São Paulo: Saraiva, 1997, v. 1, p. 32. Do mesmo autor, ainda, cf. *Instituições de Processo Penal*. 2.ed. São Paulo: Saraiva, 1977, v. II, p. 253.

[566] LIMA, Marcellus Polastri. *Curso de Processo Penal*. 2.ed. Rio de Janeiro: Lumen Juris, 2006, v. I, p. 113. Ainda, na mesma esteira de que não se aplica o princípio da ampla defesa durante o inquérito policial: PÊCEGO, Antônio José F. de S. "Polícia Judiciária: Persecução Penal, Defesa e Sigilo". *Boletim do IBCCRIM*, São Paulo, nº 88, mar. 2000, p. 9.

sem contradição, com a defesa limitando-se à escuta do suspeito, ao final".[567]

No entanto, não se pode negar a incidência do direito de defesa na fase do inquérito policial.[568] Até mesmo autores que negam a incidência do contraditório no inquérito policial admitem a observância do direito de defesa nessa etapa.[569]

Cabe verificar, preliminarmente, quais seriam as razões para se assegurar o direito de defesa durante o inquérito policial.

No primeiro capítulo, abordou-se que a fase preliminar é carregada de significados, englobando o inquérito policial atos que não mais se repetem em juízo. Assim, uma das razões que impõem a assistência técnica já na etapa pré-processual, como forma de o acusado, esteja preso ou solto, preparar adequadamente a sua defesa em juízo de maneira substancial,[570] é a circunstância de haver provas colhidas no inquérito policial que não se renovam durante o processo penal.

Como adverte Fernandes, admitir a atuação da defesa na fase preliminar não significa, porém, que se irá garantir ao suspeito da prática de um crime uma defesa irrestrita, mas de resguardar os seus interesses mais relevantes, como, por exemplo, reconhecer ao investigado o direito de postular diligências à autoridade policial.[571] Além disso, conforme será visto, deve-se assegurar a presença física do

---

[567] GIACOMOLLI, Nereu José. *Legalidade, Oportunidade e Consenso no Processo Penal na Perspectiva das Garantias Constitucionais*. Porto Alegre: Livraria do Advogado, 2006, p. 297. Também no sentido de que o inquérito policial é inquisitivo: TOURINHO FILHO, *Processo Penal*, p. 207.

[568] Nesse sentido: PITOMBO, Sérgio Marcos de Moraes. "Inquérito Policial: Exercício do Direito de Defesa". *Boletim do IBCCRIM*, São Paulo, nº 83, ed. especial, out. 1999, p. 14; MALAN, Diogo; QUITO, Carina. "Resolução CJF n° 507/06 e Direitos Fundamentais do Investigado". *Boletim do IBCCRIM*, São Paulo, nº 165, ago. 2006, p. 18; COSTA, Paula Bajer Fernandes Martins. "Publicidade na Investigação Criminal". *Boletim do IBCCRIM*, São Paulo, nº 84, nov. 1999, p. 13; FERNANDES, Antonio Scarance. *Processo Penal Constitucional*. 3.ed. São Paulo: RT, 2002, p. 64.

[569] Citem-se, por exemplo, os seguintes: FERNANDES, op. cit., p. 64; SAAD, Marta. *O Direito de Defesa no Inquérito Policial*. São Paulo: RT, 2004, p. 216; ROVEGNO, André. *O Inquérito Policial e os Princípios Constitucionais do Contraditório e da Ampla Defesa*. Campinas: Bookseller, 2005, p. 325-31. O último autor, por exemplo, defende que a ampla defesa se aplica em qualquer expediente jurídico em que se "denote qualquer risco ou iminência de surgimento de um quadro desfavorável a um indivíduo", ainda que não seja caracterizado como processo judicial ou administrativo (idem, p. 278).

[570] SAAD, op. cit., p. 200-3. Cf. da mesma autora, ainda: "Defesa Técnica dos Presos em Flagrante Delito". *Boletim do IBCCRIM*, São Paulo, nº 173, abr. 2007, p. 6

[571] FERNANDES, op. cit., p. 64-5. Sustenta o autor que o direito de defesa no inquérito policial impõe que o investigado tenha "direito à ampla ciência das atividades de investigação desenvolvidas, podendo efetuar requerimentos e usar de todos os mecanismos do sistema" em seu favor. Assim, possui o direito de pedir o relaxamento de prisão em flagrante, de requerer liberdade provisória e de impetrar *habeas corpus*, sem que isso signifique "participação em contraditório" (idem, p. 273).

advogado na realização de determinados atos e o direito de acessar os autos do inquérito policial.[572]

A limitação da defesa ao indiciado na etapa pré-processual pode trazer reflexos no processo penal, gerando prejuízos ao réu que possam redundar em sua condenação.[573]

Lembra Haddad que a defesa técnica na fase preliminar, ainda, "põe-se como entrave aos abusos e excessos, garantindo a autenticidade dos atos praticados e a lisura do procedimento administrativo".[574]

Deve-se ter presente, igualmente, que a investigação criminal assume o papel de "descartar acusações insustentáveis", protegendo o *ius libertatis* do investigado, razão pela qual é prudente que se assegure a defesa já na fase preliminar.[575]

Ao analisar o modelo pré-processual argentino, refere Edwards que é em tal instante que são recolhidos os elementos de prova e que se toma o primeiro contato com o investigado, razão pela qual devem ser assegurados o direito de defesa técnica e outras garantias em favor do imputado, como forma de controle das diligências policiais.[576]

Para Silva, se o inquérito é processo ou procedimento, ou se a conclusão que se pretende chegar é outra, isso é irrelevante, sendo essencial que se assegure ao investigado, na etapa inicial, o direito de defesa. Afirma o autor que, em um Estado de Direito, os atos estatais devem ser controlados, "sejam eles praticados pelo Estado-polícia, seja pelo sistema de administração da Justiça".[577]

Para Lopes Júnior, a justificativa para se garantir a defesa na investigação criminal está na presunção de hipossuficiência dos imputados, consubstanciada na dificuldade de compreensão sobre

[572] ROVEGNO, op. cit., p. 345.

[573] Em virtude disso é que SILVA, Paulo Thadeu Gomes da. "Inquérito policial e direito de defesa". *Revista Brasileira de Ciências Criminais*, São Paulo, nº 54, maio-jun. 2005, p. 315, expõe que o cerceamento desse direito do indiciado no inquérito policial é "bastante para admitir-se o *habeas corpus*". Para FURTADO, artigo citado, p. 298-9, em virtude dos artigos 133 e 5°, inciso LXIII, ambos da CF, a ausência de advogado para o investigado deveria gerar a nulidade dos atos de investigação criminal. No sentido, ainda, de que os prejuízos não se limitam ao procedimento do inquérito: ZAPPALA, Amália Gomes. "A Nova Redação do Artigo 306. Transferência do Controle da Legalidade da Prisão ou Pretensa Efetivação da Garantia da Assistência Jurídica Integral e Gratuita?". *Boletim do IBCCRIM*, São Paulo, nº 173, abr. 2007, p. 3.

[574] HADDAD, Carlos Henrique Borlido. "O Novo Interrogatório". *Revista da AJURIS*, Porto Alegre, nº 99, set. 2005, p. 52.

[575] ROVEGNO, op. cit., p. 59-60.

[576] EDWARDS, Carlos Enrique. *El defensor técnico en la prevención policial*. Buenos Aires: ASTREA, 1992, p. 7 e p. 15.

[577] SILVA, "Inquérito policial e direito de defesa", p. 321.

a atividade desenvolvida por uma autoridade estatal. Conforme o autor, "a presença do defensor deve ser concebida como um instrumento de controle da atuação do Estado".[578]

Reconhecer-se a aplicação do direito de defesa ao indiciado possibilita avanços no sentido de se superar a estrutura inquisitória do inquérito policial, característica apontada por Coutinho como ponto crítico da investigação criminal.[579] Não obstante, mesmo que ainda permaneçam resquícios de inquisitoriedade na investigação criminal, não existe incompatibilidade em se assegurar ao indiciado o direito de defesa.[580]

Nos mesmos moldes em que se viu quando se abordou o direito de informação (item 3.1), o direito de defesa também deve tornar-se obrigatório a partir do indiciamento,[581] momento em que o investigado passa à condição de *acusado em geral*. Nesse sentido, faz-se importante transcrever a lição de Armenta Deu: "[...] *el derecho de defensa – integrado en la necesidad de contradicción – despliega su eficacia desde el momento en que se entienda existe imputación contra una persona determinada*".[582]

4.1. A defesa técnica

No presente tópico, analisar-se-ão os direitos dos indiciados em se fazerem acompanhados de advogados, bem como as prerrogativas dos causídicos durante a fase de investigação criminal na defesa

---

578 LOPES JÚNIOR, Aury Celso Lima. *Sistemas de Investigação Preliminar no Processo Penal*. 4.ed. Rio de Janeiro: Lumen Juris, 2006, p. 355.

579 COUTINHO, Jacinto Nelson de Miranda. "O Papel do Novo Juiz no Processo Penal". In: COUTINHO, Jacinto Nelson de Miranda (coord.). *Crítica à Teoria Geral do Direito Processual Penal*. Rio de Janeiro e São Paulo: Renovar, 2001, p. 41. De acordo com o autor, eventual substituição do inquérito policial por outros modelos não resolveria o problema, pois "juízes ou promotores de justiça, como parece primário e demonstrou a história, não serão menos inquisidores que as autoridades policiais" (idem, ib.). No mesmo sentido: COUTINHO, Jacinto Nelson de Miranda. *A inconstitucionalidade de lei que atribua funções administrativas do inquérito policial ao Ministério Público. Revista de Direito Administrativo Aplicado*, Curitiba, nº 2, ago. 1994, p. 449; TOURINHO FILHO, *Processo Penal*, cit., p. 282; GIACOMOLLI, op. cit., p. 296.

580 ALMEIDA, Joaquim Canuto Mendes de. *Princípios Fundamentais do Processo Penal*. São Paulo: RT, 1973, p. 214. PRADO, Fabiana Lemes Zamalloa de. *A Ponderação de Interesses em Matéria de Prova no Processo Penal*. São Paulo: IBCCRIM, 2006, p. 163, informa que "a idéia de segurança, no Estado democrático de direito, não é algo excludente do conceito de liberdade individual, mas complementar a este".

581 Nesse sentido: SAAD, op. cit., p. 261; LOPES JÚNIOR, op. cit., p. 318.

582 ARMENTA DEU, Teresa. *Principio Acusatorio y Derecho Penal*. Barcelona: José M.ª Bosch Editor, 1995, p. 69.

dos imputados, ou seja, quais os poderes que se estendem, em sede de inquérito policial, aos defensores dos investigados.

Apenas para relembrar o que já foi exposto em capítulo anterior, defesa técnica é aquela que deve ser exercida, necessariamente, por alguém habilitado, ou seja, por um profissional da advocacia.[583] Não basta que a pessoa apenas seja formada em Direito. Deve, sim, ser letrada e estar devidamente registrada junto à Ordem dos Advogados do Brasil (OAB), possuindo, assim, poderes postulatórios.

4.1.1. A constituição do advogado pelo investigado

De acordo com Tucci e Cruz e Tucci, a assistência de defensor ao indiciado é uma garantia inarredável da ampla defesa.[584]

Assegurar defesa técnica ao investigado também significa que ele terá o direito de escolher advogado de sua confiança para defendê-lo. O defensor deverá ser escolhido pelo imputado mediante livre designação, tendo em vista que se parte da premissa de que existe uma relação de confiança entre o constituinte e o constituído.[585]

Nos dizeres de Picó i Junoy, o interessado *pueda encomendar su representación y asesoramiento técnico a quien merezca su confianza y considere más adecuado para instrumentar su propia defensa.*[586]

Na fase judicial, se o advogado constituído renunciar, deverá o acusado ser intimado para nomear outro defensor de sua confiança antes de se designar um dativo.[587] Já decidiu o TJSP que constitui nulidade absoluta, na etapa processual, por ofensa ao princípio do devido processo legal, a nomeação de defensor dativo sem a intimação do acusado para constituir novo advogado de sua confiança, em razão da renúncia do anterior.[588] Também levando em conta uma questão processual, o TJSC, recentemente, afirmou que constitui nu-

---

[583] SILVA, "Inquérito policial e direito de defesa", cit., p. 324; ROVEGNO, op. cit., p. 343.

[584] TUCCI, Rogério Lauria; CRUZ E TUCCI, José Rogério; *Constituição de 1988 e Processo.* São Paulo: Saraiva, 1989, p. 64.

[585] PICÓ i JUNOY, Joan. *Las Garantías Constitucionales del Proceso.* Barcelona: José Maria Bosch Editor, 1997, p. 107; GRINOVER, Ada Pellegrini; FERNANDES, Antonio Scarance; GOMES FILHO, Antonio Magalhães. *As Nulidades no Processo Penal.* 8.ed. São Paulo: RT, 2004, p. 93; FERNANDES, op. cit., p. 274. Na jurisprudência: STJ, HC 66.097, rel. Min. Laurita Vaz, j. 18.03.2008, DJU 22.04.2008

[586] PICÓ i JUNOY, op. cit., p. 105.

[587] GRINOVER, FERNANDES e GOMES FILHO, op. cit., p. 93.

[588] TJSP, HC 387.396-3/0-00, rel. Des. Silva Pinto, j. 30.07.2002, *RT* nº 807, p. 607.

lidade a nomeação de defensor dativo logo após a inércia do constituído para oferecer alegações finais.[589]

Inviável, no entanto, a aplicação dessa garantia durante o inquérito policial, principalmente nos casos em que existe prisão cautelar, em virtude da exigüidade dos prazos processuais que devem ser cumpridos pelo delegado de polícia quando houver indiciado.[590] Na hipótese de prisão em flagrante, por exemplo, a autoridade policial deve expedir a nota de culpa, conforme determina o art. 306, § 2° do CPP, com a redação dada pela Lei 11.449, de 15 de janeiro de 2007,[591] em até vinte e quatro horas após a prisão do conduzido. Dessa forma, não seria razoável e nem haveria tempo hábil para se aguardar que o preso designe outro advogado em caso de desídia ou desistência do defensor inicialmente nomeado. Assim, se o advogado constituído não comparecer ao órgão policial nos primeiros instantes após a prisão ou se renunciar depois de se fazer presente, deve a autoridade policial, de imediato, nomear um defensor dativo para acompanhar o conduzido.

Portanto, na fase policial, se o advogado constituído renunciar ou não comparecer ao órgão policial durante a realização de um ato formal, deverá o delegado de polícia nomear um defensor dativo ao imputado.

Caso o investigado não tenha condições financeiras para constituir um advogado de confiança, deve ser designado um defensor público (ou, na impossibilidade, nomeado um defensor dativo) para acompanhar as investigações.[592] Dessa forma, em atendimento ao art. 5°, inciso LXXIV, da CF,[593] caberá ao Estado adotar as providências cabíveis para possibilitar aos hipossuficientes a assistência de profissional habilitado.[594]

---

[589] TJSC, Apelação 2005.033258-6, 2ª Câmara Criminal, rel. Des. Torres Marques, j. 14.03.2006, *Boletim do IBCCRIM* nº 169, Jurisprudência, dez. 2006, p. 1.048.

[590] De acordo com o art. 10, *caput*, do CPP, o inquérito policial deve ser concluído, em regra, em 30 (trinta) dias se o indiciado estiver solto e em 10 (dez) se estiver preso.

[591] "Art. 306, § 1° Dentro em 24h (vinte e quatro horas) depois da prisão [...] 2° No mesmo prazo, será entregue ao preso, mediante recibo, a nota de culpa, assinada pela autoridade, com o motivo da prisão, o nome do condutor e o das testemunhas".

[592] A mesma postura pode ser adotada, também, ao indiciado que esteja fugindo do distrito da culpa ou em lugar desconhecido.

[593] "Art. 5° Todos são iguais perante a lei, sem distinção de qualquer natureza, garantindo-se aos brasileiros e aos estrangeiros residentes no País a inviolabilidade do direito à vida, à liberdade, à igualdade, à segurança e à propriedade, nos termos seguintes: [...] LXXIV – o Estado prestará assistência jurídica integral e gratuita aos que comprovarem insuficiência de recursos".

[594] SAAD, op. cit., p. 316. Nesse aspecto, coaduna-se com o pensamento de TONINI, Wagner Adilson. "Defensorias e contraditório informal nos procedimentos iniciais de polícia judiciá-

Na Inglaterra, por exemplo, existe atendimento gratuito, vinte e quatro horas por dia, aos presos que não possuem defensores. Esse serviço é prestado por profissionais que são pagos por fundos públicos e não retira o direito de os investigados indicarem seus advogados de confiança.[595] Apesar de ser um exemplo de um país desenvolvido, pode ser seguido no Brasil se houver vontade política.

4.1.2. A entrevista prévia

Antes de se submeter o investigado ao interrogatório, faz-se necessário que se permita que converse com seu advogado, como forma de se integrar a autodefesa à defesa técnica.[596] Do contrário, como salienta Haddad, em nada melhoraria a posição do acusado a presença do defensor durante o interrogatório, sem a possibilidade de entrevista prévia com o cliente.[597]

Na Argentina, v.g., o imputado possui o direito de se comunicar previamente, antes de ser interrogado em sede policial, com seu defensor técnico, a fim de receber assessoramento e orientação jurídica. No país vizinho, discute-se se essa comunicação prévia, quando o imputado estiver preso, será reservada ou na presença de algum funcionário policial. Dando preferência pela primeira opção, Edwards sustenta que, se houver o acompanhamento de um agente policial, prejudicada estará a estratégia de defesa.[598]

Na Itália, o Código Processual Penal estende ao acusado preso o direito de conversar, reservada e previamente, com seu advogado.[599]

Em terras espanholas, segundo salienta Picó i Junoy, também se permite, em virtude da defesa técnica, uma comunicação pessoal entre o advogado e o acusado.[600]

Essa deve ser a interpretação que se deve seguir, ademais, no Brasil. De acordo com o § 2° do artigo 185 do CPP[601] – aplicável à fase

---

ria". *Boletim do IBCCRIM*, São Paulo, n° 61, dez. 1997, p. 16, que apregoa caber ao Estado a criação de Defensorias Públicas junto às Delegacias de Polícia para a assistência daqueles que não possuem condições financeiras para constituírem um advogado.

595 DELMAS-MARTY, Mireille (org.). *Processos Penais da Europa*. Rio de Janeiro: Lumen Juris, 2005, p. 264-5.

596 GRINOVER, FERNANDES e GOMES FILHO, op. cit., p. 100.

597 HADDAD, op. cit., p. 54. Do mesmo autor: HADDAD, Carlos Henrique Borlido. "Lei n° 11.449/07: O Papel da Defensoria Pública na Prisão em Flagrante". *Boletim do IBCCRIM*, São Paulo, n° 172, mar. 2007, p. 18-9.

598 EDWARDS, op. cit., p. 99 e p. 116-8.

599 SAAD, op. cit., p. 314.

600 PICÓ i JUNOY, op. cit., p. 108.

601 "Art. 185 [...] § 2° Antes da realização do interrogatório, o juiz assegurará o direito de entrevista reservada do acusado com seu defensor".

pré-processual por força do art. 6°, incisos V, do mesmo estatuto, como se mostrará adiante –, a comunicação prévia deverá ser feita de maneira reservada.[602]

Ensina Grinover que a entrevista entre advogado e investigado, que deve ser realizada anteriormente ao interrogatório policial e de forma reservada, em virtude do dispositivo referido, é fundamental para que a defesa técnica se integre com a autodefesa.[603]

O Pacto de São José da Costa Rica, no artigo 8°, item 2, alínea *d*, incorporado ao direito nacional por força do Decreto 678/92, também assegura a comunicação reservada entre o acusado e seu advogado.[604]

Além disso, o próprio Estatuto da OAB assegura a comunicação reservada entre o advogado e o seu cliente.[605] Portanto, a conversa realizada entre acusado e defensor deverá ocorrer livremente, de forma reservada e anterior à realização do interrogatório policial.[606]

4.1.3. A proposição de diligências

Outra questão que surge é se o advogado pode, em sede de inquérito policial, requerer diligências a serem cumpridas pela polícia judiciária.

Como requisito para que a defesa requeira a execução de diligências na fase preliminar, conforme referência que se fez no capítulo anterior (item 3.1), é necessário que tenha, previamente, co-

---

[602] Nesse sentido: SAAD, op. cit., p. 314-5; SCHOLZ, Leônidas Ribeiro. "O papel do advogado em face da persecução penal". *Boletim do IBCCRIM*, São Paulo, nº 64, mar. 1998, p. 4; PITOMBO, Cleunice Valentim Bastos et al. "Publicidade, ampla defesa e contraditório no novo interrogatório judicial". *Boletim do IBCCRIM*, São Paulo, nº 135, fev. 2004, p. 2; LOPES JÚNIOR, Aury Celso Lima. *Introdução Crítica ao Processo Penal (Fundamentos da Instrumentalidade Garantista)*. 2.ed. Rio de Janeiro: Lumen Juris, 2005, p. 243; LOPES JÚNIOR, *Sistemas de Investigação Preliminar ...*, p. 357; ROVEGNO, op. cit., p. 272.

[603] GRINOVER, Ada Pellegrini. "O interrogatório como meio de defesa (Lei 10.792/2003)". *Revista Brasileira de Ciências Criminais*, São Paulo, nº 53, mar.-abr. 2005, p. 191.

[604] "Art. 8°, 2, d: Toda pessoa acusada de delito tem direito a que se presuma sua inocência enquanto não se comprove legalmente sua culpa. Durante o processo, toda pessoa tem direito, em plena igualdade, às seguintes garantias mínimas: [...] d) direito do acusado de defender-se pessoalmente ou de ser assistido por um defensor de sua escolha e de comunicar-se, livremente e em particular, com seu defensor".

[605] "Art. 7° São direitos do advogado: [...] XIV – comunicar-se com seus clientes, pessoal e reservadamente, mesmo sem procuração, quando estes se acharem presos, detidos ou recolhidos em estabelecimentos civis ou militares, ainda que considerados incomunicáveis".

[606] SAAD, op. cit., p. 344; QUEIJO, Maria Elizabeth. "Principais Instituições do Processo Penal Brasileiro e Elaboração Legislativa de Novo Código de Processo Penal: Inquérito Policial". *Revista dos Tribunais*, São Paulo, nº 697, nov. 1993, p. 272; CORRÊA, Cristiane da Rocha. "O princípio do contraditório e as provas irrepetíveis no inquérito policial". *Revista Brasileira de Ciências Criminais*, São Paulo, nº 60, jun. 2006, p. 235.

nhecimento do teor dos autos de investigação.[607] Dito isso, passa-se a verificar se a defesa pode, no curso do inquérito policial, requerer diligências investigativas.

Na Argentina, por exemplo, o defensor do imputado possui a faculdade de requerer diligências ou medidas probatórias ao órgão investigativo. Não obstante, tais atos somente serão praticados se o responsável pela condução das investigações os reputar úteis e pertinentes. Se a autoridade policial, v. g., dentro do seu poder discricionário, indeferir o pedido de diligências da defesa do investigado, caberá novo pedido, posteriormente, em sede judicial.[608]

Em nosso país, determina o artigo 14 do CPP que, além do ofendido, o indiciado poderá requerer à autoridade policial qualquer diligência investigativa.[609]

De acordo com parte da doutrina, a autoridade policial é quem detém o poder discricionário para decidir se realiza ou não a diligência requerida, ao seu bel-prazer, dentro dos limites legais, ou seja, o delegado de polícia que preside o inquérito policial, ao seu critério, decidirá se indefere ou se atende o pedido de diligências.[610]

Entretanto, à luz do princípio constitucional da ampla defesa, a interpretação deve ser outra. Como regra, por ser missão de quem preside uma investigação criminal apurar todas circunstâncias de um fato que se apresenta como criminoso, os pedidos formulados pelo investigado deverão ser atendidos pela autoridade policial. O direito de defesa na fase pré-processual é um direito subjetivo do investigado, razão pela qual o delegado de polícia deve realizar diligências que sirvam para a elucidação dos fatos, desde que não sejam ilegais ou impertinentes.[611]

Assim, pode o advogado que estiver acompanhando atos de produção de prova, v. g., fazer reperguntas às testemunhas ou aos investigados.[612] Ainda, devem ser assegurados ao defensor os direi-

---

[607] MALAN e QUITO, artigo citado, p. 18.

[608] EDWARDS, op. cit., p. 146.

[609] "Art. 14. O ofendido, ou seu representante legal, e o indiciado poderão requerer qualquer diligência, que será realizada, ou não, a juízo da autoridade".

[610] RANGEL, op. cit., p. 89; NORONHA, E. Magalhães. *Curso de Direito Processual Penal*. 24.ed. São Paulo: Saraiva, 1996. Atualizada por Adalberto José Q. T. de Camargo Aranha, p. 21; ESPÍNOLA FILHO, Eduardo. *Código de Processo Penal Brasileiro Anotado*. 6.ed. Rio de Janeiro: Editora Rio, 1980, p. 303.

[611] SAAD, op. cit., p. 348.

[612] COUTINHO, Jacinto Nelson de Miranda. "O Sigilo do Inquérito Policial e os Advogados". *Revista Brasileira de Ciências Criminais*, São Paulo, nº 18, abr.-jun. 1997, p. 134; LOPES JÚNIOR, *Sistemas de Investigação Preliminar ...*, p. 323. Quanto à possibilidade de realização de perguntas ao investigado, ver item 4.2.1.

tos de indicar testemunhas a serem ouvidas, de juntar documentos aos autos do inquérito policial ou, até mesmo, de impugnar documentos constantes no expediente de investigação.[613]

Em suma, é um direito do advogado pedir a produção de provas para demonstrar a versão da defesa para contradizer outras porventura existentes, por força do art. 14 do CPP e, até mesmo, do art. 189 do mesmo diploma legal, com a redação dada pela Lei 10.792/03,[614] também aplicável na persecução policial.[615] Como adverte Rovegno, "essa possibilidade não se submete à discricionariedade ampla da autoridade policial".[616]

Entretanto, se as diligências requeridas forem, por exemplo, meramente protelatórias, inócuas ou irrealizáveis na prática, deve a autoridade policial, de forma excepcional, indeferir o pedido, em ato formalizado que deverá ser motivado, o que permitirá que o requerente adote, se assim entender, medida judicial cabível.[617]

Ainda, de acordo com Espínola Filho, se a diligência solicitada for "prejudicial à apuração exata dos fatos", deve a autoridade policial, ademais, indeferir o pedido.[618] A mesma decisão também deve ser tomada pela autoridade policial se o resultado que se busca com a diligência requerida já preexiste nos autos.[619]

Sintetizando, de acordo com o que expõem Baldan e Azevedo, em respeito ao princípio do devido processo legal, que se aplica na fase pré-processual, e ao art. 14 do CPP, deve-se propiciar que também façam parte dos autos do inquérito policial "os elementos de

---

[613] SAAD, op. cit., p. 271; ROVEGNO, op. cit., p. 356.

[614] "Art. 189. Se o acusado negar a imputação, no todo ou em parte, poderá prestar esclarecimentos e indicar provas".

[615] PINTO, Adilson José Vieira. "O Inquérito Policial à luz dos Direitos e Garantias Individuais da Constituição Federal de 1988". *Revista Brasileira de Ciências Criminais*, São Paulo, nº 27, jul.-set. 1999, p. 260. Para o autor, não se aplicam os princípios do contraditório e da defesa no primeiro momento da investigação criminal, que visa a confirmar a existência (ou não) da infração penal através da coleta de elementos informativos. Contudo, após o indiciamento, ato que daria início à segunda etapa da investigação, que se destina à responsabilização dos prováveis autores do crime, o raciocínio deve ser inverso (idem, p. 255)

[616] ROVEGNO, op. cit., p. 347.

[617] Nesse sentido: TOURINHO FILHO, *Processo Penal*, cit., p. 48; ROVEGNO, op. cit., p. 347; CORRÊA, op. cit., p. 235; SAAD, op. cit., p. 350-1. Em Portugal, como lembra a autora, o argüido possui o direito de intervir no inquérito apresentando provas e requerendo diligências, assim como ocorre com o imputado na Itália e na Argentina (idem, p. 352-3).

[618] ESPÍNOLA FILHO, op. cit., p. 304.

[619] PINTO, op. cit., p. 260.

prova (dês que legítimos) de interesse da defesa da pessoa sujeita à investigação ou indiciamento".[620]

Seguindo essa linha, o STF, recentemente, determinou a juntada de laudos produzidos pela defesa em autos de inquérito policial em andamento, por entender que não se estava reivindicando "produção de prova extemporânea ou providência" que implicasse tumulto.[621]

O que se quer deixar claro, aqui, é que as diligências devem ser, como regra, deferidas, reduzindo-se a discricionariedade da autoridade policial. Se os pedidos forem indeferidos – o que somente pode ocorrer nas hipóteses mencionadas e de maneira excepcional – o ato deve ser motivado. Apontar as razões para eventual indeferimento é ponto fundamental, por permitir que sejam exteriorizados os motivos para o não atendimento e, com isso, possibilitar a adoção por parte da defesa das medidas judiciais cabíveis.

Sugere-se, outrossim, com o intuito de que seja efetivada a medida estabelecida no art. 14 do CPP, que a autoridade policial, após o indiciamento, abra o prazo de três dias para que a defesa tenha a possibilidade de requerer as diligências que entender pertinentes. Para atender esse aspecto, porém, seria conveniente alteração na legislação infraconstitucional. Não obstante, enquanto isso não ocorre, nada impede que os delegados de polícia, à luz da ampla defesa, adotem essa postura durante a investigação criminal.

4.1.4. A participação do advogado na perícia

Como decorrência do direito de defesa na fase policial, poderá o investigado também, através de seu advogado, constituído ou nomeado, sempre que possível, elaborar quesitos aos expertos que irão elaborar o respectivo laudo pericial.[622]

Segundo Gomes Filho, nem sempre o contraditório diferido, nos casos de realização de perícia, assegura uma defesa suficiente,[623]

---

[620] BALDAN, Édson Luís; AZEVEDO, André Boiani. "A preservação do devido processo legal pela investigação defensiva (ou do direito de defender-se provando)". *Boletim do IBCCrim*, São Paulo, nº 137, p. 6-8, abr. 2004.

[621] STF, HC 92.599, 2ª Turma, rel. Min. Gilmar Mendes, j. 18.03.2008, DJU 25.04.2008.

[622] GRINOVER, FERNANDES e GOMES FILHO, op. cit., p. 182; TOURINHO FILHO, *Processo Penal*, cit., p. 250; ROVEGNO, op. cit., p. 354. Para CHOUKR, Fauzi Hassan. *Garantias Constitucionais na Investigação Criminal*. 2.ed. Rio de Janeiro: Lumen Juris, 2001, p. 130, em virtude do princípio acusatório, é salutar a presença de advogado, quando possível, durante a realização de perícia.

[623] GOMES FILHO, Antonio Magalhães. *Direito à Prova no Processo Penal*. São Paulo: RT, 1997, p. 145.

fazendo-se necessária, por isso, a participação do advogado, quando cabível, já na etapa preliminar.

Oliveira, na mesma esteira, afirma que a prova pericial, quando possível, deveria "contar com a contribuição e a fiscalização da defesa, *desde o início*, para a garantia, não só do contraditório, mas sobretudo da amplitude da defesa".[624]

Dessa forma, como afirma Coutinho, a participação do advogado não pode ser meramente passiva. Deve o defensor ter a possibilidade de elaborar quesitos e de indicar, eventualmente e se assim entender, assistente técnico para acompanhar a realização do ato.[625]

Corrêa também defende, corretamente, que o investigado possa indicar assistentes técnicos para acompanhamento, quando possível, dos exames periciais, sob pena de ocorrer violação ao princípio do contraditório.[626]

Portanto, como as provas periciais produzidas na fase do inquérito policial são, em regra, definitivas, deve-se permitir à defesa, sempre que for possível faticamente, o direito de formular quesitos aos peritos e de designar especialistas para presenciarem a realização da perícia.

Hoje, de acordo com a nova redação do art. 159, § 3°, CPP, mudança introduzida pela Lei 11.690/08, essa interpretação também é perfeitamente viável à luz da legislação infraconstitucional. Assim estabelece tal dispositivo, que se aplica, no que couber, na fase policial: "Serão facultadas ao Ministério Público, ao assistente de acusação, ao ofendido, ao querelante e ao *acusado* a formulação de quesitos e indicação de assitente técnico".

Por razões lógicas, no entanto, excluem-se as hipóteses em que existe caráter de urgência, como aquelas em que há o risco de desaparecerem os vestígios do crime, a impossibilidade de conservar o objeto que deverá ser examinado ou quando a polícia ainda não

---

[624] OLIVEIRA, Eugênio Pacelli de. *Curso de Processo Penal*. 4.ed. Belo Horizonte: Del Rey, 2005, p. 339.

[625] COUTINHO, "O Sigilo do Inquérito Policial e os Advogados", p. 132-3.

[626] CORRÊA, op. cit., p. 237. Com relação à participação do investigado na realização da perícia na etapa preliminar, a autora apresenta, em síntese, a seguinte proposta: (a) nas perícias *potencialmente repetíveis* (exames de documentos e grafotécnicos, p. ex.) e, em regra, nas *relativamente repetíveis* (lesão corporal na vítima, v. g.), "deve-se proceder a realização de incidente probatório, sob a presidência do juiz e com a atuação do Ministério Público e do defensor do acusado", quando houver suspeito. Não havendo pessoa investigada, a prova deve ser reproduzida em juízo, se assim o requerer o acusado; (b) nas *absolutamente irrepetíveis* (exame no local de crime) ou quando houver risco de desaparecerem os vestígios nas *relativamente irrepetíveis*, o exame deve ser feito imediatamente, devendo a prova ser admitida e o contraditório ser realizado de forma diferida (idem, p. 243-6).

tiver suspeito do cometimento da infração penal. Nesses casos, o contraditório será diferido, podendo as partes questionarem ou impugnarem os laudos periciais em juízo.[627]

Além de ser possível a formulação de quesitos para a realização de perícias, o advogado também tem a faculdade de pedir esclarecimentos ou complementações sobre laudos periciais que estejam prontos.[628] Mesmo que as partes possam apresentar requerimento nesse sentido na fase judicial, é necessário que se reconheça esse direito, inclusive, na etapa policial, até para que o juízo de admissibilidade da ação penal seja realizado de forma mais acurada.

Refira-se que o advogado pode, igualmente, com base na redação do artigo 184 do CPP,[629] requerer, em sede de inquérito policial, a realização de perícia.[630] Com relação a este dispositivo, especificamente, não pode o delegado de polícia indeferir requerimento do indiciado para a realização de exame de corpo de delito.[631]

Ainda, poder-se-ia citar como fundamento legal para o investigado solicitar perícia o art. 176 do CPP,[632] que define que a autoridade e as partes podem, até a realização da diligência, formular quesitos para os peritos.[633] Ainda que tal dispositivo fale em *partes*, não se óbice para que tal possibilidade também seja aplicada na etapa preliminar, mormente por se tratar da elaboração de prova que, na prática, acaba influenciando fortemente o julgador, ainda que no Brasil não se utilize o sistema tarifário de provas e que o juiz não esteja adstrito ao laudo pericial.

4.2. A autodefesa (positiva e negativa)

Apenas para relembrar o que se analisou no capítulo segundo, a autodefesa pode ser positiva (direito de presença e de audiência) e negativa (direito ao silêncio).

---

[627] GRINOVER, FERNANDES e GOMES FILHO, op. cit., p. 182-3.

[628] SAAD, op. cit., p. 328 e p. 346.

[629] "Art. 184. Salvo o caso de exame de corpo de delito, o juiz ou a autoridade policial negará a perícia requerida pelas partes, quando não for necessária ao esclarecimento da verdade".

[630] GRINOVER, FERNANDES e GOMES FILHO, op. cit., p. 179.

[631] TOURINHO FILHO, *Processo Penal*, p. 208.

[632] "Art. 176. A autoridade e as partes poderão formular quesitos até o ato da diligência".

[633] De acordo com TOURINHO FILHO, *Processo Penal*, p. 249, porém, o art. 176 do CPP, por falar em "partes", só se aplica na fase judicial.

Neste tópico, então, serão abordadas as atitudes que o investigado poderá tomar na investigação criminal.

4.2.1. *O Interrogatório policial*[634]

Preceitua o CPP, no art. 6°, inciso V, que a autoridade policial, ao tomar conhecimento de uma infração penal, deverá ouvir o indiciado.[635]

Denomina-se interrogatório policial[636] o ato em que o investigado, na etapa preliminar, é inquirido pela autoridade policial acerca dos fatos – em tese, criminosos – que lhe são imputados, podendo exercer tanto a autodefesa positiva, quanto a negativa.

Pedroso, antes da atual CF, definia o interrogatório como sendo o ato em que o acusado, ao ser indagado, fornece à autoridade

> as informações e declarações a respeito de sua pessoa e do fato criminoso com suas circunstâncias. É, portanto, o conjunto de perguntas e respostas que se estabelece entre a autoridade judiciária[637] e o acusado, versando sobre seus antecedentes, personalidade, identidade e o fato em que se viu envolvido.[638]

O STF, por mais de uma vez, antes da Lei 10.792/03 – que trouxe mudanças ao Capítulo III do CPP, que trata do interrogatório do acusado –, decidiu que não é incumbência do delegado de polícia, durante a lavratura do auto de prisão em flagrante, a nomeação de advogado para a oitiva do conduzido.[639] Contudo, se estiver pre-

---

[634] Optou-se por incluir o interrogatório policial no tópico referente à autodefesa. Apesar disso, analisar-se-ão, igualmente, as decorrências da defesa técnica em tal ato.

[635] "Art. 6° – Logo que tiver conhecimento da prática da infração penal, a autoridade policial deverá: [...] V – ouvir o indiciado, com observância, no que for aplicável, do disposto no Capítulo III do Título VII, deste Livro, devendo o respectivo termo ser assinado por 2 (duas) testemunhas que lhe tenham ouvido a leitura".

[636] Para NORONHA, op. cit., p. 19, o termo "interrogatório" deveria ser usado somente para designar a oitiva do réu em juízo. Na mesma esteira: LIMA, Marcellus Polastri. *Curso de Processo Penal*. 2.ed. Rio de Janeiro: Lumen Juris, 2006, v. II, p. 118. Não obstante, usar-se-á neste tópico a expressão "interrogatório policial" para designar a oitiva do investigado pela prática de um crime na fase preliminar. Afirma TORNAGHI, *Curso de Processo Penal*, p. 363, que o "interrogatório, por antonomásia, é a inquirição do réu. Em sentido um pouco mais amplo é também a do indiciado, no inquérito". Na linha de que também é correto o uso da expressão *interrogatório policial*: HADDAD, op. cit., p. 42-3. Aliás, o art. 304 do CPP, com a redação dada pela Lei 11.113/2005, que trata da oitiva da pessoa presa em flagrante, usa o termo *interrogatório*. Da mesma forma, o inciso LXIV do art. 5.° da CF fala em "interrogatório policial".

[637] Na fase policial, entre o delegado de polícia e o investigado.

[638] PEDROSO, Fernando de Almeida. *Processo Penal, o Direito de Defesa: Repercussão, Amplitude e limites*. Rio de Janeiro: Forense, 1986, p. 155-6.

[639] STF, HC 73.898/SP, 2ª Turma, rel. Min. Maurício Corrêa, j. 21.05.1996, DJU de 16.08.1996, p. 28.108; STF, RE 136.239/SP, 1ª Turma, rel. Min. Celso de Mello, j. 07.04.1992, DJU de 14.08.1992, p. 12.227.

sente o defensor, sua atuação, segundo salienta Carvalho, deveria limitar-se "a acompanhar a regularidade do auto e da prisão; não de se imiscuir nas investigações".[640]

Além disso, parcela doutrinária, por afastar o direito de defesa na fase preliminar, conforme se verificou no início deste capítulo, segue sustentando que a presença de advogado nos atos do inquérito não é obrigatória.[641]

Apesar desses posicionamentos por parte da jurisprudência e da doutrina, faz-se necessário reconhecer que a presença de defensor na fase policial para o interrogatório do indiciado deixou de ser apenas uma possibilidade. Passou a ser, na realidade, uma obrigatoriedade.

Efetivamente, combinando-se o art. 6°, inciso V, do CPP, com a nova sistemática trazida pela Lei n° 10.792/03,[642] tornou-se mister o comparecimento de advogado no interrogatório policial.[643] Tal dispositivo determina que são aplicáveis na fase pré-processual, durante a oitiva do investigado, desde que haja compatibilidade, as normas processuais referentes ao interrogatório judicial, que estabelecem, hodiernamente, que a presença de defensor é obrigatória para o ato.

Como leciona Edwards, ao analisar o sistema de investigação argentino, não existe incompatibilidade entre o exercício do direito de defesa e as garantias que se impõem para a realização do interrogatório policial.[644]

---

640 CARVALHO, Luis Gustavo Grandinetti Castanho de. *O Processo Penal em face da Constituição*. Rio de Janeiro: Forense, 1992, p. 65.

641 Em seu tempo, em obra anterior à atual CF, ESPÍNOLA FILHO, op. cit., p. 314, por exemplo, afirmava que a presença de advogado na investigação policial não é obrigatória, apesar de o investigado possuir o direito de ser acompanhado por um.

642 Esta lei pôs fim à discussão existente anteriormente acerca da obrigatoriedade da presença de advogado durante o interrogatório judicial. Por força da atual redação do art. 185 do CPP, o acusado deverá ser interrogado, em juízo, acompanhado de advogado, constituído ou nomeado. Nesse sentido: GRINOVER, FERNANDES e GOMES FILHO, op. cit., p. 100. Já na etapa pré-processual, esses autores entendem, no entanto, que a presença de advogado no interrogatório policial seria apenas uma possibilidade (idem, p. 97).

643 Nesse sentido: HADDAD, op. cit., p. 51; MALAN e QUITO, artigo citado, p. 18; SAAD, op. cit., p. 285; PINTO, op. cit., p. 260; GRINOVER, "O interrogatório como meio de defesa ...", p. 191-2; LOPES JÚNIOR, *Sistemas de Investigação Preliminar ...*, p. 148 e p. 366-7. Em acepção contrária, seguindo a linha de que não é obrigatória a presença de advogado no interrogatório policial: LIMA, *Curso de Processo Penal*, v. I, cit., p. 112-3.

644 EDWARDS, op. cit., p. 38. Para o autor, a declaração na polícia possui a natureza jurídica de ser um meio de defesa e, eventualmente, uma fonte de prova (idem, p. 68). Também no sentido de que o interrogatório é um meio de defesa que pode constituir-se em fonte de prova: GRINOVER, FERNANDES e GOMES FILHO, op. cit., p. 96; GRINOVER, "O interrogatório como meio de defesa ...", p. 187; FRAGOSO, Christiano. "O advogado no interrogatório". *Boletim do IBCCRIM*, São Paulo, nº 132, nov. 2003, p. 4; LOPES JÚNIOR, *Introdução Crítica ao Pro-*

Nesse sentido os ensinamentos de Haddad:

> A inquirição realizada em sede extrajudicial não é diferente da efetivada em juízo, salvo pelas autoridades que as presidem e pelo momento procedimental em que ocorrem. A primeira é levada a efeito pela autoridade policial e tem sede no inquérito, ao passo que a segunda se efetiva em juízo, presidida pelo órgão judicial. O fato de se realizarem em momentos distintos não diferencia os interrogatórios: seja policial ou judicial, ambos são meios de prova e de defesa [...].[645]

Assim, principalmente nos casos de prisão em flagrante, em que o interrogatório do conduzido é condição de validade do ato,[646] conforme determina o art. 304 do CPP, as garantias constitucionais devem ser asseguradas ao preso, incluindo-se aí a presença necessária de defensor.[647] Da mesma forma, o acompanhamento de advogado também não deve ser visto como mera faculdade em interrogatórios de indiciados, mas como obrigatória.[648]

Estabelecida a necessidade de defesa no interrogatório policial, devem ser definidos os poderes do advogado nessa etapa da investigação criminal.

Na dicção de Nogueira, o advogado deve acompanhar e fiscalizar as provas colhidas para que não haja prejuízo, posteriormente, a seu cliente. Para o autor, contudo, em obra anterior à Lei 10.792/03, não poderia o defensor intervir no sentido de "fazer prova".[649]

---

cesso Penal ..., p. 231; OLIVEIRA, op. cit., p. 19. Na linha, porém, de que o ato é híbrido (meio de prova e meio de defesa): COUCEIRO, João Cláudio. *A Garantia Constitucional do Direito ao Silêncio.* São Paulo: RT, 2004, p. 22; PEDROSO, op. cit., p. 156.

645 HADDAD, op. cit., p. 51. Reconhece o autor a dificuldade de assistência de advogado no caso de prisão em flagrante, em virtude da obrigação de expedição de nota de culpa em até 24 horas após a restrição da liberdade. No entanto, sugere que a solução seja disponibilizar defensores de plantão (idem, p. 53). Posição semelhante é adotada por CRUZ, Rogério Schietti M. "A otimização, ainda tímida, da assistência de advogado ao preso". *Boletim do IBCCRIM*, São Paulo, nº 172, mar. 2007, p. 17, que defende a obrigatoriedade de se manter em Delegacias de Polícia profissionais do Direito "para prestar assistência jurídica ao preso antes mesmo da lavratura do auto de prisão em flagrante e, principalmente, antes de ser formalmente interrogado", orientando-o sobre seus direitos e deveres.

646 MARQUES, José Frederico. *Elementos de Direito Processual Penal.* Campinas: Bookseller, 1998, v. 1, p. 154; PEDROSO, op. cit., p. 181. Existem, no entanto, situações excepcionais em que se admite a não realização de interrogatório. Como exemplo, PEDROSO, op. cit., p. 182-3, cita o fato de o conduzido se sentir mal no momento da lavratura do auto, de estar hospitalizado ou de se recusar a depor.

647 GRINOVER, "O interrogatório como meio de defesa ...", p. 199; LOPES JÚNIOR, *Introdução Crítica ao Processo Penal* ..., p. 243.

648 GRINOVER, "O interrogatório como meio de defesa ...", p. 192.

649 NOGUEIRA, Paulo Lúcio. *Curso Completo de Processo Penal.* 10.ed. São Paulo: Saraiva, 1996, p. 43.

Já para Saad, o advogado não pode ser apenas espectador dos atos praticados pela autoridade policial, prestando assistência passiva. Deve, isso sim, praticar atos balizados na contrariedade.[650]

Antes do ato, conforme já analisado, o advogado pode entrevistar-se, reservadamente, com o investigado. Contudo, após o começo do interrogatório, o advogado está impedido de fazer gestos ou sinais de aprovação ou desaprovação ao cliente.[651] Da mesma forma, uma vez iniciado o ato, não mais poderá o interrogado entrevistar-se com seu advogado. Nesse aspecto, vale transcrever a lição de Couceiro:

> [...] o defensor está impedido de dar sugestões ao imputado, durante o interrogatório ou antes que ele responda a determinadas questões, e também o imputado deve estar impedido de entrevistar-se com seu defensor, durante o interrogatório ou antes de responder a determinadas questões. Tais garantias também se aplicam na fase policial.[652]

A sua missão no interrogatório é controlar a legalidade do ato, podendo, ao final, fazer perguntas ao investigado, por intermédio e a critério da autoridade policial, que analisará a pertinência dos questionamentos e vedará questionamentos que possam ser usados como forma de pressão.[653]

Em suma, embora admitida a defesa técnica, a intervenção do advogado durante o interrogatório policial não será ampla e irrestrita, proibindo-se que sugira ao interrogado, por exemplo, respostas. Ao final, depois de formuladas as perguntas pelo presidente do inquérito policial, abre-se ao defensor a possibilidade para realizar, através da autoridade, questionamentos complementares. Hoje, essa prerrogativa de a defesa fazer perguntas ao acusado no interrogatório, ao final, decorre da nova redação do art. 188 do CPP.[654]

---

[650] SAAD, op. cit., p. 325.

[651] Nesse sentido: EDWARDS, op. cit., p. 143. Existe, no entanto, doutrina, com a qual não se concorda, na linha de que o acusado pode, a qualquer momento, interromper o interrogatório para consultar seu advogado. Nesse sentido: SAAD, op. cit., p. 286; FRAGOSO, artigo citado, p. 4.

[652] COUCEIRO, op. cit., p. 201.

[653] Nessa esteira: GRINOVER, "O interrogatório como meio de defesa ...", p. 193; EDWARDS, op. cit., p. 141-2; TONINI, "Defensorias e contraditório informal nos procedimentos iniciais de polícia judiciária", artigo citado, p. 16. Para HADDAD, op. cit., p. 58-9, a autoridade que interroga, tanto na fase policial, quanto em juízo, funcionará como um "filtro" daquilo que for requerido pela defesa, sendo o ato "marcado pelo princípio da presidencialidade ou da inquisitividade". Afinal, como lembra LOPES JÚNIOR, *Sistemas de Investigação Preliminar ...*, p. 354, o direito de defesa sem qualquer limite pode ser um risco para a investigação criminal.

[654] "Art. 188. Após proceder ao interrogatório, o juiz indagará das partes se restou algum fato para ser esclarecido, formulando as perguntas correspondentes se o entender pertinente e relevante".

O ato de interrogatório, assim como ocorre na Espanha, conforme se viu no primeiro capítulo, não deve ser visto como uma mera faculdade. Em razão de a CF assegurar a presunção de inocência (art. 5°, inciso LVII), deve-se garantir ao investigado o direito de ser ouvido antes de eventual ação penal, até para que tenha a possibilidade de refutar a acusação que lhe é feita.[655]

No ato do interrogatório, o investigado pode exercer a autodefesa positiva (falar) ou negativa (silenciar). Neste instante, deter-se-á mais no estudo do direito ao silêncio, assegurado no art. 5°, inciso LXIII, da CF,[656] e no art. 8°, item 2, alínea *g*, do Pacto de São José da Costa Rica.[657]

Refira-se, desde já, que o direito ao silêncio, apesar de o texto constitucional fazer menção que será assegurado ao preso, também se estende ao investigado que estiver solto. Essa é a posição que predomina na doutrina.[658]

Em breve análise, o direito ao silêncio, nos dizeres de Dias Neto, "é a expressão da proibição contra a auto-incriminação", constituindo um direito de personalidade indisponível ao legislador, por possuir como núcleo a dignidade do ser humano.[659] O conteúdo essencial do direito ao silêncio é, portanto, a "proteção à integridade física e mental da pessoa" submetida a uma investigação.[660]

Incumbe ao delegado de polícia, assim, informar ao investigado que possui os direitos de permanecer calado e de que não será

---

[655] SAAD, op. cit., p. 284.

[656] "Art. 5° [...] LXIII – o preso será informado de seus direitos, entre os quais o de permanecer calado, sendo-lhe assegurada a assistência da família e de advogado".

[657] "Art. 8°, 2, *d*: Toda pessoa acusada de delito tem direito a que se presuma sua inocência enquanto não se comprove legalmente sua culpa. Durante o processo, toda pessoa tem direito, em plena igualdade, às seguintes garantias mínimas: [...] g) direito de não ser obrigado a depor contra si mesma, nem a declarar-se culpada".

[658] QUEIJO, Maria Elizabeth. *O direito de não produzir prova contra si mesmo: o princípio nemo tenetur se detegere e suas decorrências no processo penal*. São Paulo: Saraiva, 2003, p. 106; GRINOVER, FERNANDES e GOMES FILHO, op. cit., p. 96-7; GRINOVER, Ada Pellegrini. "A Polícia Civil e as Garantias Constitucionais da Liberdade". In: MORAES, Bismael B. (coord.). *A Polícia à luz do Direito*. São Paulo: RT, 1991, p. 17; TOVO, Paulo Cláudio. "Introdução à principiologia do Processo Penal Brasileiro". In: TOVO, Paulo Cláudio (org.) et al. *Estudos de Direito Processual Penal*. Porto Alegre: Livraria do Advogado, 1995, v. I, p. 40; SAAD, op. cit., p. 289; COUCEIRO, op. cit., p. 185; FERNANDES, op. cit., p. 253; LOPES JÚNIOR, *Sistemas de Investigação Preliminar ...*, p. 371; MORAES, Maurício Zanoide de; MOURA, Maria Thereza Rocha de Assis. "Direito ao Silêncio no Interrogatório". *Revista Brasileira de Ciências Criminais*, São Paulo, nº 6, abr.-jun. 1994, p. 136.

[659] DIAS NETO, Theodomiro. "O Direito ao Silêncio: Tratamento nos Direitos Alemão e Norte-americano". *Revista Brasileira de Ciências Criminais*, São Paulo, nº 19, jul.-set. 1997, p. 186.

[660] COUCEIRO, op. cit., p. 116 e p. 131.

obrigado a responder as perguntas que lhe forem feitas durante o interrogatório.[661]

Situação que pode gerar maior polêmica é a gravação de declarações prestadas em repartições policiais. Em que pese existir jurisprudência no sentido de que o investigado também deve ser informado acerca de eventual gravação realizada em Delegacias de Polícia,[662] não se vê como necessária essa providência, por não ser invocável a proteção à privacidade em conversas entre investigados e autoridades policiais em órgãos públicos.[663] Além disso, não se avisa ao interrogado que as declarações que prestará no órgão policial serão redigidas.

No entanto, mesmo que haja gravação sem o conhecimento do investigado e que o diálogo não seja em interrogatório formal, deve o imputado ser previamente advertido de seu direito de permanecer calado.[664]

É importante destacar que também não fere o direito à intimidade a gravação de conversa em órgão policial em que o preso, em diálogo com policiais, mesmo sem saber que está sendo gravado, responsabiliza terceira pessoa pela prática de crime, por ter presenciado o episódio ou por ter recebido informações acerca da infração penal. Nessas hipóteses, existe o dever de depor sobre os fatos, motivo pelo qual não há violação à privacidade de alguém.[665]

No caso de prisão em flagrante, de acordo com Saad, o direito ao silêncio já deve ser garantido desde o momento da restrição da liberdade de locomoção (captura), e não apenas durante a lavratura do respectivo auto.[666] No entanto, se a declaração for prestada espontaneamente pelo preso fora dos casos de interrogatório, tal

---

[661] GRINOVER, FERNANDES e GOMES FILHO, op. cit., p. 97; OLIVEIRA, op. cit., p. 314; COUCEIRO, op. cit., p. 195; LOPES JÚNIOR, *Sistemas de Investigação Preliminar ...*, p. 371; HADDAD, op. cit., p. 70-1. Este autor refere que informações prestadas pelo investigado a terceiros, em que pese não ter havido a advertência do direito ao silêncio, não devem ser excluídas como provas (idem, p. 72).

[662] Nessa esteira: STF, HC 80.949/RJ, 1ª Turma, rel. Min. Sepúlveda Pertence, j. 30.10.2001, DJU de 14.12.01, p. 26; STF, HC 69.818/SP, 1ª Turma, rel. Min. Sepúlveda Pertence, j. 03.11.1992, DJU de 27.11.1992, p. 22.302.

[663] Nesse sentido: TJRS, Apelação Crime 70001706613, 4ª Câmara Criminal, rel. Des. Vladimir Giacomuzzi, j. 14.12.2000.

[664] Isso porque o direito ao silêncio não se aplica somente a interrogatórios formais, mas a todas as oitivas do imputado, ainda que realizadas informalmente por quem investiga um fato criminoso (COUCEIRO, op. cit., p. 192).

[665] A esse respeito, cf. OLIVEIRA, op. cit., p. 279. Na jurisprudência: STF, HC 69.818, 1ª Turma, rel. Min. Sepúlveda Pertence, j. 03.11.1992, DJU de 27.11.1992, p. 22.302.

[666] SAAD, op. cit., p. 292. No mesmo sentido: MORAES e MOURA, op. cit., p. 141.

manifestação pode ser usada "contra ele, ainda que não tenha sido advertido de seus direitos".[667]

Como regra, além da possibilidade que possui de não responder as perguntas que lhe são formuladas (silêncio puro), o direito ao silêncio permite que o interrogado preste, inclusive, declarações inverídicas com relação aos fatos sob investigação, sem que possa ser responsabilizado pelas mentiras.[668]

No sistema alemão, predomina na doutrina, conforme registra Dias Neto, a tese de que o investigado pode mentir ao ser interrogado, desde que essa prática não resulte no cometimento de novos crimes. Prevalece em terras germânicas o entendimento de que não se pode valorar o silêncio em prejuízo do acusado, salvo nas hipóteses em que se manifesta quanto a determinados pontos e se cala sobre outros.[669]

Entretanto, os tribunais alemães têm entendido que, na hipótese de mentira, se pode aumentar a pena do réu, considerando essa circunstância como um indício de uma personalidade negativa do investigado.[670]

Discute-se na doutrina se o silêncio do acusado no interrogatório pode ser valorado como causa de aumento de pena, como indício de culpabilidade ou se, em hipótese alguma, pode ser interpretado em prejuízo do acusado.[671] Além disso, questiona-se se pode a mentira no interrogatório de mérito ser considerada crime.

---

[667] COUCEIRO, op. cit., p. 194. Realce-se que as informações prestadas pelo investigado a terceiros, em que pese não ter havido a advertência do direito ao silêncio, não devem ser excluídas como provas (HADDAD, op. cit., p. 72).

[668] Na doutrina, cf. MORAES, Alexandre de. "Direito ao Silêncio e Comissões Parlamentares de Inquérito". *Boletim do IBCCRIM*, São Paulo, nº 79, jun. 1999, p. 13, e MORAES e MOURA, op. cit., p. 138-9.

[669] DIAS NETO, op. cit., p. 187 e p. 193-4.

[670] Idem, p. 187.

[671] De acordo com COUCEIRO, op. cit., p. 184, em virtude da prevenção da pena e da ressocialização do agente, o silêncio pode ser considerado como causa de aumento de pena, com base no art. 59 do CP. Para ele, também não existe impedimento para que se extraia indício de culpa, explicando que isso não significa uma condenação baseada unicamente no silêncio, mas a permissão de que essa circunstância seja considerada e confrontada com as demais provas produzidas (idem, p. 179). Concluiu o autor da seguinte forma: "não há um direito a não se interpretar o silêncio do acusado contra mesmo, mas sim apenas um direito a não ser compelido a prestar declarações" (idem, p. 180). Entretanto, na linha de que o silêncio não poder trazer qualquer prejuízo ou sanção ao acusado: PITOMBO et al., "Publicidade, ampla defesa ...", p. 2; LOPES JÚNIOR, *Sistemas de Investigação Preliminar ...*, p. 371; MORAES e MOURA, op. cit., p. 134; OLIVEIRA, op. cit., p. 19; AMORIM, Maria Carolina de Melo. "Da impossibilidade de obrigar o contribuinte a apresentar, em fiscalização tributária, documentos comprobatórios de crimes tributários". *Boletim do IBCCRIM*, São Paulo, nº 176, jul. 2007, p. 6-7. A respeito desse assunto, cf. COUCEIRO, op. cit., p. 170-84.

No modelo inglês, é cabível a valorização do silêncio em prejuízo do investigado, salvo se foi impedido de contatar com um advogado antes do interrogatório.[672]

Nos Estados Unidos, será inconstitucional qualquer espécie de penalidade imposta ao acusado que silenciar, por estar no exercício de um direito assegurado pela quinta emenda da Constituição norte-americana.[673]

Para se verificar se é possível ao juiz considerar o silêncio, no Brasil, como uma das circunstâncias para decidir, tem-se que ver se o mutismo foi total ou parcial. Se o interrogado silenciou totalmente, não se concebe que seja possível valorar-se a completa mudez, por tratar-se de um direito assegurado. Por outro lado, se o silêncio for relativo, vindo o interrogado a responder apenas algumas perguntas e outras não, abre-se a possibilidade de tal circunstância ser avaliada na formação do livre convencimento do juiz.[674]

Quanto a mentiras no interrogatório de mérito, já decidiu o STF que isso não caracteriza crime:

> Falsidade ideológica. No caso, a hipótese não diz respeito, propriamente, à falsidade quanto à identidade do réu, mas, sim, ao fato de o então indiciado ter faltado com a verdade quando negou, em inquérito policial em que figurava como indiciado, que tivesse assinado termo de declarações anteriores que, assim, não seriam suas. Ora, tendo o indiciado o direito de permanecer calado e até mesmo o de mentir para não auto-incriminar-se com as declarações prestadas, não tinha ele o dever de dizer a verdade, não se enquadrando, pois, sua conduta no tipo previsto no artigo 299 do Código Penal.[675]

De fato, deve ser reconhecido ao acusado o direito de, na segunda etapa do interrogatório, mentir, sem que se impute a ele a prática de eventual crime.

Todavia, devem ser feitas duas ressalvas, tendo em vista que o direito ao silêncio pode sofrer restrições. Se acusar, injustamente, pela prática de uma infração penal alguém que sabe ser inocente ou se confessar crime que não cometeu para livrar o verdadeiro autor, responderá o acusado, respectivamente, por denunciação

---

[672] MCNAUGHT, John. *Inglaterra y Gales*. In: GÓMEZ, Ramón Maciá. *Sistemas de Proceso Penal en Europa*. Barcelona: CEDECS, 1998, p. 217-8; COUCEIRO, op. cit., p. 202-3.

[673] QUEIJO, *O direito de não produzir prova contra si mesmo ...*, p. 168; DIAS NETO, op. cit., p. 194.

[674] Nesse sentido, cf. HADDAD, op. cit., p. 67-9. Em sentido contrário, entendendo que o silêncio não pode ser interpretado como indício de culpabilidade ou em prejuízo do acusado: QUEIJO, *O direito de não produzir prova contra si mesmo ...*, p. 86; SAAD, op. cit., p. 294.

[675] STF, HC 75.257/RJ, 1ª Turma, rel. Min. Moreira Alves, 17.06.1997, DJU de 29.08.1997, p. 40.219. Na mesma linha: STF, HC 68.929/SP, 1ª Turma, rel. Min. Celso de Mello, j. 22.10.1991, DJU de 28.08.1992, p. 13.453. Na doutrina, no mesmo sentido: SAAD, op. cit., p. 298.

caluniosa (art. 339 do CP)[676] [677] ou por auto-acusação falsa (art. 341 do CP).[678] [679]

Nada impede, também, mesmo na hipótese de o interrogado se recusar a falar, que as perguntas feitas pela autoridade que preside o ato sejam consignadas no respectivo termo.[680]

Após a Lei 10.792/03, verifica-se que o art. 185 do CPP,[681] em sua atual redação, divide o interrogatório em duas etapas: a inquirição acerca dos fatos, fase denominada de *interrogatório de mérito* e analisada até aqui, e a *qualificação*. Com isso, outra questão que aparece é saber se o interrogado também poderá silenciar ou mentir durante a qualificação, primeira etapa do interrogatório.

Salientam Delmanto *et al.* que o acusado, em razão do direito de defesa, pode mentir sobre sua identidade.[682] Parte da jurisprudência também adota a linha de que o acusado não tem o dever de dizer a verdade sobre seus dados de qualificação, em conformidade com princípio *nemo tenetur se detegere*.[683]

Contudo, por não caracterizar essa primeira etapa do interrogatório uma manifestação defensiva, o investigado não poderá eximir-se de fornecer os dados referentes à sua qualificação, pois o agente somente se defende dos fatos.[684]

---

[676] "Art. 339. Dar causa à instauração de investigação policial, de processo judicial, instauração de investigação administrativa, inquérito civil ou ação de improbidade administrativa contra alguém, imputando-lhe crime de que o sabe inocente: Pena – reclusão, de 2 (dois) a 8 (oito) anos, e multa".

[677] Nessa linha: OLIVEIRA, op. cit., p. 309.

[678] "Art. 341. Acusar-se, perante a autoridade, de crime inexistente ou praticado por outrem: Pena – detenção, de 3 (três) meses a 2 (dois) anos, ou multa". In: DOU de 31.12.1940.

[679] Nessa esteira: COUCEIRO, op. cit., p. 190 e p. 215. De acordo com SAAD, op. cit., p. 300, "não pode ser licitamente admitida conduta considerada típica pelo ordenamento jurídico, sistematicamente considerado".

[680] COUCEIRO, op. cit., p. 216.

[681] "Art. 185. O acusado que comparecer perante a autoridade judiciária, no curso do processo penal, será qualificado e interrogado na presença de seu defensor, constituído ou nomeado".

[682] DELMANTO, Celso et al. *Código Penal Comentado*. 4.ed. Rio de Janeiro: Renovar, 1998, p. 522-3.

[683] STJ, REsp 418.925/DF, 6ª Turma, rel. Min. Paulo Medina, j. 02.09.2003, DJU 22.09.2003, p. 397; STJ, REsp 337.684/MG, 6ª Turma, rel. Min. Fernando Gonçalves, j. 06.02.2003, DJU de 24.02.2003, p. 316; STJ, REsp 204.218/MG, 6ª Turma, rel. Min. Vicente Leal, j. 12.09.2000, *Revista do STJ* nº 137, p. 623; TRF da 4ª Região, Apelação Criminal 400094527/RS, 8ª Turma, rel. Des. Paulo Afonso Brum Vaz, j. 24.03.2004, DJU de 14.04.2004, p. 563; TJRS, Apelação 70014165864, 7ª Câmara Criminal, rel. Des. Sylvio Baptista Neto, j. 06.04.2006, *Boletim do IBCCRIM* nº 165, ago. 2006, Jurisprudência, p. 1.015.

[684] COUCEIRO, op. cit., p. 210-1. Para QUEIJO, *O direito de não produzir prova contra si mesmo ...*, p. 202, o dever de o acusado dizer a verdade nessa primeira fase do interrogatório não abrange, porém, informações referentes aos antecedentes ou a condenações anteriores.

Para Haddad, as manifestações com relação aos dados de qualificação, em regra, não se relacionam com atividade defensiva,[685] razão pela qual não há que se invocar o direito ao silêncio na primeira fase do interrogatório.

Na mesma linha o raciocínio de Grinover, Fernandes e Gomes Filho. Para esses autores, o direito ao silêncio apenas pode ser invocado no interrogatório de mérito. Na primeira etapa, porém, em que somente será feita a qualificação do acusado ou do investigado, não se pode falar em tal benefício, porque a resposta não caracterizará qualquer atividade defensiva.[686]

Antes mesmo do advento da Lei 10.792/03, Moraes e Moura já sustentavam que o interrogado não pode invocar o direito ao silêncio, nem mentir, com relação às perguntas inerentes à qualificação, haja vista que se defende dos fatos, circunstância que só ocorrerá no segundo instante do ato de interrogatório.[687]

Em Portugal, por exemplo, o argüido deve fornecer aos órgãos de persecução criminal, corretamente, a sua identidade, sob pena de ser responsabilizado penalmente.[688] Na Alemanha, o investigado está obrigado a fornecer os dados referentes à averiguação de sua identidade, podendo ser punido com multa, em conformidade com a Lei de Contravenções à Ordem Administrativa, caso haja recusa.[689]

Assim, o investigado tem o dever de falar nessa fase, sob pena de o silêncio ser considerado infração penal.[690] Além disso, deve dizer a verdade, caracterizando a mentira sobre os dados de identifica-

---

685 HADDAD, op. cit., p. 75. Para ele, porém, a opção pelo silêncio na qualificação, excepcionalmente, "só não será punível se acobertada pelo princípio contra a auto-incriminação" (idem, p. 76).

686 GRINOVER, FERNANDES e GOMES FILHO, op. cit., p. 97. Sustentam, ainda, que essas regras também se aplicam, por força dos artigos 5°, inciso LXIII, da CF, e 6°, inciso V, do CPP, na fase preliminar (idem, p. 98). Cf., ainda, GRINOVER, "O interrogatório como meio de defesa ...", p. 188.

687 MORAES e MOURA, op. cit., p. 138-9.

688 LOPES JÚNIOR, *Sistemas de Investigação Preliminar* ..., p. 323; MORAES e MOURA, op. cit., p. 135.

689 DIAS NETO, op. cit. p. 193.

690 Na linha de que a recusa caracteriza a contravenção penal prevista no art. 68 do Decreto-lei 3.688/41 (LCP): HADDAD, op. cit., p. 74-5. No entanto, a contravenção referida é subsidiária e se aplica quando a recusa acontecer fora de atos formais, como é o caso do interrogatório. No caso em comento, a recusa deverá ser tipificada como desobediência (art. 330 do CP). Nesse sentido: NUCCI, *Código Penal Comentado*, cit., p. 1019-20; COUCEIRO, op. cit., p. 212; MARREY, Adriano; FRANCO, Alberto Silva; STOCO, Rui. *Teoria e Prática do Júri*. 6.ed. São Paulo: RT, 1997, p. 168.

ção o crime de falsa identidade,[691] tipificado no artigo 307 do CP, que prevê o crime de falsa identidade, com pena de detenção de três meses a um ano, ou multa, se o fato não constituir crime mais grave.

Portanto, o acusado não pode calar-se com relação à sua identidade no momento da qualificação, seja na etapa judicial, seja na policial, mas somente quanto ao fato inquirido, sob pena de praticar infração penal.[692]

Para que não paire nenhuma dúvida, não se está analisando, aqui, o direito que possui a pessoa abordada pela polícia na rua em mentir seu nome para evitar uma prisão,[693] mas a atribuição de falsa identidade durante o ato formal de interrogatório.

Questão também nevrálgica é saber-se se o direito ao silêncio permite que os investigados ou réus não compareçam aos interrogatórios, respectivamente, policiais e judiciais, assim como a outros atos de investigação ou processuais.

Para Queijo, não existe o dever de comparecimento ao órgão público com relação às provas que dependem de colaboração ativa do acusado, como os interrogatórios, as reproduções simuladas dos fatos e as acareações.[694]

Enfatiza Fernandes que, por ser o interrogatório ato de defesa renunciável, "não pode o indiciado ou acusado ser conduzido à presença da autoridade policial ou do juiz para a realização desse ato".[695]

O mesmo raciocínio é usado por Couceiro, que afirma que o direito a não colaborar na produção das provas também abrange o direito que o acusado possui de não comparecer em audiência.[696]

---

[691] Nesse sentido: STF, HC 72.377/SP, 2ª Turma, rel. Min. Carlos Velloso, j. 23.05.1995, DJU de 30.06.1995, p. 20.409; STJ, REsp 453.777/DF, 5ª Turma, rel. Min. José Arnaldo da Fonseca, j. 25.03.2003, DJU de 22.04.2003, p. 263; STJ, REsp 666.003, 5ª Turma, rel. Min. José Arnaldo da Fonseca, j. 22.03.2005, DJU de 18.04.2005, p. 379. Doutrinariamente, na mesma esteira: NUCCI, *Código Penal Comentado*, cit., p. 968-9 e p. 1.020; COUCEIRO, op. cit., p. 212. Para HADDAD, op. cit., p. 76, no entanto, a declaração inverídica com relação à identidade pode ser enquadrada no parágrafo único do art. 68 da LCP.

[692] SAAD, op. cit., p. 300.

[693] NUCCI, Guilherme de Souza. *Código Penal Comentado*. 5.ed. São Paulo: RT, 2005, p. 968.

[694] QUEIJO, *O direito de não produzir prova contra si mesmo ...*, p. 372-3. Na mesma ótica: VARGAS, José Cirilo de. *Processo Penal e Direitos Fundamentais*. Belo Horizonte: Del Rey, 1992, p. 115. Saliente-se que os dois últimos atos citados serão abordados adiante, no item 4.2.3.

[695] FERNANDES, op. cit., p. 280. Idêntico é o posicionamento de OLIVEIRA, op. cit., p. 19, que sustenta que, por ser tal ato um meio de defesa, estaria revogado o art. 260 do CPP na parte em que admitiria a condução coercitiva do acusado para a realização do interrogatório.

[696] COUCEIRO, op. cit., p. 331. Repita-se que autor, porém, defende a tese de que o juiz, se o acusado silenciar ou se não comparecer aos atos em que possa produzir prova contra si mesmo, pode considerar tais circunstâncias como um indicativo de culpabilidade e para aumentar

De acordo com quem segue essa linha, o suposto autor do ilícito penal não pode, então, ser compelido a comparecer ao interrogatório, podendo o direito ao silêncio ser exercitado mesmo fora de um ato formal.[697]

No entanto, existe decisão judicial em sentido contrário[698] e o artigo 260 do CPP[699] permite ao juiz determinar que o acusado compareça ao interrogatório e a outros atos em que sua presença seja indispensável. Além disso, a Constituição Federal, em momento algum, afastou tal poder da autoridade judicial.

Dessa forma, o direito ao silêncio deve ser realizado em órgão oficial, até porque, como exposto, não poderá o investigado ficar calado no momento da qualificação. Do mesmo modo, nenhum prejuízo haverá a ele se comparecer na delegacia de polícia, pois poderá ficar calado depois de ser identificado.

Admitida a hipótese de que o investigado possui o direito, inclusive, de não comparecer ao órgão competente para o interrogatório policial, não haveria como se saber se está exercendo o direito ao silêncio ou se está fugindo do distrito da culpa. Na segunda hipótese, é cabível a decretação de sua prisão preventiva, com base no art. 312 do CPP,[700] para assegurar a aplicação da lei penal. Ou, ainda, se não se conseguir concluir o inquérito policial com o investigado solto e se o fato se enquadrar em um dos delitos previstos no art. 1°, inciso III, da Lei 7.960/89, poderá ser decretada a sua prisão temporária.

Neste instante, quer-se deixar claro que não se vislumbra qualquer prejuízo ao investigado se tiver que comparecer no órgão policial, onde exercerá o silêncio, se assim o desejar. Além do mais, não resta dúvida de que é menos drástica para o investigado a condu-

---

a pena do réu (idem, p. 333). Em síntese, na colisão entre os direitos fundamentais do acusado (de não comparecer à audiência) e da sociedade (de obter a verdade sobre um fato criminoso), a solução é o juiz considerar a ausência como indício de culpa (idem, p. 343).

[697] Nesse sentido: TACRIMSP, HC 194.834-3, 3ª Câmara, rel. Gonçalves Nogueira, j. 13.11.1995; STJ, RHC 2.967-6/GO, 6ª Turma, rel. Min. Luiz Vicente Cernicchiaro, j. 02.08.1994, DJU de 10.10.1994, p. 27.188; STJ, REsp 346.677/RJ, 6ª Turma, rel. Min. Fernando Gonçalves, j. 10.09.2002, DJU de 30.09.2002, p. 297. Cf., ainda, FYSCHINGER, José Francisco de; CAMARGO, Rodrigo Oliveira de. "A condução coercitiva para o ato do interrogatório do acusado preso e o constitucional direito da defesa pessoal negativa". *Boletim do IBCCRIM*, São Paulo, nº 187, p. 16-7, jun. 2008.

[698] TJSP, RHC 124.085-3/2, 4ª Câmara Criminal, rel. Des. Ary Belfort, j. 04.05.1992, *RT* nº 684, p. 314.

[699] "Art. 260. Se o acusado não atender à intimação para o interrogatório, reconhecimento ou qualquer outro ato que, sem ele, não possa ser realizado, a autoridade poderá mandar conduzi-lo à sua presença".

[700] "Art. 312. A prisão preventiva poderá ser decretada como garantia da ordem pública, da ordem econômica, por conveniência da instrução criminal, ou para assegurar a aplicação da lei penal, quando houver prova da existência do crime e indício suficiente de autoria".

ção ao órgão policial ou judicial do que a decretação de sua prisão preventiva ou temporária, conforme o caso, medidas que estão sendo adotadas na prática, freqüentemente, quando o investigado não atende a uma intimação para comparecimento.

Durante o inquérito policial, então, se o investigado devidamente intimado não comparecer ao interrogatório, poderá ser conduzido coercitivamente.[701] Entretanto, à luz do art. 5º, inciso LXI, da CF, tal diligência somente poderá ocorrer se houver autorização judicial, haja vista que se restringe, ainda que momentaneamente, a liberdade de locomoção do imputado.[702]

Cabe mencionar, outrossim, que o direito a não auto-incriminação não se limita ao indiciado. Também se aplica ao averiguado ou ao suspeito do cometimento de um crime. Além disso, a testemunha também está protegida quanto a eventual declaração que lhe possa, de alguma maneira, auto-incriminar. Nessas hipóteses, estará amparada pelo direito ao silêncio.[703]

Por derradeiro, pode acontecer que uma pessoa seja ouvida durante o inquérito, em um primeiro momento, como testemunha, circunstância que lhe impõe declarar a verdade, ou como suposta vítima. Não obstante, com o avanço das investigações, essa mesma pessoa passa a ser suspeita ou, até mesmo, indiciada (*vide* item 3.1). A solução adequada para tal hipótese, como registra Choukr, é a necessidade de a autoridade policial fundamentar o indiciamento, ou seja, o porquê de um indivíduo, ouvido inicialmente como testemunha (ou vítima), ter passado para a condição de indiciado.[704]

Nesse caso, poder-se-ia pensar em se retirar dos autos do inquérito policial o primeiro termo de declaração. Contudo, visando a retratar com precisão todos os passos da investigação e que, em tese, como visto alhures, o inquérito policial não pode servir como base exclusiva para uma condenação, não se vê como necessária essa medida. Entretanto, as declarações constantes no primeiro termo ja-

---

[701] Nesse sentido: TOURINHO FILHO, *Processo Penal*, p. 243.

[702] Importante transcrever, aqui, a lição de NUCCI, Guilherme de Souza. *Código de Processo Penal Comentado*. 4.ed. São Paulo: RT, 2005, p. 520: "atualmente, somente o juiz pode determinar a condução coercitiva, visto ser esta uma modalidade de prisão processual, embora de curta duração. E a Constituição é taxativa ao preceituar caber, 'exclusivamente', à autoridade judiciária a prisão de alguém, por ordem escrita e fundamentada (art. 5°, LXI). O delegado, quando necessitar, deve pleitear ao magistrado que determine a condução coercitiva do indiciado/suspeito ou de qualquer outra pessoa à sua presença".

[703] QUEIJO, *O direito de não produzir prova contra si mesmo* ..., p. 197; COUCEIRO, op. cit., p. 150 e p. 220. No mesmo sentido: STF, HC 73.035/DF, Pleno, rel. Min. Carlos Velloso, j. 13.11.1996, *Revista Trimestral de Jurisprudência* nº 163, p. 626; STJ, HC 20.924/SP, 5ª Turma, rel. Min. Laurita Vaz, j. 11.03.2003, DJU de 07.04.2003, p. 302.

[704] CHOUKR, op. cit., p. 30.

mais poderão ser valoradas.[705] A exemplo do que ocorre no direito italiano, por força do art. 62.1 do CPP italiano, as declarações dadas, inicialmente, na condição de testemunha não poderão ser utilizadas contra que as prestou, se passar à condição de investigado.[706] Devem, portanto, ser desconsideradas – ainda que não desentranhadas dos autos – as declarações prestadas por alguém, na condição de testemunha, sem a advertência de que possuía o direito ao silêncio, que passa à qualidade de suspeito ou indiciado.[707]

4.2.2. O reconhecimento pessoal

Durante a fase preliminar, também são praticados atos em que não se exige do investigado uma declaração, mas sua presença no órgão policial é necessária para a conclusão das investigações.

Exemplo típico de ato dessa natureza é o reconhecimento de pessoas, previsto nos artigos 6°, inciso VI, e 226, ambos do CPP,[708] em que o suspeito da prática de um delito não irá prestar esclarecimentos, mas será colocado, se possível, ao lado de pessoas com características semelhantes para que o reconhecedor confirme se é ou não o autor da infração penal.

De acordo com Tornaghi, o reconhecimento é o meio através do qual o reconhecedor "verifica e confirma a identidade de pessoa ou coisa[709] que lhe é mostrada, com pessoa ou coisa que já viu (ouviu, palpou – que já lhe caiu sob os sentidos), que conhece".[710]

Para Saad, o acusado da prática de um crime não está obrigado a contribuir com as atividades probatórias levadas a cabo pelos ór-

---

[705] Nesse sentido: SAAD, op. cit., p. 277; COUCEIRO, op. cit., p. 186-7.

[706] SAAD, op. cit., p. 278.

[707] COUCEIRO, João Cláudio. *A Garantia Constitucional do Direito ao Silêncio*. São Paulo: RT, 2004, p. 186-7.

[708] "Art. 6° Logo que tiver conhecimento da prática da infração penal, a autoridade policial deverá: [...] VI – proceder a reconhecimento de pessoas e coisas e a acareações". "Art. 226. Quando houver necessidade de fazer-se o reconhecimento de pessoa, proceder-se-á pela seguinte forma: I – a pessoa que tiver de fazer o reconhecimento será convidada a descrever a pessoa que deva ser reconhecida; II – a pessoa, cujo reconhecimento se pretender, será colocada, se possível, ao lado de outras que com ela tiverem qualquer semelhança, convidando-se quem tiver de fazer o reconhecimento a apontá-la; III – se houver razão para recear que a pessoa chamada para o reconhecimento, por efeito de intimidação ou outra influência, não diga a verdade em face da pessoa que deve ser reconhecida, a autoridade providenciará para que esta não veja aquela; IV – do ato de reconhecimento lavrar-se-á auto pormenorizado, subscrito pela autoridade, pela pessoa chamada para proceder ao reconhecimento e por duas testemunhas presenciais".

[709] Aqui, por não ser objeto de análise, não se fará comentário acerca do reconhecimento de coisas.

[710] TORNAGHI, *Curso de Processo Penal*, p. 437.

gãos investigativos. Assim, por estar amparado pelo direito ao silêncio, garantia do princípio *nemo tenetur se detegere*, sustenta a autora que o acusado não pode ser compelido a participar de reconhecimento.[711]

Todavia, a participação do investigado no reconhecimento pessoal é passiva, ou seja, quem irá produzir a prova não será ele (contra si mesmo), mas as vítimas e as testemunhas. Pensar o contrário seria assegurar-se a impunidade, v. g., para a maioria dos estupradores, tendo em vista que a prova fundamental nesse tipo de delito é, rotineiramente, o reconhecimento pessoal. O mesmo raciocínio vale para a grande parte dos delitos de atentado violento ao pudor, de roubo e de homicídio, por exemplo. Nessas hipóteses, admitindo-se que o investigado não estivesse obrigado a participar do reconhecimento, não haveria, em regra, outro meio de prova disponível para substituir tal prova.

Para Oliveira, o reconhecimento pessoal é "meio de prova perfeitamente possível e admissível em nosso ordenamento", sendo cabível, inclusive, a condução coercitiva do investigado para a realização de tal ato.[712]

Nogueira, salientando que a posição do investigado nessa hipótese é meramente passiva, também afirma ser ele obrigado a participar do reconhecimento, por ser um ato que não é invasivo (agressivo) e neutro (pode ou não ser identificado), sob pena de responder por desobediência ou, se obstar a sua prática mediante violência ou ameaça, resistência.[713]

Na Alemanha, o acusado da prática de um crime não poderá ser compelido a participar ativamente dos atos investigativos.[714] Essa circunstância não se aplica, no entanto, ao reconhecimento pessoal, em que a participação é passiva.

Nos Estados Unidos, a Suprema Corte já decidiu, no caso *Wade vs. United States* (1967), que o suspeito pode ser compelido a participar de reconhecimento na fase policial, desde que assistido por advogado.[715]

---

[711] SAAD, op. cit., p. 301-3. No mesmo sentido: LOPES JÚNIOR, *Sistemas de Investigação Preliminar ...*, p. 151.

[712] OLIVEIRA, op. cit., p. 306.

[713] NOGUEIRA, Carlos Frederico Coelho. *Comentários ao Código de Processo Penal*. São Paulo: Edipro, 2002, v. 1, p. 317.

[714] DIAS NETO, op. cit., p. 185.

[715] COUCEIRO, op. cit., p. 339-40.

De fato, o reconhecimento pessoal não pressupõe uma ação por parte do acusado. Nesse ato, a colaboração do investigado será sempre passiva, motivo pelo qual não estará sob abrigo do direito ao silêncio.

Dessa forma, comunga-se do magistério de Queijo, para quem as provas devem ser determinadas pela autoridade policial, mesmo sem o consentimento do imputado, nas hipóteses em que a sua colaboração seja passiva, como é o caso do reconhecimento pessoal.[716] Assim, caso o investigado se recuse a comparecer no órgão policial para reconhecimento pessoal, a solução deve ser a mesma que foi apresentada no tópico anterior: condução coercitiva, mediante ordem judicial.[717]

Cabe registrar, outrossim, que o advogado do investigado possui a prerrogativa funcional de participar do ato de reconhecimento, não podendo ser obstada a sua presença.[718]

4.2.3. *Acareação e reprodução simulada dos fatos*

Situação diversa do reconhecimento pessoal – em que a colaboração do investigado é passiva – se dá com relação à acareação e à reprodução simulada dos fatos, atos que serão analisados, a partir de então, separadamente.

A acareação, prevista no art. 229 do CPP,[719] significa acaroar. De acordo com Tornaghi, "é confrontar cara a cara, face a face, pessoas cujas declarações divergem".[720] É o ato em que são colocadas, frente a frente, duas ou mais pessoas para que esclareçam pontos divergentes constantes em declarações anteriores.[721]

Para o STF, como se verifica em posicionamento do Ministro Celso de Mello, ao analisar os poderes das Comissões Parlamentares de Inquérito,[722] assiste aos investigados o direito ao silêncio, funda-

---

[716] QUEIJO, *O direito de não produzir prova contra si mesmo ...*, p. 255 e p. 364.

[717] Conforme a hipótese, pode ser decretada, ainda, a prisão temporária do investigado, se presentes os pressupostos estabelecidos na Lei 7.960/89. No sentido de ser possível a condução coercitiva para reconhecimento: STJ, REsp 346.677/RJ, 6ª Turma, rel. Min. Fernando Gonçalves, j. 10.09.2002, DJU de 30.09.2002, p. 297.

[718] Nesse sentido: NOGUEIRA, Carlos Frederico Coelho, op. cit., p. 317.

[719] "Art. 229. A acareação será admitida entre acusados, entre acusado e testemunha, entre testemunhas, entre acusado ou testemunha e a pessoa ofendida, e entre as pessoas ofendidas, sempre que divergirem, em suas declarações, sobre fatos ou circunstâncias relevantes".

[720] TORNAGHI, *Curso de Processo Penal*, p. 443.

[721] LIMA, *Curso de Processo Penal*, v. II, p. 151.

[722] STF, Medida Cautelar no MS 25.617-6/DF, rel. Min. Celso de Mello, j. 24.10.2005, *Boletim do IBCCRIM* nº 158, jan. 2006, Jurisprudência, p. 954-5; STF, MS 23.576/DF, decisão monocrática,

do no privilégio constitucional contra a auto-incriminação, quando se tratar de acareação.

Se o investigado possui o direito a não auto-incriminação, pode, então, negar-se a participar da acareação, não sendo obrigado a falar durante tal ato,[723] pois a colaboração que se exige do investigado nessa hipótese será ativa.

A reprodução simulada dos fatos, por sua vez, está prevista no art. 7° do CPP.[724] Trata-se do ato de investigação em que se faz, nos dizeres de Espínola Filho, "a reconstituição viva do crime, ou seja, a reprodução simulada de tôda a ocorrêncía, com participação, sempre que possível, das próprias pessoas que tiveram intervenção na respectiva execução".[725]

Assim, como na reprodução simulada dos fatos o investigado também pode produzir prova contra si mesmo, mormente se for obrigado a colaborar ativamente na reconstituição, não se admite que seja compelido a participar do ato.[726]

Sintetizando, apesar de a acareação e a reconstituição possuírem finalidades diferentes, em ambos os atos a participação do investigado exige postura ativa, razão pela qual estará amparado pelo direito ao silêncio e não será obrigado a participar de tais atos.[727]

No entanto, por se entender que o direito ao silêncio, conforme já exposto quando se analisou o interrogatório, deve ser exercido no órgão policial, comunga-se da mesma posição de Nogueira. De acordo com o autor, o investigado, se for devidamente intimado,

---

Min. Celso de Mello, j. 02.10.2000, DJU de 06.10.2000, p. 103; STF, Medida Cautelar no MS 23.684/DF, decisão monocrática, Min. Sepúlveda Pertence, j. 04.05.2000, DJU de 10.05.2000, p. 8.

[723] Nessa esteira: LIMA, *Curso de Processo Penal*, v. II, p. 151; LOPES JÚNIOR, *Sistemas de Investigação Preliminar ...*, p. 151.

[724] "Art. 7° - Para verificar a possibilidade de haver a infração sido praticada de determinado modo, a autoridade policial poderá proceder à reprodução simulada dos fatos, desde que esta não contrarie a moralidade ou a ordem pública".

[725] ESPÍNOLA FILHO, op. cit., p. 289.

[726] COUCEIRO, op. cit., p. 334; OLIVEIRA, op. cit., p. 19; LOPES JÚNIOR, *Sistemas de Investigação Preliminar ...*, p. 154; NOGUEIRA, Carlos Frederico Coelho, op. cit., p. 338-9; CAFFERATA NORES, José I. "La Eficacia de la Investigación Penal en el Estado de Derecho". *Revista Brasileira de Ciências Criminais*, São Paulo, nº 35, jul.-set. 2001, p. 32. No STF, no sentido referido, encontra-se o seguinte julgado: STF, HC 69.026/DF, 1ª Turma, rel. Min. Celso de Mello, j. 10.12.1991, DJU de 04.09.1992, p. 14.091.

[727] QUEIJO, *O direito de não produzir prova contra si mesmo ...*, p. 312; SAAD, op. cit., p. 303; QUEIROZ, Carlos Alberto Marchi de. "A amplitude constitucional do direito ao silêncio". *Boletim do IBCCRIM*, São Paulo, nº 46, set. 1996, p. 2.

tem o dever de comparecimento, sob pena de ser conduzido coercitivamente.[728]

Consigne-se, ainda, que o advogado do investigado, em virtude de suas prerrogativas funcionais, tem o direito de participar das acareações e das reproduções simuladas dos fatos.[729]

4.2.4. O fornecimento de material para perícia

Outra discussão que se impõe é se o investigado, à luz do direito ao silêncio, pode ser compelido pelo Estado a fornecer material genético para a realização da prova pericial ou a realizar algum outro ato que lhe possa auto-incriminar, como soprar, por exemplo, um bafômetro.

Analisando-se, inicialmente, a questão envolvendo o bafômetro, é importante referir que, aqui, se exige uma participação positiva por parte do investigado. Assim, diante do princípio da não auto-incriminação e do fato de se exigir, no presente caso, uma colaboração ativa do imputado, não poderá ser obrigado a soprar o aparelho que medirá o teor alcoólico através do ar alveolar.[730]

Na Alemanha, por ser considerada ativa a participação daquele suspeito de embriaguez que sopra o bafômetro, entende-se que o imputado não está obrigado a agir dessa forma, para não se auto-incriminar.[731]

Já na França, havendo suspeita de que um motorista esteja embriagado, existe o dever de colaboração. Caso se recuse a realizar exames que sirvam para fazer a prova de embriaguez, não se admite a execução coercitiva. No entanto, será responsabilizado pelo cometimento de um delito de correção, cuja pena é de detenção de até dois anos e multa.[732]

Situação semelhante ocorre na Itália, país em que também não se admite a execução forçada do exame para a demonstração de embriaguez. Contudo, impõe-se a quem se recusar uma pena de prisão de até um mês e multa.[733]

---

[728] NOGUEIRA, Carlos Frederico Coelho, op. cit., p. 339. Na jurisprudência: TJSP, RHC 124.085-3, 4ª Câmara Criminal, rel. Des. Ary Belfort, j. 04.05.1992.

[729] NOGUEIRA, Carlos Frederico Coelho, op. cit., p. 338.

[730] GRINOVER, FERNANDES e GOMES FILHO, op. cit., p. 158.

[731] DIAS NETO, op. cit., p. 185.

[732] Nesse sentido: QUEIJO, *O direito de não produzir prova contra si mesmo ...*, p. 281; COUCEIRO, op. cit., p. 355.

[733] QUEIJO, *O direito de não produzir prova contra si mesmo ...*, p. 280.

No Brasil, contudo, conforme exposto, não poderá o investigado ser coagido a realizar o teste do bafômetro, nem ser penalizado, administrativa ou penalmente, pela recusa. Em virtude do direito ao silêncio, que abrange o direito de não se auto-incriminar, não se pode obrigar o investigado, forçadamente, a soprar o bafômetro.[734]

Analisando os crimes cometidos na direção de veículo automotor, afirma Callegari que fere o princípio constitucional da presunção de inocência obrigar-se o motorista a submeter-se, sob coação, aos testes de alcoolemia (bafômetro e exame de sangue). Sustenta o autor que o direito de defesa já se aplica no momento em que o motorista sofre a abordagem policial, ainda que não haja "a imputação formal de um delito", pois a prova colhida na polícia pode levar à imputação judicial.[735]

Não obstante, antes do advento da Lei 11.705/2008, quando o motorista se recusava a se submeter ao teste do bafômetro (ou ao exame de sangue), no exercício regular de um direito, havia outros meios de provas válidos para a comprovação da embriaguez. Por expressa disposição legal,[736] o motorista podia ser submetido, mesmo que compulsoriamente, a exame clínico.[737] Além disso, após a Lei 11.275/2005, também se passou a admitir como meio de prova da embriaguez, inclusive, os relatos dos agentes de trânsito que realizavam a abordagem do motorista.[738]

---

[734] DELMANTO et al., op. cit., p. 559; QUEIROZ, artigo citado, p. 2; DELMANTO, Roberto. "As inconstitucionalidades da Lei Seca". *Boletim do IBCCRIM*, São Paulo, nº 189, ago 2008; GOMES, Luiz Flávio. "Lei seca (Lei 11.705/2008): exageros, equívocos e abusos das operações policiais". Artigo publicado no Jornal Folha de São Paulo, em 02.07.08, no Caderno Opinião, na p. A3. Em sentido contrário, sustentando que o investigado não pode invocar o direito ao silêncio para não se submeter a testes de alcoolemia, por existir previsão legal (art. 277 do CTB) e por não haver ofensa a valores protegidos pelo princípio da não auto-incriminação, como, v.g., a dignidade da pessoa humana: OLIVEIRA, op. cit., p. 316. Para este autor, aliás, o bafômetro "deve ser criticado muito mais por questões técnicas, no plano da qualidade e da idoneidade de sua eficácia probatória, do que por suposta violação do direito ao silêncio" (idem, ib.).

[735] CALLEGARI, André Luís. "A inconstitucionalidade do teste de alcoolemia e novo código de trânsito". *Boletim do IBCCRIM*, São Paulo, nº 66, maio 1998, p. 12-3.

[736] "Art. 277. Todo condutor de veículo automotor, envolvido em acidente de trânsito ou que for alvo de fiscalização de trânsito, sob suspeita de dirigir sob a influência de álcool será submetido a testes de alcoolemia, exames clínicos, perícia ou outro exame que, por meios técnicos ou científicos, em aparelhos homologados pelo CONTRAN, permitam cientificar seu estado".

[737] Nesse sentido: LEON, Altair Ramos; MULLER, Walter Martins. "Bafômetro: exame obrigatório ou não?". *Boletim do IBCCRIM*, São Paulo, nº 66, maio 1998, p. 10; CALLEGARI, André Luís. *Imputação Objetiva, Lavagem de Dinheiro e Outros Temas de Direito Penal*. 2.ed. Porto Alegre: Livraria do Advogado, 2004, p. 176; GOMES, "Lei seca (Lei 11.705/2008): exageros, equívocos e abusos das operações policiais", artigo citado.

[738] "Art. 277, § 2°. No caso de recusa do condutor à realização dos testes, exames e da perícia previstos no *caput* deste artigo, a infração poderá ser caracterizada mediante a obtenção de ou-

O grande problema que surge agora, após as mudanças trazidas pela citada Lei 11.705/2008, é que se estabeleceu uma dosagem mínima de álcool por litro de sangue para a caracterização do crime de embriaguez ao volante (art. 306 do CTB). Assim, ainda que seja possível a submissão compulsória do motorista ao exame clínico ou que haja prova testemunhal no sentido de que estivesse embriagado, não poderão o médico e as testemunhas atestarem que o condutor esteja "com concentração de álcool por litro de sangue igual ou superior a 6 (seis) decigramas", nova exigência para a ocorrência do crime de embriaguez ao volante.

Além disso, tem-se que o bafômetro é imprestável para comprovar a embriaguez no âmbito criminal. Conforme Peluso, aceitar o etilômetro como instrumento válido ofende o princípio da reserva legal, já que somente evidencia a presença de "álcool por litro de *ar expelido dos pulmões*", enquanto o tipo penal da embriaguez ao volante exige que se demonstre a presença de, no mínimo, 6 (seis) decigramas de "álcool por litro *de sangue*".[739] Ainda, existem outros problemas referentes ao uso do etilômetro: a realização de uma "perícia" sem contraprova; a aplicação do teste por agentes de trânsito ou policiais que sequer são nomeados como peritos – até porque nem sempre serão portadores de diploma de nível superior, conforme determina o art. 159, §§ 1º e 2º, do CPP –, exigência legal para comprovar a materialidade de infrações penais que deixam vestígios (art. 158 do CPP); a falibilidade do aparelho; e a falta de aviso prévio de que o condutor possui o direito ao silêncio, não estando obrigado a soprar o bafômetro, circunstância que, por si só, contamina a prova (art. 5º, LVI, da CF, e art. 157, *caput* e §§, do CPP).[740]

Da mesma maneira como ocorre com o bafômetro, não se pode compelir, atualmente, o investigado a realizar exames periciais que exijam intervenções físicas, como é o caso do exame de sangue.

Em terras germânicas, diferentemente do que ocorre com a utilização do bafômetro naquele país, o imputado pode ser submetido, mesmo contra sua vontade, a um exame de sangue, por haver auto-

---

tras provas em direito admitidas pelo agente de trânsito acerca dos notórios sinais de embriaguez, excitação ou torpor, resultantes do consumo de álcool ou entorpecentes, apresentados pelo condutor". Após a Lei 11.705/08, no entanto, a redação do § 2º passou a ser a seguinte: "A infração prevista no art. 165 deste Código poderá ser caracterizada pelo agente de trânsito mediante a obtenção de outras provas em direito admitidas, acerca dos notórios sinais de embriaguez, excitação ou torpor apresentados pelo condutor".

[739] PELUSO, Vinicius de Toledo Piza. "O crime de embriagez ao volante e o 'bafômetro': algumas observações". *Boletim do IBCCRIM*, São Paulo, nº 189, p. 15, ago., 2008.

[740] Cf. CALLEGARI, André Luís; LOPES, Fábio Motta. "A imprestabilidade do bafômetro como prova no Processo Penal". *Boletim do IBCCRIM*, São Paulo, nº 191, p. 8, out., 2008.

rização legislativa para isso e por ser a participação do investigado considerada passiva, o que afastaria a incidência do direito ao silêncio. No entanto, a intervenção deverá ser feita por médico e poderá ser vedada se houver risco para a saúde do investigado.[741]

Em Portugal, igualmente, por força do art. 172, nº 1, do CPP, poderá o Estado, através de intervenção física e com ordem judicial, compelir o acusado a fornecer material biológico para perícia, se "pretender eximir-se ou obstar a qualquer exame devido ou a facultar coisa que deva ser examinada"[742]

Nos Estados Unidos, a garantia do direito ao silêncio vem sendo interpretada pela Suprema Corte de forma restritiva, limitando-se às comunicações (verbais, escritas ou gestuais). Nos casos *Schmerber vs. California* (1966) e *Doe vs. United States* (1988), a Corte entendeu que a pessoa não pode ser compelida a revelar conteúdo de sua mente, sendo legal a extração de sangue para verificação de embriaguez mesmo contra a vontade do investigado.[743]

De acordo com Queijo, existe divergência doutrinária e jurisprudencial acerca da intervenção corporal na Espanha.[744] Segundo Picó i Junoy, o investigado pode ser submetido ao teste de alcoolemia, espécie de perícia técnica, para comprovação de embriaguez. Nesta hipótese, não se aplica o direito ao silêncio, pois não se obriga o imputado a emitir uma *declaração* que exteriorize um conteúdo.[745] Se o condutor do veículo se recusar a realizar exames periciais destinados a demonstrar que dirigia sob efeito de entorpecente ou de substâncias de implicações análogas, responderá por desobediência grave.[746]

---

[741] DIAS NETO, op. cit., p. 185; COUCEIRO, op. cit., p. 332 e p. 355; LOPES JÚNIOR, *Sistemas de Investigação Preliminar* ..., p. 384; QUEIJO, *O direito de não produzir prova contra si mesmo* ..., p. 281; GOMES FILHO, op. cit., p. 118; DELMAS-MARTY, op. cit., p. 38-9.

[742] COUCEIRO, op. cit., p. 332-3. Para LOPES JÚNIOR, *Sistemas de Investigação Preliminar* ..., p. 383, o CPP português apenas trata do assunto de forma genérica, fazendo menção a "exames".

[743] Cf., a esse respeito, COUCEIRO, op. cit., 144-5. Refere o autor que, nos Estados Unidos, o *leading case* foi *Holt vs. United States* (1910), quando a Suprema Corte entendeu como legal "a extração compulsória de impressões digitais ou medidas do corpo [*do investigado*], bem como ser fotografado, ser obrigado a escrever ou falar para identificação, estar presente na corte, ficar de pé ou caminhar, assumir certa posição ou fazer certo gesto" (idem, p. 144).

[744] QUEIJO, *O direito de não produzir prova contra si mesmo* ..., p. 285.

[745] PICÓ i JUNOY, op. cit., p. 154. Na Espanha, também existe o dever de o proprietário do veículo indicar quem era o condutor responsável por alguma irregularidade cometida com seu automóvel (idem, ib.).

[746] COUCEIRO, op. cit., p. 355; LOPES JÚNIOR, *Sistemas de Investigação Preliminar* ..., p. 384. De acordo com este autor, essa é a solução que também é adotada na França (idem, ib.).

Todavia, no Brasil, principalmente em virtude da ausência de lei disciplinando a matéria, não se permite a execução forçada de exames que impliquem intervenções físicas. Assim, inexistindo o consentimento por parte do investigado, não se pode impor a ele a realização coercitiva do ato. Por outro lado, havendo concordância do investigado, não existe problema algum para a realização do exame através de intervenções corporais.[747]

Como expõe Gomes Filho, as intervenções físicas violam, ainda que minimamente, os direitos à não-incriminação e à liberdade pessoal, não sendo possível conferir-se a uma das partes do processo penal o poder de deliberar sobre o corpo e a liberdade de escolha da outra. Assim, para o autor, diante do princípio da presunção da inocência, "não se pode constranger o acusado ao fornecimento" de provas, tampouco se interpretar a negativa como se o fato imputado fosse verídico.[748]

Na lição de Delmanto *et al.*, o direito ao silêncio também impede que se submeta o investigado a exames sangüíneos sem o seu consentimento.[749]

Para Saad, em regra, o acusado pode negar-se a fornecer material biológico para exame pericial, desde que haja outra forma para apuração da verdade, como nos casos envolvendo a recusa ao sopro em bafômetro, em que há a possibilidade de se realizar exame clínico.[750]

Entretanto, se houvesse legislação específica disciplinando a matéria em nosso país, seria possível a realização de intervenção física para exame pericial, mesmo contra a vontade do investigado, desde que presentes algumas condições.

Segundo Lopes Júnior, se existisse lei regulamentando o assunto no Brasil, seria possível, com base na ponderação de bens e interesses, a intervenção corporal contra a vontade do investigado, desde que não gerasse risco à sua saúde e que fosse realizado por médico. Além disso, deveria haver autorização judicial.[751]

[747] QUEIJO, *O direito de não produzir prova contra si mesmo* ..., p. 312-3; COUCEIRO, op. cit., p. 331; SAAD, op. cit., p. 304; LOPES JÚNIOR, *Sistemas de Investigação Preliminar* ..., p. 376.

[748] GOMES FILHO, op. cit., p. 119.

[749] DELMANTO et al., op. cit., p. 558-9.

[750] SAAD, op. cit., p. 306.

[751] LOPES JÚNIOR, *Sistemas de Investigação Preliminar* ..., p. 378-85. Para o autor, para se pensar em intervenção física, mediante o argumento da proporcionalidade, deve existir norma processual que discipline a matéria sob os aspectos dos sujeitos, dos objetos e das formas dos atos (idem, p. 379).

Ensina Queijo que o direito ao silêncio sofre limitações[752] pela paz social e pela segurança pública, devendo ser aplicado para solucionar eventuais colisões o princípio da proporcionalidade. Para ela, ademais, se houvesse lei definindo as restrições ao direito fundamental, seria possível a execução coercitiva de exame pericial, mesmo sem o consentimento do investigado, desde que fosse realizado por médico e que houvesse autorização judicial. Para isso, contudo, deve o magistrado verificar, por exigência do princípio mencionado, se o exame que irá (ou não) autorizar é indispensável, o meio menos gravoso, útil e razoável, assim como se serão respeitadas a saúde e a dignidade do investigado.[753]

O STF, analisando a questão de realização coercitiva de extração de sangue para exame de DNA no âmbito cível, decidiu que não se pode obrigar alguém a fornecer material para perícia.[754] Ainda que o julgamento se refira a uma ação de investigação de paternidade, raciocínio idêntico também deve ser feito na esfera criminal.

Também não se poderá determinar, em respeito à tutela da intimidade das pessoas – direito fundamental previsto no art. 5°, inciso X, da CF – exame em partes íntimas quando houver recusa, independentemente da posição que se encontrem no curso da investigação criminal (vítima, suspeito ou indiciado). Essa vedação visa a proteger o pudor e a dignidade das pessoas.[755] Havendo recusa, contudo, deverá ser realizado, como lembra Grinover, exame de corpo de delito indireto.[756]

É relevante registrar, ainda, que os órgãos de investigação, mesmo que o investigado possa recusar-se a fornecer material biológico para perícia, podem compeli-lo a realizar exames clínicos, por ser passiva a colaboração em tais atos.[757]

---

[752] Não se pode olvidar que não existe direito fundamental absoluto ou ilimitado. De acordo com as peculiaridades do caso concreto, os direitos fundamentais podem sofrer restrições, mormente quando houver colisão com outro direito de igual patamar, por determinação judicial. Nessa linha: COUCEIRO, op. cit., p. 176; LOPES JÚNIOR, *Introdução Crítica ao Processo Penal ...*, p. 238.

[753] QUEIJO, *O direito de não produzir prova contra si mesmo ...*, p. 356-7.

[754] STF, Tribunal Pleno, HC 71.373/RS, rel. Min. Francisco Rezek, j. 10.11.1994, DJU de 22.11.1994, p. 45.686. No mesmo sentido: GRINOVER, FERNANDES e GOMES FILHO, op. cit., p. 158.

[755] GRINOVER, FERNANDES e GOMES FILHO, op. cit., p. 158; GOMES FILHO, op. cit., p. 118.

[756] GRINOVER, "A Polícia Civil e as Garantias Constitucionais da Liberdade", p. 19.

[757] SAAD, op. cit., p. 302.

Igualmente, não se pode incluir nas vedações elencadas o encontro de material biológico dispensado voluntariamente pelo investigado.

Nesse aspecto, importante transcrever a lição de Lopes Júnior:

> Não existe problema quando as células corporais necessárias para realizar, *v.g.*, uma investigação genética encontram-se no próprio lugar dos fatos (mostras de sangue, cabelos, pêlos etc.), no corpo ou vestes da vítima ou em outros objetos.[758]

Em Goiânia, no caso conhecido como "Roberta Jamilly", foram apreendidos, sem consentimento, os restos de cigarros que ela fumava e dispensava com saliva, durante depoimento policial. Enviado o material para exame de DNA, conseguiu a polícia judiciária comprovar que ela, assim como "Pedrinho", também não era filha biológica de Vilma.

Analisando tal caso, Gomes expõe que a parte do corpo humano que se separa dele pode ser submetida à perícia, afirmando que tudo que se encontra no local do crime – como fios de cabelo, espermas, catarros, sangue, impressão digital etc. – é prova obtida licitamente. Ainda, refere o autor que, na hipótese citada, a polícia não induziu Roberta a fumar e o material foi recolhido em um local público (repartição policial), motivos pelos quais a apreensão aconteceu de maneira lícita.[759]

Problema maior surgirá quando o material biológico for dispensado involuntariamente pelo investigado. Assim, se a polícia recolher para perícia, no curso de uma investigação em que apura se determinado motorista dirigia embriagado no momento em que causou o óbito de um pedestre, sangue encontrado no local do acidente e comprovar, através desse método, que o condutor estava bêbado, tal prova será lícita?

Poder-se-ia argumentar que, nesse caso, como o investigado não forneceu à polícia judiciária amostras de sangue de forma consciente, a prova seria obtida ilicitamente.

Todavia, a solução deve ser outra. De acordo com Oliveira, com quem se está de acordo, é possível a utilização, como meio de prova, de sangue ou de qualquer outro material biológico dispensado involutariamente pelo investigado, desde que a sua utilização não cause "dano à integridade física, psíquica ou à dignidade" do investigado.[760] No caso especificado, não há violação, em momento algum,

---

[758] LOPES JÚNIOR, *Sistemas de Investigação Preliminar ...*, p. 375.

[759] GOMES, Luiz Flávio. "Caso Roberta Jamilly: Prova Válida". Disponível em: <http://www.ielf.com.br> Acesso em: 30.06.03.

[760] OLIVEIRA, op. cit., p. 318.

a qualquer desses direitos fundamentais, motivo por que deve ser admitida a prova pericial.

A respeito do assunto, no episódio que ficou conhecido como "Caso Glória Trevi", em que uma cantora mexicana imputava a policiais federais, injustamente, a autoria de um suposto estupro que teria ocorrido na carceragem da Polícia Federal, o STF entendeu como prova válida a coleta de material biológico da placenta, logo depois do parto, para a realização de exame de DNA, mesmo sem o consentimento da acusadora.[761]

Outra questão relevante é saber se o exame realizado em amostras de material biológico (como, v. g., gotas de sangue) fornecidas pelo acusado para outros fins pode ser usado como prova no âmbito do processo penal.

Nesse caso, eventual prova obtida de tal forma não pode ser utilizada (e considerada como lícita) no processo penal, haja vista que o material biológico foi colhido para finalidade diferente. Contudo, como lembra Couceiro, a prova será lícita se o acusado, ao fornecer o material com outro intuito, tinha consciência de "que o mesmo poderia ser usado" para produzir prova no âmbito do processo penal.[762]

Da mesma maneira que ocorre com as células, o investigado não será obrigado a produzir material gráfico para perícia, ou seja, não poderá ser compelido a fornecer, de próprio punho, padrões gráficos para exame de confrontação.[763]

O privilégio contra a auto-incriminação também permite ao investigado que se recuse a fornecer padrões vocais para um exame de voz,[764] outra hipótese em que a participação do imputado se dá ativamente.

---

[761] STF, Tribunal Pleno, Reclamação 2.040/DF, rel. Min. Néri da Silveira, j. 21.02.2002, DJU de 27.06.2003, p. 31.

[762] COUCEIRO, op. cit., p. 333.

[763] Nessa esteira: STF, HC 77.135/SP, 1ª Turma, rel. Min. Ilmar Galvão, j. 08.09.1998, DJU de 06.11.1998, p. 3. Na doutrina: CAFFERATA NORES, op. cit., p. 32; QUEIROZ, artigo citado, p. 2; COUCEIRO, op. cit., p. 357. Para este autor, porém, a recusa de fornecer material (biológico, gráfico etc.) para perícia deve ser considerada como indício de culpabilidade (idem, p. 358). Em sentido contrário, sustentando que o investigado não pode invocar o direito ao silêncio para não fornecer material gráfico, por existir previsão legal (art. 174 do CPP) e por não haver ofensa a valores protegidos pelo princípio da não auto-incriminação, como, por exemplo, a dignidade da pessoa humana: OLIVEIRA, op. cit., p. 316.

[764] CAFFERATA NORES, op. cit., p. 32. Na jurisprudência: STF, HC 83.096/RJ, 2ª Turma, rel. Min. Ellen Gracie, j. 18.11.2003, DJU de 12.12.2003, p. 89. Nos Estados Unidos, contudo, no caso *United States vs. Dionisio* (1973), a Suprema Corte decidiu que o acusado poderia ser compelido a fornecer amostra de voz (COUCEIRO, op. cit., p. 354).

4.2.5. *A exibição de documentos*

Antes de se verificar se o investigado deve apresentar documentos que sejam exigidos pela autoridade policial no curso de investigação, é necessário que se defina o que se entende por documento.

De acordo com o artigo 232, *caput*, do CPP,[765] documentos são quaisquer escritos, instrumentos ou papéis, sejam eles públicos ou particulares. Dessa forma, o conceito abrange, como demonstram Grinover, Fernandes e Gomes Filho, todo objeto que represente ou reproduza um acontecimento passado, como, v. g., fotografias, pinturas e fitas eletromagnéticas.[766]

Na Espanha, por exemplo, o investigado tem o dever de exibir os documentos contábeis perante a Administração tributária. Nesse caso, não está protegido pelo direito ao silêncio, pois o contribuinte não pratica uma manifestação de vontade, nem emite uma declaração que exteriorize um conteúdo.[767]

Já no Brasil, o acusado tem, em regra, o direito de não fornecer documentos aos órgãos de persecução criminal, por não ser obrigado a produzir prova contra si mesmo.[768]

Dessa maneira, a recusa em apresentar documentos às autoridades não pode ser considerada como desobediência e eventual requisição nesse sentido deverá ser tida como ilegal.[769]

Com relação aos livros fiscais, contudo, a interpretação deve ser outra. Nesse caso, os documentos pertencem à Fazenda Pública, apenas estando sob a guarda do comerciante. Assim, o depositário não possui o direito de recusar a exibição desses livros.[770]

Nada impede, porém, em qualquer hipótese, a apreensão dos documentos que interessem às investigações, principalmente nos

[765] "Art. 232. Consideram-se documentos quaisquer escritos, instrumentos ou papéis, públicos ou privados".

[766] GRINOVER, FERNANDES e GOMES FILHO, op. cit., p. 199.

[767] PICÓ i JUNOY, op. cit., p. 154.

[768] COUCEIRO, op. cit., p. 331.

[769] Nesse sentido: 4ª Vara Criminal Federal de São Paulo, Processo 2005.61.81.003569-7, Juiz Federal Alexandre Cassettari, j. 03.05.2005, *Boletim do IBCCRIM* nº 152, jul. 2005, Jurisprudência, p. 908,

[770] Nesse sentido: COUCEIRO, op. cit., p. 349. A recusa de o comerciante apresentar os livros, para o autor, deve ser interpretada como indício de culpabilidade (idem, ib.). Com posição contrária, na linha de que a apresentação, em virtude do direito ao silêncio, não é obrigatória: AMORIM, artigo citado, p. 6-7, para quem "o descumprimento da obrigação acessória de apresentação de documentos e informações fiscais não pode ser tido como indício da prática da sonegação fiscal, muito menos ensejar a propositura de ação penal com arrimo no inciso I do artigo 1º da Lei 8137/90, em razão do comentado direito ao silêncio e da proibição de que esse silêncio seja interpretado em prejuízo do réu".

casos em que houver falsidade (documental ou ideológica). O que não se permite é coagir o investigado a entregar, por conta própria, os documentos que possam interessar para a apuração de infrações penais, ainda que sejam falsos, material ou ideologicamente.[771]

4.2.6. O investigado e as oitivas de vítimas ou testemunhas

Discussão que também poderá surgir é se o investigado possui o direito de estar presente durante a oitiva, na fase policial, de uma vítima ou de uma testemunha.

Sustenta Fernandes que não existe impedimento para que o indiciado esteja presente no ato de inquirição de uma testemunha.[772] Aliás, esse já era um ponto de vista adotado por Almeida, que defendia, na vigência do regime ditatorial, o direito de o indiciado participar "das inquirições, no ato do registro dos depoimentos nos autos do inquérito policial".[773]

Em princípio, não se vê óbstáculo para que o sujeito passivo da investigação, se assim o requerer, se faça presente durante as oitivas das vítimas e das testemunhas. Essa deve ser, pois, a regra.

Todavia, se a vítima ou a testemunha demonstrar receio em prestar declarações na presença do investigado, ou existir fato concreto que demonstre o risco de se agir dessa forma, o acompanhamento deve ser vedado pela autoridade policial que preside as investigações, justificando a sua decisão. Colocar-se o investigado na frente de uma testemunha que ameaçou de morte, caso diga a verdade sobre o que presenciou, por exemplo, atinge o senso de justiça e a razoabilidade. Nessas hipóteses, portanto, cabe à autoridade policial impedir, de maneira fundamentada, a presença do imputado, sob pena de as vítimas ou as testemunhas, por fundado receio, não relatarem o que realmente sabem acerca dos fatos, causando sério prejuízo ao esclarecimento de uma situação típica. Essa postura, contudo, não pode ser estendida ao advogado do indiciado, que possui a prerrogativa profissional de acompanhar os atos de produção de prova.

Também não se deve permitir a permanência dos indiciados quando se estiver diante de investigação criminal voltada ao combate de organizações criminosas, em que seja necessária a preservação

---

[771] DELMANTO et al., op. cit., p. 558-9.

[772] FERNANDES, op. cit., p. 66. Em sentido contrário, tendo em vista o caráter inquisito do inquérito policial: NOGUEIRA, Carlos Frederico Coelho, op. cit., p. 136.

[773] ALMEIDA, op. cit., p. 213.

das vítimas e de testemunhas.[774] Questão bem mais complicada é definir se, agora, esse mesmo procedimento pode ser adotado com relação ao advogado.

Em se tratando de investigação destinada a elucidar infrações penais cometidas, em tese, por associação criminosa, deve-se buscar um equilíbrio entre, de um lado, o interesse público na colheita da prova e na preservação das testemunhas e vítimas e, de outro, o direito de defesa.[775]

Como alternativa para solução ao problema, sugere-se a adoção do chamado *testemunho anônimo*, procedimento utilizado na Espanha e nos Estados Unidos. Nessa hipótese, a identidade de quem está depondo não será conhecida pela defesa dos prováveis integrantes de uma organização criminosa. Tal procedimento difere do *testemunho oculto*, em que as vítimas e as testemunhas somente não são colocadas na presença do acusado,[776] conhecendo a defesa os dados de qualificação de quem depõe. Dessa forma, na fase policial, estando-se diante de investigação criminal que apura infrações penais cometidas por organizações criminosas, cabe ao delegado de polícia, observando o critério da razoabilidade e fundamentando o ato, evitar que vítimas e testemunhas, se possuírem fundado receio, sejam ouvidas na presença de defensores dos membros da associação.

Poder-se-ia argumentar que proibir a defesa de ter conhecimento dos dados de qualificação de quem depõe pode ferir o princípio da ampla defesa. Sem embargo, pode-se permitir que a defesa, mediante autorização judicial, durante o processo, saiba ao menos o nome ou o apelido de quem prestou (ou prestará) esclarecimentos.[777] É importante lembrar, outrossim, que se deve ter cautela redobrada na valoração dessa prova, devendo o magistrado dar credibilidade

---

[774] Com relação às principais características das organizações criminosas e à preservação de identidades de vítimas e testemunhas, sem que isso afronte o direito de defesa, cf. LOPES, Fábio Motta. "A Investigação Criminal em conformidade com a lei antidrogas". In: CALLEGARI, André Luís; WEDY, Miguel Tedesco (organizadores). *Lei de Drogas: aspectos polêmicos à luz da dogmática penal e da política criminal.* Porto Alegre: Livraria do Advogado, 2008, p. 103-131.

[775] SILVA, Eduardo Araujo da. *Crime Organizado: procedimento investigatório.* São Paulo: Atlas, 2003, p. 132-4.

[776] A respeito do assunto, já decidiu o STF que a retirada do acusado da sala de audiências para oitiva de vítimas e de testemunhas, através de decisão motivada do juiz e desde que realizada na presença da defesa técnica, não ofende a Constituição Federal (HC 86.572/PE, rel. Min. Carlos Britto, j. 06.12.2005, DJU de 30.03.2007, p. 76; HC 73.879/SP, rel. Min. Francisco Rezek, j. 10.06.1996, DJU de 11.04.1997, p. 12.185; HC 68.819/SP, rel. Min. Celso de Mello, j. 05.11.1991, DJU de 28.08.1992, p. 13.452).

[777] Essa posição intermediária é sugerida por SILVA, Eduardo Araujo da. *Crime Organizado: procedimento investigatório*, p. 140. Também é essa a proposta que consta no art. 21 do Projeto de Lei do Senado 150/06, antes referido.

a ela somente quando confirmada através de outros elementos de prova constantes no processo.[778]

Outra saída é a oitiva de testemunhas e de vítimas à distância, em delegacia de polícia distinta da que porventura estará o advogado do investigado. Esse procedimento, que é recomendado pelo Conselho da União Européia durante a fase judicial,[779] possibilita a realização de eventuais questionamentos por parte da defesa, preservando-se vítimas e testemunhas, que se sentirão (ao menos em tese) mais seguras para esclarecerem o que sabem a respeito dos fatos sob apuração.

---

[778] Nesse sentido: SILVA, Eduardo Araujo da. *Crime Organizado: procedimento investigatório*, p. 151. A propósito, o art. 22 do já citado PLS 150/06 estabelece que os depoimentos anônimos terão relevância probatória apenas quando corroborados por outras provas.

[779] SILVA, Eduardo Araujo da. *Crime Organizado: procedimento investigatório*, p. 131-4.

Considerações finais

Não existem dúvidas de que a investigação criminal é uma fase carregada de significados (e não uma etapa "meramente informativa"). Serve, pois, como um anteparo para evitar ações penais contra inocentes, que não devem ser submetidos, injustamente, a um processo criminal, que emerge, por si só, sancionatório. Ainda que sejam absolvidos ao final do processo, já foram estigmatizados como criminosos pelo fato de estarem sentados no banco dos réus, sofreram uma prolongada e desnecessária angústia e tiveram sua liberadade de locomoção, ao menos, ameaçada.

Embora o inquérito policial possua essa destacada motivação de evitar que alguém responda a um processo criminal sem que haja prova da existência do fato e elementos que demonstrem que o investigado é o provável autor de uma infração penal, é importante realçar que tal procedimento possui, entre outras, a finalidade de esclarecer na íntegra uma situação com aparência de delito. Assim, a polícia judiciária não deve colher somente provas que sirvam para acusação, mas também aquelas que possam ser úteis para a defesa.

Ao se fazer uma análise dos sistemas de investigação criminal de outros países, verifica-se que as investigações são, em linhas gerais, muito parecidas. Em regra, vigora o sigilo externo e não existe na etapa preliminar um debate contraditório. Além do mais, as diligências são formalizadas por escrito, de forma similar ao que ocorre com o inquérito policial, e as investigações, apesar de outros países adotarem os sistemas do promotor investigador ou do juizado de instrução, estão a cargo, na prática, das polícias judiciárias. Em suma, ainda que a titularidade da fase preliminar esteja nas mãos de outra instituição (Poder Judiciário ou Ministério Público), percebe-se que quem realiza as investigações nesses países, efetivamente, são as polícias judiciárias.

Contudo, cada território, em virtude dos costumes e das culturas de seu povo, possui algumas características que lhe são próprias.

Na Alemanha, na Itália e em Portugal, por exemplo, a polícia judiciária deve colher tanto as provas de cargo, quanto as de descargo, ou seja, durante a investigação criminal, devem ser angariadas todas as provas que interessem para a apuração do fato que está sendo apurado, pouco importando se elas servirão para a acusação ou para a defesa. Essa circunstância, de acordo com o que se verificou, através de uma leitura constitucional, pode ser aplicada na fase preliminar brasileira, perfeitamente, sem que exista prejuízo à completa elucidação do episódio.

Verificou-se, igualmente, que a fase de investigação criminal também serve de base para a decretação de medidas cautelares – inclusive pessoais –, para o juízo de recebimento da acusação e para a formação da *opinio delicti* e, na prática, delitima o objeto de discussão do processo criminal. Como se não bastasse, colhem-se na etapa preliminar provas definitivas e o resultado das investigações, querendo-se ou não, influenciam subjetivamente o julgador.

Dessa forma – e em virtude, principalmente, do inciso LV do artigo 5° da Constituição Federal –, devem ser assegurados, a partir do indiciamento, os direitos de informação e de defesa aos investigados, com as implicações e limitações estabelecidas ao longo dos capítulos III e IV, tendo em vista que o procedimento administrativo de investigação criminal não se destina a somente fornecer elementos para uma acusação.

Ainda que haja uma tendência na Europa de se estabelecer uma fase intermediária, situada entre a investigação criminal e o início do processo, que serve para a realização de um juízo de admissibilidade da ação penal mais acurado, não se vê a necessidade de implantação desse mecanismo no Brasil. Se fosse introduzida em nosso país uma fase intermediária contraditória, as diligências que fossem pleiteadas pela acusação ou pela defesa, na realidade, seriam realizadas pela polícias judiciárias. Em razão disso, entende-se ser mais adequado antecipar-se a participação da defesa para a fase preliminar, já que as diligências, se instituída a etapa intermediária no Brasil, como se disse, seriam executadas, invarialmente, pelas polícias judiciárias. Em última análise, o importante é a redução do caráter inquisitorial das investigações criminais, permitindo-se, com isso, um juízo mais cauteloso de admissibilidade da acusação.

É relevante referir, outrossim, que as investigações criminais devem (ou deveriam) ser realizadas com isenção e objetividade, cabendo à polícia investigativa agir com respeito à dignidade da pessoa humana – princípio fundamental da República Federativa do

Brasil – e comprometida com a cidadania, sem que isso signifique impunidade ou uma redução da eficiência do trabalho policial.

Assegurar direitos fundamentais ao investigado na fase preliminar não é o grande problema na persecução criminal. A circunstância mais grave é o total descaso por parte dos governantes, que muito pouco (ou quase nada) investem no âmbito da investigação criminal. Além de pagarem baixos salários aos policiais, ainda não aparelham as polícias judiciárias, tampouco as reorganizam em bases científicas, nem afastam as influências de ordem partidária que existem sobre elas. São esses os fatores que, somados à falta de adoção de políticas sociais (educação, emprego, moradia, saúde etc.), mais contribuem para a impunidade. Destarte, proporcionar-se o direito de informação e de defesa no curso do inquérito policial, desde o indiciamento, em nada prejudica a eficiência da justiça criminal.

Não se desconhece, ademais, que mudanças na legislação infraconstitucional e, em especial, no Código de Processo Penal sejam necessárias. Ainda que se faça – e não poderia ser diferente – uma leitura constitucional já na fase da investigação criminal, o indiciamento, por exemplo, deve ser regulamentado, estabelecendo-se o momento em que deve ocorrer, bem como a forma que deve ter e as conseqüências jurídicas que surgirão desse ato. Também deveriam ser feitas outras alterações com o intuito de se reduzir ao máximo o caráter inquisitorial de alguns dispositivos do CPP, como, v. g., a possibilidade que o juiz tem de decretar de ofício a prisão preventiva de alguém.

Mas as alterações não devem estar limitadas a apenas estabelecer garantias aos investigados, por mais importante que isso seja. Com a modernidade e os avanços tecnológicos e da ciência, melhorias também devem ser implantadas na fase preliminar para possibilitar a adoção de novas técnicas de investigação criminal, com a finalidade precípua de se auxiliar os órgãos estatais na descoberta da autoria da infração penal. Hoje, em virtude da ausência de lei específica e clara disciplinando as intervenções físicas em investigados, a doutrina e a jurisprudência majoritárias não admitem a extração de material biológico para exame sem a concordância do suspeito. Assim, torna-se imperioso que se autorize e regulamente na legislação infraconstitucional essa questão, com a finalidade de se permitir a coleta de material biológico, mesmo sem o consentimento do investigado, para a realização de exames, por exemplo, de DNA e de embriaguez.

Feitas essas sugestões, é sempre importante ressaltar que os valores constantes nos direitos fundamentais – entre eles, invariavelmente, os de informação e de defesa –, possuem superioridade. Caracterizam-se por serem comandos constitucionais que irradiam traços de democracia e que, por isso, não devem ser tais princípios desprezados por ainda não se estar diante de uma fase processual. A fase de investigação criminal, repita-se, é repleta de significados, podendo o investigado, conforme o caso, ser preso já no início do inquérito policial.

Reafirma-se, aqui, que não se vislumbra como solução para resolver a crise na investigação criminal a simplificação de seus caminhos. Essa postura aumentaria a possibilidade de se submeter ao processo pessoa que nenhum envolvimento tenha com o fato criminoso e, ao menos em tese, o arbítrio por parte das polícias. Ainda, o problema apenas seria transferido para a fase judicial, pois a simplificação permitiria, em um curto espaço de tempo, a remessa ao juiz competente de milhares de inquéritos policiais que hoje tramitam nas delegacias de polícia, bem como dos procedimentos referentes a novos fatos típicos que surgirem. Como é sabido, a estrutura do Poder Judiciário é insuficiente para absorver, além da demanda que atualmente existe, um novo (e considerável) volume de investigações criminais eventualmente reduzidas.

Saliente-se, por derradeiro, que não se afirmou, em momento algum, que o mais importante na fase preliminar não seja o completo esclarecimento de uma infração penal, que atinge a vítima, a sua família e, em última análise, toda a sociedade. Contudo, a elucidação pode ocorrer, dentro dos limites estabelecidos, com a participação do investigado a partir do momento em que passa a ser "acusado em geral". Tão necessário quanto apurar uma infração penal e punir adequadamente os seus responsáveis é a criação de mecanismos que tentem evitar injustiças contra pessoas submetidas a uma investigação criminal. E é para minimizar os riscos de se prender e punir inocentes que se deve assegurar um mínimo de contraditório e defesa antes mesmo da abertura de um processo criminal.

Obras consultadas

ABADE, Denise Neves. "Direito de acesso aos autos no processo penal: breve análise crítica". *Revista Brasileira de Ciências Criminais*, São Paulo, nº 57, p. 121-58, dez. 2005.

ADOLFO, Luiz Gonzaga Silva. "O Direito como Integridade de Dworkin: breves notas para a utilização dos princípios na hermenêutica jurídica e a superação do paradigma positivista". *Destaque Jurídico: Revista de Estudos Jurídicos*, Gravataí, Curso de Direito da ULBRA, v. 3, nº 3, p. 55-76, 2004.

ALEXY, Robert. *Teoría de los Derechos Fundamentales*. 3.reimpr. Madrid: Centro de Estudios Políticos y Constitucionales, 2002. Trad. de Ernesto Garzón Valdés. Título original: *Theorie der Grundrechte*.

ALMEIDA, Joaquim Canuto Mendes de. *Princípios Fundamentais do Processo Penal*. São Paulo: RT, 1973.

——. "Ainda o direito de defesa no inquérito policial". *Revista dos Tribunais*, São Paulo, nº 272, p. 7-22, 1958.

AMORIM, Maria Carolina de Melo. "Da impossibilidade de obrigar o contribuinte a apresentar, em fiscalização tributária, documentos comprobatórios de crimes tributários". *Boletim do IBCCRIM*, São Paulo, nº 176, p. 6-7, jul. 2007.

ANDRADE, Maria Margarida de. *Introdução à Metodologia do Trabalho Científico*. 7.ed. São Paulo: Atlas, 2006.

ARMENTA DEU, Teresa. *Principio Acusatorio y Derecho Penal*. Barcelona: José M.ª Bosch Editor, 1995.

ÁVILA, Humberto. Teoria dos Princípios. Da definição à aplicação dos princípios jurídicos. 4.ed. São Paulo: Malheiros Editores, 2005.

AZAMBUJA, Carmen. Pequenas Causas Criminais Inglesas: Magistrates' Court. Canoas: Ed. ULBRA, 1997.

AZEVEDO, André Boiani; BALDAN, Édson Luís. "A preservação do devido processo legal pela investigação defensiva (ou do direito de defender-se provando)". *Boletim do IBCCrim*, São Paulo, nº 137, p. 6-8, abr. 2004.

BADARÓ, Gustavo Henrique Righi Ivahy. "Limites aos Poderes Investigatórios das Comissões Parlamentares de Inquérito". *Boletim do IBCCRIM*, São Paulo, nº 83, ed. especial, p. 11-2, out. 1999.

——; PITOMBO, Cleunice Valentim Bastos; ZILLI, Marcos Alexandre Coelho; MOURA, Maria Thereza Rocha de Assis. "Publicidade, ampla defesa e contraditório no novo interrogatório judicial". *Boletim do IBCCRIM*, São Paulo, nº 135, p. 2-3, fev. 2004.

BALDAN, Édson Luís; AZEVEDO, André Boiani. "A preservação do devido processo legal pela investigação defensiva (ou do direito de defender-se provando)". *Boletim do IBCCrim*, São Paulo, nº 137, p. 6-8, abr. 2004.

BARROSO, Luís Roberto. *Interpretação e Aplicação da Constituição*. São Paulo: Saraiva, 1996.

BASTOS, Celso Ribeiro; MARTINS, Ives Gandra. *Comentários à Constituição do Brasil*. 2.ed. São Paulo: Saraiva, 2001, v. 2.

BASTOS, Cleunice A. Valentim; MOURA, Maria Thereza Rocha de Assis. "Defesa Penal: direito ou garantia". *Revista Brasileira de Ciências Criminais*, São Paulo, nº 4, p. 110-25, out.-dez. 1993.

BASTOS, Marcelo Lessa. A Investigação nos Crimes de Ação Penal de Iniciativa Pública. Papel do Ministério Público. Uma Abordagem à Luz do Sistema Acusatório e do Garantismo. Rio de Janeiro: Lumen Juris, 2004.

BONAVIDES, Paulo. *Curso de Direito Constitucional*. 13.ed. São Paulo: Malheiros, 2003.

BOSS, Hans. *Alemania*. In: MACIÁ GÓMEZ, Ramón. *Sistemas de Proceso Penal en Europa*. Barcelona: CEDECS, p. 21-37, 1998.

CABETTE, Eduardo Luiz Santos. "O papel do Inquérito Policial no sistema acusatório – o modelo brasileiro". *Revista Brasileira de Ciências Criminais*, São Paulo, nº 35, p. 185-201, jul.-set. 2001.

CAFFERATA NORES, José I. "La Eficacia de la Investigación Penal en el Estado de Derecho". *Revista Brasileira de Ciências Criminais*, São Paulo, nº 35, p. 28-36, jul.-set. 2001.

CALLEGARI, André Luís. "A inconstitucionalidade do teste de alcoolemia e novo código de trânsito". *Boletim do IBCCRIM*, São Paulo, nº 66, p. 12-14, maio 1998.

——. Imputação Objetiva, Lavagem de Dinheiro e Outros Temas de Direito Penal. 2.ed. Porto Alegre: Livraria do Advogado, 2004.

——; LOPES, Fábio Motta. "A imprestabilidade do bafômetro como prova no Processo Penal". *Boletim do IBCCRIM*, São Paulo, nº 191, p. 8, out., 2008.

CANOTILHO, J. J. Gomes. *Direito Constitucional e Teoria da Constituição*. 2.ed. Coimbra: Livraria Almedina, 1998.

CAPEZ, Fernando. *Curso de Processo Penal*. 9.ed. São Paulo: Saraiva, 2003.

CARNELUTTI, Francesco. *As Misérias do Processo Penal*. Traduzido por José Antonio Cardinalli. Campinas: CONAM, 1995. Tradução da edição de 1957, da Edizioni Radio Italiana.

CARVALHO, Luis Gustavo Grandinetti Castanho de. *O Processo Penal em face da Constituição*. Rio de Janeiro: Forense, 1992.

CARVALHO, Salo de. *Pena e Garantias*. 2.ed. Rio de Janeiro: Lumen Juris, 2003.

CERNICCHIARO, Luiz Vicente. "Inquérito Policial". *Revista da ADEPOL/RJ*, Rio de Janeiro, nº 81, p. 14, mar.-abr. 2001.

CHOUKR, Fauzi Hassan. *Garantias Constitucionais na Investigação Criminal*. 2.ed. Rio de Janeiro: Lumen Juris, 2001.

——. "Inquérito Policial: Novas Tendências e Práticas". *Boletim do IBCCRIM*, São Paulo, nº 83, ed. especial, p. 12-3, out. 1999.

CINTRA, Antônio Carlos de Araújo; GRINOVER, Ada Pellegrini; DINAMARCO, Cândido Rangel. *Teoria Geral do Processo*. 17.ed. São Paulo: Malheiros, 2001.

CORRÊA, Cristiane da Rocha. "O princípio do contraditório e as provas irrepetíveis no inquérito policial". *Revista Brasileira de Ciências Criminais*, São Paulo, nº 60, p. 223-53, jun. 2006.

COSTA, Paula Bajer Fernandes Martins da. "Sobre a Posição da Polícia Judiciária na Estrutura do Direito Processual Penal Brasileiro na Atualidade". *Revista Brasileira de Ciências Criminais*, São Paulo, nº 26, p. 213-20, abr.-jun. 1999.

——. "Inquérito Policial e a Investigação dos Fatos que Antecede a Ação Penal no Ordenamento Jurídico Instaurado pela Constituição de 1988". *Revista Brasileira de Ciências Criminais*, São Paulo, nº 19, p. 171-8, jul.-set. 1997.

——. "Publicidade na Investigação Criminal". *Boletim do IBCCRIM*, São Paulo, nº 84, p. 13, nov. 1999.

COUCEIRO, João Cláudio. A Garantia Constitucional do Direito ao Silêncio. São Paulo: RT, 2004.

COUTINHO, Jacinto Nelson de Miranda. "Introdução aos Princípios Gerais do Direito Processual Penal Brasileiro". *Revista de Estudos Criminais*, ITEC, Porto Alegre, nº 1, p. 26-51, 2001.

——. "O Sigilo do Inquérito Policial e os Advogados". *Revista Brasileira de Ciências Criminais*, São Paulo, nº 18, p. 123-34, abr.-jun. 1997.

——. "A inconstitucionalidade de lei que atribua funções administrativas do inquérito policial ao Ministério Público". *Revista de Direito Administrativo Aplicado*, Curitiba, nº 2, p. 445-453, ago. 1994.

——. "O Papel do Novo Juiz no Processo Penal". In: COUTINHO, Jacinto Nelson de Miranda (coord.). *Crítica à Teoria Geral do Direito Processual Penal*. Rio de Janeiro e São Paulo: Renovar, p. 3-55, 2001.

CRENIER, Anne. *Francia*. In: MACIÁ GÓMEZ, Ramón. *Sistemas de Proceso Penal en Europa*. Barcelona: CEDECS, p. 151-70, 1998.

CRETELLA JÚNIOR, José. *Comentários à Constituição de 1988*. 3.ed. Rio de Janeiro: Forense Universitária, 1997, p. 530, v. I.

CRUZ, Rogério Schietti M. "A otimização, ainda tímida, da assistência de advogado ao preso". *Boletim do IBCCRIM*, São Paulo, nº 172, p. 17, mar. 2007.

CRUZ E TUCCI, José Rogério; TUCCI, Rogério Lauria. *Constituição de 1988 e Processo*. São Paulo: Saraiva, 1989.

D'ANGELO, Andréa Cristina; DEZEM, Guilherme Madeira. "Acesso aos autos do inquérito policial pelo não formalmente indiciado". *Boletim do IBCCRIM*, São Paulo, nº 162, p. 13-4, maio 2006.

DANTAS, António Leones. *Portugal*. In: MACIÁ GÓMEZ, Ramón. *Sistemas de Proceso Penal en Europa*. Barcelona: CEDECS, p. 313-30, 1998.

DELMANTO, Celso *et al*. *Código Penal Comentado*. 4.ed. Rio de Janeiro: Renovar, 1998.

DELMANTO, Roberto. "As inconstitucionalidades da Lei Seca". *Boletim do IBCCRIM*, São Paulo, nº 189, ago 2008.

DELMAS-MARTY, Mireille (org.). *Processos Penais da Europa*. Rio de Janeiro: Lumen Juris, 2005. Tradução de Fauzi Hassan Choukr.

DESGUALDO, Marco Antonio. "A Lógica na Investigação Criminal". *Revista Brasileira de Ciências Criminais*, São Paulo, nº 27, p. 288-93, jul.-set. 1999.

DEZEM, Guilherme Madeira; D'ANGELO, Andréa Cristina. "Acesso aos autos do inquérito policial pelo não formalmente indiciado". *Boletim do IBCCRIM*, São Paulo, nº 162, p. 13-4, maio 2006.

DIAS NETO, Theodomiro. "O Direito ao Silêncio: Tratamento nos Direitos Alemão e Norte-americano". *Revista Brasileira de Ciências Criminais*, São Paulo, nº 19, p. 179-204, jul.-set. 1997.

DINAMARCO, Cândido Rangel. *A Instrumentalidade do Processo*. 9.ed. São Paulo: Malheiros, 2001.

——. CINTRA, Antônio Carlos de Araújo; GRINOVER, Ada Pellegrini. *Teoria Geral do Processo*. 17.ed. São Paulo: Malheiros, 2001.

DOÑATE, Antonio. "Función de investigación: ¿de los Jueces o de los Fiscales". Boletim da Associação Juízes para a Democracia, São Paulo, nº 33, p. 7, jan. 2005.

DUCLERC, Elmir. *Curso Básico de Direito Processual Penal*. Rio de Janeiro: Lumen Juris, 2006, v. II.

D'URSO, Luiz Flávio Borges. "O exame do inquérito policial pelo advogado". *Boletim do IBCCRIM*, São Paulo, nº 67, p. 2, jun. 1998.

DWORKIN, Ronald. *Levando os Direitos a Sério*. São Paulo: Martins Fontes, 2002.

EDWARDS, Carlos Enrique. *El defensor técnico en la prevención policial*. Buenos Aires: ASTREA, 1992.

ESPÍNDOLA, Ruy Samuel. *Conceito de Princípios Constitucionais*. 2.ed. São Paulo: RT, 2002.

ESPÍNOLA FILHO, Eduardo. *Código de Processo Penal Brasileiro Anotado*. 6.ed. Rio de Janeiro: Editora Rio, 1980.

FERNANDES, Antonio Scarance. *Processo Penal Constitucional*. 3.ed. São Paulo: RT, 2002.

——. GRINOVER, Ada Pellegrini; GOMES FILHO, Antonio Magalhães. *As Nulidades no Processo Penal*. 8.ed. São Paulo: RT, 2004.

FERRAJOLI, Luigi. *Direito e razão: teoria do garantismo penal*. São Paulo: RT, 2002. Tradução de Ana Paula Zomer, Fauzi Hassan Choukr, Juarez Tavares e Luiz Flávio Gomes.

FERREIRA, Orlando Miranda. "Inquérito Policial e o Ato Normativo 314-PGJ/CPJ". *Revista Brasileira de Ciências Criminais*, São Paulo, nº 45, p. 257-68, out.-dez. 2003.

FYSCHINGER, José Francisco de; CAMARGO, Rodrigo Oliveira de. "A condução coercitiva para o ato do interrogatório do acusado preso e o constitucional direito da defesa pessoal negativa". *Boletim do IBCCRIM*, São Paulo, nº 187, p. 16-7, jun. 2008.

FRAGOSO, Christiano. "O advogado no interrogatório". *Boletim do IBCCRIM*, São Paulo, nº 132, p. 4-5, nov. 2003.

FRANCO, Alberto Silva; STOCO, Rui (Coord.). *Código de Processo Penal e sua Interpretação Jurisprudencial*. São Paulo: RT, 1999, v. I.

——; MARREY, Adriano; STOCO, Rui. *Teoria e Prática do Júri*. 6.ed. São Paulo: RT, 1997.

FREITAS, Juarez. *A Interpretação Sistemática do Direito*. São Paulo: Malheiros, 1995.

FURTADO, Renato de Oliveira. "Direito à Assistência de Advogado no Inquérito Policial. Breves Considerações ao art. 5.°, nº 63 da CF". *Revista dos Tribunais*, São Paulo, v. 695, p. 296-9, set. 1993.

——. "O Advogado e o Inquérito Policial". Disponível em: <http://www.ambito-juridico.com.br/aj/dpp0020.html> Acesso em: 28.03.06.

GARCIA, Roberto Soares. "Identificação e qualificação criminal – Lembrando do mestre Sérgio Marcos de Moraes Pitombo". *Revista Brasileira de Ciências Criminais*, São Paulo, nº 49, p. 357-67, jul.-ago. 2004.

GIACOMOLLI, Nereu José. Legalidade, Oportunidade e Consenso no Processo Penal na Perspectiva das Garantias Constitucionais. Porto Alegre: Livraria do Advogado, 2006.

GOMES FILHO, Antonio Magalhães. *Direito à Prova no Processo Penal*. São Paulo: RT, 1997.

——. A Motivação das Decisões Penais. São Paulo: RT, 2001.

——; FERNANDES, Antonio Scarance; GRINOVER, Ada Pellegrini. *As Nulidades no Processo Penal*. 8.ed. São Paulo: RT, 2004.

GOMES, Luiz Flávio. "Caso Roberta Jamilly: Prova Válida". Disponível em: <http://www.ielf.com.br> Acesso em: 30.06.03.

——. "Filho que furta dinheiro do pai: há crime?". Disponível em: <http://www.ielf.com.br> Acesso em: 25.12.02.

——. "Lei seca (Lei 11.705/2008): exageros, equívocos e abusos das operações policiais". Artigo publicado no Jornal Folha de São Paulo, em 02.07.08, no Caderno Opinião, na p. A3.

GOMES, Rodrigo Carneiro. "Roteiro Prático do Inquérito Policial". Disponível em: <http://www.asdep.com.br> Acesso em: 18.05.07.

GRECO FILHO, Vicente. *Manual de Processo Penal*. 4.ed. São Paulo: Saraiva, 1997.

GRINOVER, Ada Pellegrini. "O interrogatório como meio de defesa (Lei 10.792/2003)". *Revista Brasileira de Ciências Criminais*, São Paulo, nº 53, p. 185-200, mar.-abr. 2005.

——. "A Polícia Civil e as Garantias Constitucionais da Liberdade". In: MORAES, Bismael B. (coord.). *A Polícia à luz do Direito*. São Paulo: RT, p. 12-24, 1991.

——. FERNANDES, Antonio Scarance; GOMES FILHO, Antonio Magalhães. *As Nulidades no Processo Penal*. 8.ed. São Paulo: RT, 2004.

——. CINTRA, Antônio Carlos de Araújo; DINAMARCO, Cândido Rangel. *Teoria Geral do Processo*. 17.ed. São Paulo: Malheiros, 2001.

GUIMARÃES JÚNIOR, João Lopes. "*Dominus Litis?*". *Boletim do IBCCRIM*, São Paulo, nº 65, p. 11, abr. 1998.

HADDAD, Carlos Henrique Borlido. "O Novo Interrogatório". *Revista da AJURIS*, Porto Alegre, nº 99, p. 41-82, set. 2005.

——. "Lei n.° 11.449/07: O Papel da Defensoria Pública na Prisão em Flagrante". *Boletim do IBCCRIM*, São Paulo, nº 172, p. 18-9, mar. 2007.

HESSE, Konrad. *Elementos de Direito Constitucional da República Federativa da Alemanha*. Porto Alegre: SAFE, 1998. Tradução de Luís Afonso Heck.

HOYOS, Arturo. *El Debido Proceso*. Reimpresión. Bogotá: Editorial Temis, 1998.

IENNACO, Rodrigo. "Da Validade do Procedimento de Persecução Criminal Deflagrado por Denúncia Anônima no Estado Democrático de Direito". *Revista Brasileira de Ciências Criminais*, São Paulo, nº 62, p. 220-63, out. 2006.

JARDIM, Afranio Silva. *Direito Processual Penal*. 6.ed. Rio de Janeiro: Forense, 1997.

KOERNER, Andrei; MELHEM, Célia Soibelman; SCHILLING, Flávia. "A Garantia dos Direitos Fundamentais no Processo Penal: A implementação do controle do inquérito policial pelo Ministério Público do Estado de São Paulo". *Revista Brasileira de Ciências Criminais*, São Paulo, nº 28, p. 265-71, out.-dez. 1999.

LAKATOS, Eva Maria; MARCONI, Marina de Andrade. *Técnicas de Pesquisa*. 5.ed. São Paulo: Atlas, 2002.

LEON, Altair Ramos; MULLER, Walter Martins. "Bafômetro: exame obrigatório ou não?". *Boletim do IBCCRIM*, São Paulo, nº 66, p. 9-10, maio 1998.

LEVENE (h.), Ricardo. *Manual de Derecho Procesal Penal*. 3.ed. Buenos Aires: Editorial Plus Ultra, 1975.

LIMA, Arnaldo Siqueira de. "Vícios do Inquérito Maculam a Ação Penal". *Boletim do IBCCRIM*, São Paulo, nº 82, p. 10, set. 1999.

LIMA, Marcellus Polastri. *Curso de Processo Penal*. 2.ed. Rio de Janeiro: Lumen Juris, 2006, v. I.

——. *Curso de Processo Penal*. 2.ed. Rio de Janeiro: Lumen Juris, 2006, v. II.

LOPES JÚNIOR, Aury Celso Lima. Introdução Crítica ao Processo Penal (Fundamentos da Instrumentalidade Garantista). 2.ed. Rio de Janeiro: Lumen Juris, 2005.

——. Sistemas de Investigação Preliminar no Processo Penal. 4.ed. Rio de Janeiro: Lumen Juris, 2006.

——. "Direito de Defesa e Acesso do Advogado aos Autos do Inquérito Policial: uma (des)construção jurisprudencial". *Revista Brasileira de Ciências Criminais*, São Paulo, nº 43, p. 378-96, abr.-jun. 2003.

LOPES, Fábio Motta. "O Ministério Público na Investigação Criminal". *Revista Ibero-Americana de Ciências Penais*, Porto Alegre, ano 6, nº 11, p. 137-166, jun.-jan. 2005.

——. "A Investigação Criminal em conformidade com a lei antidrogas". In: CALLEGARI, André Luís; WEDY, Miguel Tedesco (organizadores). *Lei de Drogas: aspectos polêmicos à luz da dogmática penal e da política criminal*. Porto Alegre: Livraria do Advogado, 2008, p. 103-131.

——. "O auto de prisão em flagrante e as excludentes de ilicitude". *Jornal dos Delegados*, Porto Alegre, nº 64, nov. 2005, p. 11. Disponível também em: *Jornal Mais*, Belo Horizonte, nº 38, fev. 2006, p. 15.

——. "O Inquérito Policial é mera peça informativa?". *Boletim do IBCCRIM*, São Paulo, nº 181, dez. 2007, p. 10-1.

——; CALLEGARI, André Luís. "A imprestabilidade do bafômetro como prova no Processo Penal". *Boletim do IBCCRIM*, São Paulo, nº 191, p. 8, out., 2008.

LUCCA, José Carlos de. "O Necessário Sigilo do Inquérito Policial". *Revista dos Tribunais*, São Paulo, nº 699, p. 429-30, jan. 1994.

MALAN, Diogo; QUITO, Carina. "Resolução CJF nº 507/06 e Direitos Fundamentais do Investigado". *Boletim do IBCCRIM*, São Paulo, nº 165, p. 18-9, ago. 2006.

MARQUES, José Frederico. *Elementos de Direito Processual Penal*. Campinas: Bookseller, 1998, v. 1.

MARREY, Adriano; FRANCO, Alberto Silva; STOCO, Rui. *Teoria e Prática do Júri*. 6.ed. São Paulo: RT, 1997.

MARTINS, Ives Gandra; BASTOS, Celso Ribeiro. *Comentários à Constituição do Brasil*. 2.ed. São Paulo: Saraiva, 2001, v. 2.

MCNAUGHT, John. *Inglaterra y Gales*. In: MACIÁ GÓMEZ, Ramón. *Sistemas de Proceso Penal en Europa*. Barcelona: CEDECS, p. 213-30, 1998.

MELHEM, Célia Soibelman; KOERNER, Andrei; SCHILLING, Flávia. "A Garantia dos Direitos Fundamentais no Processo Penal: A implementação do controle do inquérito policial pelo Ministério Público do Estado de São Paulo". *Revista Brasileira de Ciências Criminais*, São Paulo, nº 28, p. 265-71, out.-dez. 1999.

MELLO, Celso Antonio Bandeira de. *Curso de Direito Administrativo*. 16.ed. São Paulo: Malheiros, 2003.

MENDES, Carlos Alberto Pires. "Aspectos Controvertidos do Indiciamento". *Revista Ibero-Americana de Ciências Penais*, Porto Alegre, nº 1, p. 107-14, set.-dez. 2000.

MENDES, Gilmar. "Os direitos fundamentais e seus múltiplos significados na ordem Constitucional". *Revista Diálogo Jurídico*, Salvador, Centro de Atualização Jurídica, nº 10, jan. 2002. Disponível em: <http://www.direitopublico.com.br> Acesso em: 30.04.07.

MENDRONI, Marcelo Batlouni. "O Sigilo da Fase Pré-Processual". *Boletim do IBCCRIM*, São Paulo, nº 83, p. 10-2, out. 1999.

——. "O Sigilo da Fase Pré-Processual". *Revista dos Tribunais*, São Paulo, nº 773, p. 489-93, mar. 2000.

MIRABETE, Julio Fabbrini. *Processo Penal*. 8.ed. São Paulo: Atlas, 1998.

MORAES, Alexandre de. *Direito Constitucional*. 13.ed. São Paulo: Atlas, 2003.

——. "Direito ao Silêncio e Comissões Parlamentares de Inquérito". *Boletim do IBCCRIM*, São Paulo, nº 79, p. 13-4, jun. 1999.

MORAES, Bismael B. "Inquérito Policial e Falta de Prevenção". *Boletim do IBCCRIM*, São Paulo, nº 88, p. 5, mar. 2000.

——. "O Inquérito Policial é o Vilão no Direito Brasileiro?". *Revista Brasileira de Ciências Criminais*, São Paulo, nº 28, p. 255-64, out.-dez. 1999.

MORAES, Maurício Zanoide de; MOURA, Maria Thereza Rocha de Assis. "Direito ao Silêncio no Interrogatório". *Revista Brasileira de Ciências Criminais*, São Paulo, nº 6, p. 133-47, abr.-jun. 1994.

MORAIS FILHO, Antonio Evaristo de. "O Ministério Público e o Inquérito Policial". *Revista Brasileira de Ciências Criminais*, São Paulo, nº 19, p. 105-10, jul.-set. 1997.

MORGAN, Virginia. *Estados Unidos de América*. In: MACIÁ GÓMEZ, Ramón. *Sistemas de Proceso Penal en Europa*. Barcelona: CEDECS, p. 125-50, 1998.

MOURA, Maria Thereza Rocha de Assis; BASTOS, Cleunice A. Valentim. "Defesa Penal: direito ou garantia". *Revista Brasileira de Ciências Criminais*, São Paulo, nº 4, p. 110-25, out.-dez. 1993.

——; PITOMBO, Cleunice Valentim Bastos; BADARÓ, Gustavo Henrique Righi Ivahy; ZILLI, Marcos Alexandre Coelho. "Publicidade, ampla defesa e contraditório no novo interrogatório judicial". *Boletim do IBCCRIM*, São Paulo, nº 135, p. 2-3, fev. 2004.

——; MORAES, Maurício Zanoide de. "Direito ao Silêncio no Interrogatório". *Revista Brasileira de Ciências Criminais*, São Paulo, nº 6, p. 133-47, abr.-jun. 1994.

MULLER, Walter Martins; LEON, Altair Ramos. "Bafômetro: exame obrigatório ou não?". *Boletim do IBCCRIM*, São Paulo, nº 66, p. 9-10, maio 1998.

NERY JUNIOR, Nelson. Princípios do Processo Civil na Constituição Federal. 7.ed. São Paulo: RT, 2002.

NOGUEIRA, Carlos Frederico Coelho. *Comentários ao Código de Processo Penal*. São Paulo: Edipro, 2002, v. 1.

NOGUEIRA, Paulo Lúcio. *Curso Completo de Processo Penal*. 10.ed. São Paulo: Saraiva, 1996.

NORONHA, E. Magalhães. *Curso de Direito Processual Penal*. 24.ed. São Paulo: Saraiva, 1996. Atualizada por Adalberto José Q. T. de Camargo Aranha.

NUCCI, Guilherme de Souza. *Código de Processo Penal Comentado*. 4.ed. São Paulo: RT, 2005.

——. *Código Penal Comentado*. 5.ed. São Paulo: RT, 2005.

OLIVEIRA, Carlos Alberto Álvaro de. "A Garantia do Contraditório". *Revista da AJURIS*, Porto Alegre, nº 74, p. 103-20, nov. 1998.

OLIVEIRA, Eugênio Pacelli de. *Curso de Processo Penal*. 4.ed. Belo Horizonte: Del Rey, 2005.

PASTOR, Daniel. "Acerca del derecho fundamental al plazo razonable de duración del proceso penal". *Revista Brasileira de Ciências Criminais*, São Paulo, nº 52, p. 203-49, jan.-fev. 2005.

PÊCEGO, Antônio José F. de S. "Polícia Judiciária: Persecução Penal, Defesa e Sigilo". *Boletim do IBCCRIM*, São Paulo, nº 88, p. 9, mar. 2000.

PEDROSO, Fernando de Almeida. Processo Penal, o Direito de Defesa: Repercussão, Amplitude e limites. Rio de Janeiro: Forense, 1986.

PICÓ i JUNOY, Joan. *Las Garantías Constitucionales del Proceso*. Barcelona: José Maria Bosch Editor, 1997.

PINTO, Adilson José Vieira. "O Inquérito Policial à luz dos Direitos e Garantias Individuais da Constituição Federal de 1988". *Revista Brasileira de Ciências Criminais*, São Paulo, nº 27, p. 251-64, jul.-set. 1999.

PINTO, Martins Felipe. "A Processualização do Inquérito Policial". *Boletim do IBCCrim*, São Paulo, nº 110, p. 4-5, jan. 2002.

PITOMBO, Cleunice Valentim Bastos; BADARÓ, Gustavo Henrique Righi Ivahy; ZILLI, Marcos Alexandre Coelho; MOURA, Maria Thereza Rocha de Assis. "Publicidade, ampla defesa e contraditório no novo interrogatório judicial". *Boletim do IBCCRIM*, São Paulo, nº 135, p. 2-3, fev. 2004.

——. Da Busca e da Apreensão no Processo Penal. São Paulo: RT, 1999.

PITOMBO, Sérgio Marcos de Moraes. "Inquérito Policial: Exercício do Direito de Defesa". *Boletim do IBCCRIM*, São Paulo, nº 83, ed. especial, p. 14, out. 1999.

——. "A Polícia Judiciária e as Regras Orientadoras do Processo Penal". In: MORAES, Bismael B. (coord.). *A Polícia à luz do Direito*. São Paulo: RT, p. 34-40, 1991.

——. Inquérito Policial: Novas Tendências. Belém: CEJUP, 1986.

——. "O indiciamento como ato de polícia judiciária". *Revista dos Tribunais*, São Paulo, nº 577, p. 313-6, nov. 1983.

PRADA SOLAESA, José R. de. *España*. In: MACIÁ GÓMEZ, Ramón. *Sistemas de Proceso Penal en Europa*. Barcelona: CEDECS, p. 91-124, 1998.

PRADO, Fabiana Lemes Zamalloa de. A Ponderação de Interesses em Matéria de Prova no Processo Penal. São Paulo: IBCCRIM, 2006.

PRADO, Geraldo. Sistema Acusatório. A Conformidade Constitucional das Leis Processuais Penais. 3.ed. Rio de Janeiro: Lumen Juris, 2005.

QUEIJO, Maria Elizabeth. "Principais Instituições do Processo Penal Brasileiro e Elaboração Legislativa de Novo Código de Processo Penal: Inquérito Policial". *Revista dos Tribunais*, São Paulo, nº 697, p. 269-79, nov. 1993.

——. O direito de não produzir prova contra si mesmo: o princípio *nemo tenetur se detegere* e suas decorrências no processo penal. São Paulo: Saraiva, 2003.

QUEIROZ, Carlos Alberto Marchi de. "A amplitude constitucional do direito ao silêncio". *Boletim do IBCCRIM*, São Paulo, nº 46, p. 2, set. 1996.

QUITO, Carina; MALAN, Diogo. "Resolução CJF nº 507/06 e Direitos Fundamentais do Investigado". *Boletim do IBCCRIM*, São Paulo, nº 165, p. 18-9, ago. 2006.

RANGEL, Paulo. *Direito Processual Penal*. 8.ed. Rio de Janeiro: Lumen Juris, 2004.

RIBEIRO, Maurides de Melo; TORON, Alberto Zacharias. "Quem Tem Medo da Publicidade no Inquérito?". *Boletim do IBCCRIM*, São Paulo, nº 84, p. 13-4, nov. 1999.

RODRIGUES, Anabela Miranda. "A Fase Preparatória do Processo Penal – Tendências na Europa. O Caso Português". *Revista Brasileira de Ciências Criminais*, São Paulo, nº 39, p. 9-27, jul.-set. 2002.

ROVEGNO, André. O Inquérito Policial e os Princípios Constitucionais do Contraditório e da Ampla Defesa. Campinas: Bookseller, 2005.

SAAD, Marta. O Direito de Defesa no Inquérito Policial. São Paulo: RT, 2004.

——. "Exercício do Direito de Defesa no Inquérito Policial". *Boletim do IBCCRIM*, São Paulo, nº 166, p. 6, set. 2006.

——. "Defesa Técnica dos Presos em Flagrante Delito". *Boletim do IBCCRIM*, São Paulo, nº 173, p. 6, abr. 2007.

SALLES JÚNIOR, Romeu de Almeida. *Inquérito Policial e Ação Penal*. 7.ed. São Paulo: Saraiva, 1998.

SARLET, Ingo Wolfgang. *A Eficácia dos Direitos Fundamentais*. Porto Alegre: Livraria do Advogado, 1998.

SCARTEZZINI, Ana Maria Goffi Flaquer. "O Prazo Razoável para a Duração dos Processos e a Responsabilidade do Estado pela Demora na Outorga da Prestação Jurisdicional". In: WAMBIER, Teresa Arruda Alvim et al. (org.). *Reforma do Judiciário*. São Paulo: RT, 2005.

SCHILLING, Flávia; KOERNER, Andrei; MELHEM, Célia Soibelman. "A Garantia dos Direitos Fundamentais no Processo Penal: A implementação do controle do inquérito policial pelo Ministério Público do Estado de São Paulo". *Revista Brasileira de Ciências Criminais*, São Paulo, nº 28, p. 265-71, out.-dez. 1999.

SCHOLZ, Leônidas Ribeiro. "O papel do advogado em face da persecução penal". *Boletim do IBCCRIM*, São Paulo, nº 64, p. 4, mar. 1998.

SILVA, Ângelo Roberto Ilha da. "Questões e processos incidentes no Direito Processual Penal brasileiro e a observância dos direitos fundamentais do imputado". *Direito e Democracia*, Canoas, v. 6, nº 2, p. 377-394, 2.° sem. 2005.

SILVA, Eduardo Araujo da. *Crime Organizado: procedimento investigatório*. São Paulo: Atlas, 2003.

SILVA, José Afonso da. *Curso de Direito Constitucional Positivo*. 15.ed. São Paulo: Malheiros, 1998.

——. "Em face da Constituição Federal de 1988, o Ministério Público pode realizar e/ou presidir investigação criminal, diretamente?". *Revista Brasileira de Ciências Criminais*, São Paulo, nº 49, p. 368-388, jul.-ago. 2004.

SILVA, Paulo Thadeu Gomes da. "Inquérito policial e direito de defesa". *Revista Brasileira de Ciências Criminais*, São Paulo, nº 54, p. 315-25, maio-jun. 2005.

SILVEIRA, José Néri. "Aspectos do Inquérito Policial na Jurisprudência do Supremo Tribunal Federal". *Revista da Associação dos Delegados de Polícia do Estado de São Paulo*, São Paulo, nº 21, p. 7-32, set. 1996.

SOUZA, Carlos Laet de. "Da Investigação Policial e da Instrução Criminal Provisória". *Revista Brasileira de Ciências Criminais*, São Paulo, nº 21, p. 159-62, jan.-mar. 1998.

SOUZA, José Barcelos de. "Notas sobre o projeto referente ao inquérito policial". *Revista Brasileira de Ciências Criminais*, São Paulo, nº 38, p. 257-70, abr.-jun. 2002.

SPATARO, Armando. *Italia*. In: MACIÁ GÓMEZ, Ramón. *Sistemas de Proceso Penal en Europa*. Barcelona: CEDECS, p. 231-92, 1998.

STASIAK, Vladimir. "Admissibilidade e limites das investigações preliminares ao inquérito policial". *Revista Brasileira de Ciências Criminais*, São Paulo, nº 31, p. 259-82, jul.-set. 2000.

STEINER, Sylvia Helena F. "O Indiciamento em Inquérito Policial como Ato de Constrangimento – legal ou ilegal". *Revista Brasileira de Ciências Criminais*, São Paulo, nº 24, p. 305-8, out.-dez. 1998.

STEINMETZ, Wilson Antônio. *Colisão de Direitos Fundamentais e princípio da proporcionalidade*. Porto Alegre: Livraria do Advogado, 2001.

——. A Vinculação dos Particulares a Direitos Fundamentais. São Paulo: Malheiros, 2004.

STOCO, Rui; FRANCO, Alberto Silva (Coord.). *Código de Processo Penal e sua Interpretação Jurisprudencial*. São Paulo: RT, 1999, v. I.

——; MARREY, Adriano; FRANCO, Alberto Silva. *Teoria e Prática do Júri*. 6.ed. São Paulo: RT, 1997.

STRECK, Lenio Luiz. As Interceptações Telefônicas e os Direitos Fundamentais. Constituição – Cidadania – Violência. 2.ed. Porto Alegre: Livraria do Advogado, 2001.

——. *Jurisdição Constitucional e Hermenêutica*. Porto Alegre: Livraria do Advogado, 2002.

——. A Aplicação dos Princípios Constitucionais: A Função Corretiva da Hermenêutica – O "Crime de Porte de Arma" à Luz do Controle da Constitucionalidade. In: WUNDERLICH, Alexandre (Org.). Escritos de Direito e Processo Penal em Homenagem ao Professor Paulo Cláudio Tovo. Rio de Janeiro: Lumen Juris, 2002.

TEIXEIRA, Francisco Dias. "Indiciamento e presunção de inocência". *Boletim do IBCCRIM*, São Paulo, nº 71, p. 14, out. 1998.

TONINI, Paolo. *A Prova no Processo Penal Italiano*. Traduzido por Alexandra Martins e Daniela Mróz. São Paulo: RT, 2002.

TONINI, Wagner Adilson. "Defensorias e contraditório informal nos procedimentos iniciais de polícia judiciária". *Boletim do IBCCRIM*, São Paulo, nº 61, p. 16, dez. 1997.

TORNAGHI, Hélio. *Instituições de Processo Penal*. 2.ed. São Paulo: Saraiva, 1977, v. II.

——. *Curso de Processo Penal*. 10.ed. São Paulo: Saraiva, 1997, v. 1. Edição atualizada por Adalberto José Q. T. de Camargo Aranha.

TORON, Alberto Zacharias; RIBEIRO, Maurides de Melo. "Quem Tem Medo da Publicidade no Inquérito?". *Boletim do IBCCRIM*, São Paulo, nº 84, p. 13-4, nov. 1999.

TOURINHO FILHO, Fernando da Costa. *Processo Penal*. 25.ed. São Paulo: Saraiva, 2003, v. 1.

——. *Processo Penal*. 23.ed. São Paulo: Saraiva, 2001, v. 3.

——. *Prática de Processo Penal*. 18.ed. Saraiva: São Paulo, 1996.

TOVO, Paulo Cláudio. "Introdução à principiologia do Processo Penal Brasileiro". In: TOVO, Paulo Cláudio (org.) et al. *Estudos de Direito Processual Penal*. Porto Alegre: Livraria do Advogado, p. 9-62, 1995, v. I.

——. "O inquérito policial em sua verdadeira dimensão". In: TOVO, Paulo Cláudio (org.) et al. *Estudos de Direito Processual Penal*. Porto Alegre: Livraria do Advogado, p. 147-51, 1995, v. I.

——. "Democratização do Inquérito Policial". In: TOVO, Paulo Cláudio (Org.) et al. *Estudos de Direito Processual Penal*. Porto Alegre: Livraria do Advogado, p. 199-230, 1999, v. II.

TUCCI, Rogério Lauria. *Ministério Público e Investigação Criminal*. São Paulo: RT, 2004.

——. "A Polícia Civil e o Projeto de Código de Processo Penal". In: MORAES, Bismael B. (Coord.). *A Polícia à Luz do Direito*. São Paulo: RT, p. 99-118, 1991.

——. "Indiciamento e Qualificação Indireta". *Revista dos Tribunais*, São Paulo, nº 571, p. 291-4, maio 1983.

——. Teoria do Direito Processual Penal: jurisdição, ação e processo penal (estudo sistemático). São Paulo: RT, 2002.

——. Direitos e Garantias Individuais no Processo Penal Brasileiro. São Paulo: Saraiva, 1993.

——. CRUZ E TUCCI, José Rogério. *Constituição de 1988 e Processo*. São Paulo: Saraiva, 1989.

VARGAS, José Cirilo de. *Processo Penal e Direitos Fundamentais*. Belo Horizonte: Del Rey, 1992.

WEDY, Miguel Tedesco. *Teoria Geral da Prisão Cautelar e Estigmatização*. Rio de Janeiro: Lumen Juris, 2006.

WEINGARTNER NETO, Jayme. "Existe a única resposta jurídica correta?". *Direito e Democracia*, Canoas, v. 5, nº 1, p. 85-120, 1° sem. 2004.

ZACCARIOTTO, José Pedro. "Portaria DGP 18/98 e Polícia Judiciária Democrática". *Revista dos Tribunais*, São Paulo, nº 769, p. 461-79, nov. 1999.

ZAPPALA, Amália Gomes. "A Nova Redação do Artigo 306 – Transferência do Controle da Legalidade da Prisão ou Pretensa Efetivação da Garantia da Assistência Jurídica Integral e Gratuita?". *Boletim do IBCCRIM*, São Paulo, nº 173, p. 2-3, abr. 2007.

ZILLI, Marcos Alexandre Coelho; PITOMBO, Cleunice Valentim Bastos; BADARÓ, Gustavo Henrique Righi Ivahy; MOURA, Maria Thereza Rocha de Assis. "Publicidade, ampla defesa e contraditório no novo interrogatório judicial". *Boletim do IBCCRIM*, São Paulo, nº 135, p. 2-3, fev. 2004.

Impressão:
Evangraf
Rua Waldomiro Schapke, 77 - P. Alegre, RS
Fone: (51) 3336.2466 - Fax: (51) 3336.0422
E-mail: evangraf.adm@terra.com.br